口絵 1　黒井峯遺跡

上：黒井峯遺跡と榛名山　下：遺跡中央から検出された幹線道と分枝道

（写真提供：渋川市教育委員会）＜Ⅱ-③参照＞

口絵2　甲府盆地の東海系土器の様相
A類系S字甕（1・2）／B類系S字甕（4・5）／
大塚遺跡：1・8・10／米倉山B遺跡：2／榎田遺跡：4・5／
村前東A遺跡：3・6・9／坂井南遺跡：7
（写真提供：山梨県立考古博物館／7のみ所蔵：韮崎市教育委員会）＜II-④参照＞

口絵2　一宮市西上免遺跡出土の土器（東海系）
（所蔵：一宮市博物館／写真提供：愛知県）＜II-④参照＞

口絵3
白井北中道遺跡の牧
左上：同遺跡北部の
牧（馬の放牧地跡）
右上：牧の拡大。検
出された馬蹄跡。
（写真提供：群馬県）
＜Ⅰ-①-4，Ⅲ-⑦参照＞

口絵4
蔀屋北遺跡
馬埋葬土坑 A940
（写真提供：大阪府教育委員会）
＜Ⅲ-⑦参照＞

口絵5　三重県松阪市宝塚1号墳出土の船形埴輪
（写真提供：松阪市）＜Ⅲ-⑧, ⑨参照＞

口絵6　復原された古代の準構造船 （写真提供：兵庫県立考古博物館）＜Ⅲ-⑧, ⑨参照＞

考古調査ハンドブック25

古墳時代の交通と流通

日 高 慎

（東京学芸大学教育学部）

編 集

ニューサイエンス社

はじめに

　本書『古墳時代の交通と流通』は，第Ⅱ編「徒歩による交通・流通」，第Ⅲ編「道具を用いた交通・流通」として，古墳時代研究において第一線で活躍する方々にそれぞれの知見をご披露いただこうと企画したものである。交通や流通というテーマというと，古代史や中世史，近世史を中心とした単行本が毎年のように刊行されている。古代史にかかる専門書では，古墳時代に関する内容が含まれる場合もあるが，多くは奈良時代以降のものであり，古代国家の施策や発掘調査で明らかになった道路や駅家の遺構等からその様相を考察しているのである。古墳時代に限っての類書は，今までなかったのではないか。ただし，個別の論文等で古墳時代の交通・流通・交流の在り様を考察したものは枚挙にいとまがないと言っても過言でない。

　「流通」という言葉は，一般的に貨幣や商品が市場から行き渡ることを指しており，流通経済などと使われる場合もある。ただし，「商品が，生産者から，いろいろな人の手をへて，消費者にわたること。」（『三省堂国語辞典第三版』p.1210）と説明されるから，貨幣経済に限定される用語ということでもなかろう。もちろん，古墳時代に「商品」というものはなかっただろうが，埴輪の分布を見ていると，首長と首長との関係でのみ理解するのは困難と思われるものもある。すなわち，墳丘規模の小さな古墳に遠距離で運ばれた埴輪が並んでいるという事例を，どのように理解すべきかということがある。石棺の石材や須恵器などの分布にも同様のことがいえよう。そのようなことから，私はあえて「流通」という用語にこだわっている。

　考古学は，物質資料（出土資料・考古資料）や遺構をもとに考察を加えていく学問である。痕跡の残らないこと，あるいは削平されて残りづらい遺構，土壌により分解されて残りにくい有機質のものなどを対象とする場合，往々にして議論が停滞しがちである。資料の不在のもつ意味を取り上げた高倉洋彰は，「残っている「物質的遺物」が全体の何％分なのか，その資料が全体の傾向を反映しているのか，といった疑問に答えることは難しい」ものの（高倉洋彰 2013「資料の不在と考古学」『西南学院大学国際文化論集』28–1：p.35），「不在を未発見で片づけてしまうと，考古学は成立しなくなる可能性がある。したがって「不在」であるとしても，根拠を挙げて不在を証明する必要がある」と述べている（p.36）。すなわち，資料発見の有無に関わらず，あらゆ

る可能性があることを念頭におく必要がある。

　古墳時代の交通の具体的な痕跡としては，徒歩や乗馬あるいは修羅は道路ということになるが，遺物として靴や下駄，馬具，背負子なども交通や運搬に関連する資料である。河川や湖，海などの水上交通となると，港津や船着き場などの遺構ということになろうが，陸上の遺構に比べて汀や海岸など低い土地に存在した痕跡が発掘調査で確認されるのは非常に珍しいことであろう。また，木造船・船形埴輪・船形土製品・船形木製品なども水上交通の関連資料である。古墳時代の道路遺構や船着き場などの発見例を全国的に探すと，数例にとどまる。道路は古墳時代の地表面が残っていなければ確認できないだろうから，群馬県の榛名山噴火による火山灰や軽石に覆われたような場所であれば，発見される可能性もあろう。港津や船着き場などは，上述した通り立地の面から発見されにくい。このように考えると，古墳時代の交通とは，議論できる考古資料（遺物・遺構）が極めて限定的ということになる。しかしながら，執筆者の方々には，さまざまな考古資料から古墳時代の交通・流通に迫っていただいた。

　東山道を現地での所見に基づいて実証的に研究した黒坂周平は，『風土記』の記述や日本武尊の伝承などから，海道と山道について「「海に近い陸の道」を進んだのではなく，「陸に近い海の道」を進んだのであった。文字通り「海道」であった」と述べている（黒坂周平 2003「「海道」と「山道（仙道）」」『日本歴史』661：p.83）。官道が敷設されるよりも前には，海上・水上交通が主要な輸送方法であったとされており，本書で論じたような古墳時代の船による交通をもっと評価するべきであろう。それは，旧石器時代以来の日本列島という環境がもたらした特性ともいえる。

　本書で論じた交通・流通という課題は，何も古墳時代に限定されるものではない。弥生時代や縄文時代に関しても，同様な視点で考察することが可能であり，文献史料がない時代を考えるときに考古学の役割は極めて重い。もちろん，文献史料が残っている時代であったとしても，考古学が果たすべき事柄は多いはずである。一般庶民の歴史を紐解こうとしたとき，文献史料は無言に近い。本書は，それぞれの執筆者が考古学をもとに交通・流通の様を論じている。是非とも，私どもと一緒に古墳時代に思いを致してほしい。

2024 年 3 月

日高　慎

目　次

┌─────────────────────────────────┐
│　　　　　　　　　　　執筆者　　　　　　　　　　　│
├─────────────────────────────────┤
│　青山博樹〔公益財団法人　福島県文化振興財団〕　　　│
│　諫早直人〔京都府立大学文学部〕　　　　　　　　　│
│　塚本浩司〔公益財団法人　大阪府文化財センター〕　　│
│　西川修一〔学校法人興南学園　興南高等学校〕　　　│
│　日高　慎〔東京学芸大学教育学部〕　　　　　　　　│
│　廣瀬時習〔公益財団法人　大阪府文化財センター〕　　│
│　深澤敦仁〔群馬県文化財保護課〕　　　　　　　　　│
│　藤野一之〔駒澤大学文学部〕　　　　　　　（五十音順）│
└─────────────────────────────────┘

I．総論

① 古墳時代の交通と流通について

はじめに

　古代社会において，必要な情報をいかにして得るのかということは，極めて重要な課題であり，その情報を得ていなければ生きていけないといったこともあっただろう。情報とは，黙っていては入ってこないし，現代のネット社会のように情報だけが入ってくるというものではない。必然的に人びとの行き来が前提であり，移動するためには道が必要となる。道路という陸の道と海・湖・川などの水の道である。これらは本来的に別個のものではなく，陸の道がつくられる場合には，河岸段丘など河川の自然地形を活用することは当然であろう。水の道では港・津，船着き場があり，そこからは陸の道を通っていたことであろう。いかに物資や情報を目的地へと運んでいくか，陸・水の道を問わず最善策を模索していたはずである。

　奈良時代以降，官道という直線道路を列島に張り巡らすことで，情報（人びと）の行き来は格段に進んだ。古墳時代に，律令国家が敷設したような官道は存在しないが，さまざまな情報が日本列島の北から南，東から西と行き来していたことは間違いない。人が歩けば道ができるわけであり，群馬県渋川市黒井峯遺跡では榛名山噴火に伴う大量の降下テフラにより覆われた6世紀中葉頃の道が検出されている（石井1990）。

　古墳時代前期の前方後円墳である纒向型前方後円墳は，東北から九州まで広がっているし（寺沢2000），古墳時代中期の大阪府南部窯址群（陶邑窯跡群）で生産された須恵器や古墳時代終末期の静岡県湖西窯跡群で生産された須恵器が東北北部地域にまで運ばれていることは，情報やモノを運んだ人びとがいたことを端的に示している。玉突きに運ばれたものもあるだろうし，集積地のような場所があって，そこから運ばれたということもあっただろう。また，5世紀中葉頃の馬具についても，かつて考えられていたよりもかなり遡って東北地域あるいは北海道へと分布が広がっている（桃崎2009・2023，日高2015）。

　旧石器時代から弥生時代までの交流の諸相と古墳時代のそれを比較するとき，古墳時代に大きな変革のあったことが予想される。弥生時代までにはな

かった要素として，一つは朝鮮半島から連れてこられた馬があり，もう一つは大型船の構造変化である。弥生時代後期から古墳時代初頭ころに，牛馬の散発的な渡来があったことは間違いなく，積山洋が述べるように，新しい手工業生産技術を携えた渡来人が牛や馬を連れてきたのであろう（積山2010）。船の構造変化は，一瀬和夫が述べるように二体成形船から一体成形船へと変化した5世紀前半という時期が極めて重要であったと思われる（一瀬2008）。

　本書では，古墳時代の交流・移動・輸送などを担う手段のなかで，「徒歩による交通・流通」を地域や時期の異なる内容で4人の研究者に執筆していただいた。さらに，「道具を用いた交通・流通」として修羅・馬・船をとりあげて，4人の研究者に執筆していただいた。ここでは，基本的な論点を述べていきたい。

1. 交通や交流の痕跡をどのように研究していくのか？

　考古学は，物質資料を対象とする学問である。遺物や遺構といった目に見えるものを検討していくのであり，痕跡をとどめないことを考証することは不得意である。例えば，精神世界や思いといった人々の心象部分を直接示す資料はないといっても過言ではない。交通や交流の痕跡には，どのようなものが考えられるだろうか。本書で扱う徒歩あるいは道具（修羅・馬・船・車など）の痕跡が遺構・遺物として残っていれば，それを検討することができる。

　徒歩については，その痕跡としては足跡があるわけだが，それがあっただけでは交通や交流を考えることにはつながらない。また，道路も遺構として確認できる場合があるが，後世に利用頻度の高い土地ではその痕跡は地表面が削平されると確認できなくなる。律令国家における官道の発見が多いのは，深く掘られた側溝の存在があるからだが，古墳時代にも道は存在する。前述したように群馬県渋川市黒井峯遺跡などで発見されているものの，地表面が削平されている他の多くの遺跡では道の発見は望み薄である。ただし，縄文時代や弥生時代にも道の遺構が発見されているので（高橋編1998），律令国家の官道ができるまでの変遷を辿ることも必要である。近江俊秀によれば，奈良県御所市鴨神遺跡での道路遺構や，滋賀県野洲市夕日ヶ丘北遺跡の側溝をもつ道路など古墳時代に道路が存在していたことは間違いない（近江

2008)。

　道具を用いた交通・流通については，本書で示すような出土資料（修羅・馬具・船など）が物的証拠になる。しかし，断片的な資料だけではこれらの道具の構造について詳細を知ることは困難であり，歴史的意義に対する評価も変わってくる。修羅や馬については，修羅の使用方法の解明が重要であり，馬は馬具の組み合わせや装着方法の解明が必要である。さらには，陸上の道路がいかなるものであったのかということも，輸送の具体的姿や効率などを考える上でも極めて重要な課題である。船については，後述のようにまだまだ不明な点も多く，出土木造船の良好な資料が増えてくれば，これまでとは異なる解釈もできると思われる。

2. 徒歩による交流の在り方

　古墳時代のみならず，人間の最も基本的な移動手段は徒歩である。乗馬という画期的な移動手段が日本列島に導入される以前においては，もちろんそれ以後においても陸上交通の最も主要な方法だったろう。

　旧石器時代から利用されてきた黒曜石の出土分布は，船でなければ手に入れられない神津島産のものもあるが，それぞれの地域で産出する黒曜石を徒歩で運んでいたことを示している（日本考古学協会 2011 年度栃木大会実行委員会 2011）。弥生時代の北部九州地域で盛んにつくられた甕棺などは，製作・焼成された場所から実際に墓がつくられた場所まで，あれほど大きなものをどのようにして運んだのだろうか。荷車のようなものはまだないから，人力で運ぶほかない。非常に手間のかかるものだったろう。

　古墳時代前期の日本列島は，畿内あるいは東海地域，北陸地域に端を発する古式土師器が，さまざまな地域へと波及していく。それは，前方後円墳あるいは前方後方墳という首長墓の波及と軌を一にして，各地の集落で使われるようになるのである。かつて西川修一は，神奈川県域の弥生時代後期から古墳時代前期の遺跡分布と交通路が，古代律令国家の官道ルートと合致するとした（西川 1991）。この時期に馬や車輪はなかったので，陸上を通るルートとしては徒歩によるしかなかったはずである。本書において西川修一は，古墳出現期に関するこれまでの諸説について再検討の必要性を説き，改めてどのような交通ネットワークをたどっているのかを，水陸両面で理解しなけ

ればならないと述べている。各地域の土師器について精緻な編年体系が整い
つつある現在，弥生時代から古墳時代への転換を考古学から説明していかな
ければならない。

　青山博樹は，交流のルートを考える上でチマタという概念を想起し，以下
のように整理した。すなわち，「①山間部の峠を通るなど遠隔地を結ぶルー
トの交点に位置する，②弥生時代～古墳時代の遺跡が集中する，③地域間交
流を示す遺構・遺物の存在，④近傍に律令官衙や城柵が造営される場合があ
る」と述べた（青山 2015：p.178）。古墳と続縄文の遺構や遺物の多寡におい
て，あり方に差異があったと述べている。本書においても，青山博樹は改め
てチマタに文化を融合する機能があることを論じている。聞くべき意見であ
ると考える。

　本書において，深澤敦仁は古式土師器の地域性と移動あるいは在地化の進
行などから，道の存在を指摘している。徒歩による交流の様子は，土器の地
域性や外来系土器波及の在り方によって理解できる。石製模造品の石材と製
作工房の在り方からも，人々の移動の様子が窺えるとする。

　本書において，藤野一之は埼玉県の南比企窯産須恵器の出土分布や群馬県
の金山窯産須恵器の出土分布から 7 世紀後半以降に敷設された東山道武蔵路
の前身の交通路があったことを論証している。南比企窯－埼玉地域，藤岡窯
－比企・入間，末野窯－（比企・入間）－多摩，金山窯－埼玉地域などが陸上
交通路で結ばれていたと述べている。藤野が述べるように水上交通も考慮す
べきだが，陸上交通での輸送が想定されることは，古墳時代の流通を考える
上で興味深い。

　古墳時代の埴輪の運搬について考察した河内一浩によれば，筒形の円筒埴
輪は小さいものであれば素手でかかえて運んだり，肩に担いで運んだりする
可能性が高いとし，比較的大きな埴輪の場合は透孔に綱（縄）を通して背負
うようにして運んだ可能性も指摘している（河内 2016）。

　徒歩での運搬具としては，背負子とされる木製品が確認されている。三重
県津市六大Ａ遺跡では，弥生時代後期から古墳時代前期とされる大溝から背
負子と思われる木製が出土している（穂積 2000）。柄結合するための小孔，
緊縛用の方形孔などがあり，手では持ちきれない荷物を運んでいたことが想
像される。佐々木虔一によれば，『延喜式』木工式の記述では 40 kg の調庸

物を籠・甕・壺・俵・唐（韓）櫃などに収納して運んだとされ，静岡県浜松市伊場遺跡で出土した6世紀後半〜9世紀初頭の木製の背負子のようなもので背負って運んだようである（佐々木2019：pp.14-15）。

3. 修羅による輸送方法

　1978年大阪府藤井寺市三ツ塚（八島塚古墳と中山塚古墳の間）の周溝から大型と小型の修羅，テコ棒が出土した。1999年に開催された大阪府立近つ飛鳥博物館特別展図録『修羅！—その大いなる遺産　古墳・飛鳥を運ぶ—』で，出土した状況や類例，他の輸送具などを詳細に知ることができる（大阪府立近つ飛鳥博物館1999）。本例については，5世紀代の所産と考える意見と（高島1999，田代1992），6〜7世紀代と考える意見がある（藤井1992）。三ツ塚の築造年代については未詳な部分が多いが，八島塚古墳と中山塚古墳が5世紀代で，助太山古墳の墳頂部の巨石が横口式石槨の一部だとすると，7世紀代ということになる。ただし，助太山古墳についても埴輪が伴っている可能性があり，5世紀代という見解も出されている（天野1994）。いずれにせよ，14〜15世紀とされる京都市北区鹿苑寺庭園でも同様の修羅が出土しているから，同様の装置は長く使われていたのであろう。6世紀の大阪府東大阪市瓜生堂遺跡出土の須恵器には，馬に曳かせている橇あるいは修羅の線刻画がある。

　2019年には，千葉県木更津市松面古墳の周溝から出土していた木製品が，修羅の破片であったことも判明した。松面古墳は墳丘長一辺44mの二重周溝をもつ7世紀初頭頃の大型方墳であり，石室を構成する石材を運んだものと思われる。古墳時代前期の竪穴式石室の天井石を始めとして，重量物を陸上で輸送するために，同様の修羅は各地で使われていたのだろう。

　本書において，廣瀬時習は大阪府藤井寺市三ツ塚（八島塚古墳と中山塚古墳の間）の周溝から出土した大型と小型の修羅・テコ棒の諸特徴を示すとともに，各地で出土した類例やかつて行われた牽引実験の様子，大阪府立近つ飛鳥博物館における体験学習などを詳述している。修羅を用いての輸送を考えたときに，コロレールとその移動には非常に幅広の道路が必要となること，修羅を用いての運搬そのものが大事業であったことの意義を述べている。この見解は非常に重要な指摘であり，三ツ塚の修羅の年代を考える上でも，そ

のような幅広の道路が古墳時代に成立しているのか，考えていかなければならない。

4. 馬による移動手段と輸送

　日本列島における乗馬は，おおむね古墳時代中期，すなわち5世紀代に全国各地へ伝わったが，それは馬の飼育という難題も突きつけられたはずである。日本列島における馬の波及は，馬の墓などの馬そのものの資料とともに，馬具の出土や牧がそれを跡づける資料となる。桃崎祐輔は，馬具出土古墳が集中する長野・静岡・群馬は『延喜式』記載の古代牧比定地の分布と重なっており，馬産地を背景に潤沢な馬匹供給があったと理解した（桃崎2009）。

　1992年に刊行された『図解・日本の人類遺跡』での馬具の伝播と普及の図では，5世紀末には関東から北陸以西，7世紀には東北中部以南とされているが（松木・新納1992），桃崎によれば5世紀前半には東北南部以南，5世紀後半には東北中部以南，7世紀中葉には東北北部以南と，東方あるいは北方への普及は大幅に早まっていることが知られる（桃崎前掲：p.207）。

　人間も同様だが，馬の飼育にあたっては塩が必要不可欠である。河内の牧として注目されている大阪府四条畷市蔀屋北遺跡では，馬飼育の痕跡と製塩土器が多く出土している（藤田2010）。古墳時代ではないが，山梨県山梨市中島遺跡では，遺構には伴っていないものの，底に「馬」という字が線刻されている8世紀後半の土師器坏と製塩土器とが，包含層から出土している（笠原2019）。内陸地域での塩の確保は，時代を問わず重要な研究課題である。

　青柳泰介は，古墳時代のヤマト王権の基盤として「塩鉄木馬論」と題して「鉄は韓半島，馬の一部が東日本という遠隔地が想定されるが，塩，木については，およそ100km圏内が想定され，古代の畿内の範囲に相当する」と理解した（青柳2018：p.374）。古墳時代の輸送網を考える上で，馬に関わるさまざまな事象を総合的に理解していく必要がある。

　4世紀末頃に日本列島へともたらされた馬は，それまでの陸上での移動・輸送手段を一変させたはずである。5世紀後半には多くの地域で馬が生産されつつあったのであり，5世紀末頃から6世紀代には群馬県における火山灰下の遺跡から，夥しい馬の足跡・牧・馬骨も見つかっている。

　本書において，諫早直人は古墳時代中期の馬の本格的渡来が騎馬を主たる

目的としていることを示し，それが今日の家畜利用の起点として理解できることを述べている。長野県飯田地域における馬の濃密な分布に関して，倭王権中枢との密接な関係があったからこそ外来動物である馬やその飼育・繁殖がなされたと論じている。さらに，地方で生まれた馬が中央に集積，調教されたのちに装飾馬具を装着して改めて地方へと再分配された可能性を指摘している。古墳時代の人の移動との関わりで，極めて重要な指摘である。

5．船による交通・流通

　古墳時代の船は，いわゆる準構造船と呼ばれるものである。縄文時代には丸木舟の出土が各地で認められるが，弥生時代以降に準構造船へと変化し，複雑化・大型化していく（清水 1975）。埴輪の船や線刻画などに見られる船は，準構造船として理解されている（一瀬 2008，深澤ほか 2013）。日本列島における構造船の出現がいつだったか，未だ明確ではないが，遣唐使船は中国との交流のなかで当時の最新式の船が造られたはずであり，構造船であっただろう。

　小型船には帆があった可能性が高いが，古墳時代の大型船に帆があったのかどうか，現状ではなかったとしかいえない（日高 2018）。しかし，埴輪の船にみるように外洋を航行する大型船があったことは間違いない。太平洋や日本海の沿岸地域や河川の流域に特徴的な資料が出土することも，かつて述べた通りである（日高 2002）。古墳時代を通じて，大量の人や物品を運ぶことのできる手段は船であっただろう。

　柴田昌児は，韓国金海鳳凰洞遺跡で出土した舷側板を詳細に検討し，大型の準構造船であることを示し，加耶タイプとして日本列島のものとは異なると理解した（柴田 2022）。ただし，奈良県広陵町巣山古墳の船形埴輪は，構造的に非常に近似しており，日本列島で出土している他の船形埴輪とは構造的に異なることから朝鮮半島系準構造船を模した船形埴輪と位置づけている。重要な指摘であり，金海鳳凰洞遺跡の船材がクスノキであることから日本産の可能性を示していることは今後の検討課題である。巣山古墳の船形埴輪については，東影悠が大阪市高廻り2号墳や大阪府藤井寺市岡古墳の船形埴輪も残存状況をみると巣山古墳のように舷側板が波切り板より突出していた可能性を指摘しており（東影 2011：p.93），一瀬和夫のいう二体成形船と

一体成形船（一瀬 2008）の両方の特徴を有しているとした（東影 2019）。岩瀬透は，大阪府四条畷市蔀屋北遺跡 E090805 の井戸枠の木造船の樹種がモミ属であり，モミ属は朝鮮半島に自生していることと，蔀屋北遺跡の他の木造船はすべてスギであることを考えると，朝鮮半島（百済）で造られた可能性があるとしている（岩瀬 2012）。これらのことを考えると，古墳時代の朝鮮半島との技術的交流をもっと積極的に論じる必要があろう。

　本書において，塚本浩司は出土木造船の部材と接合方法を詳細に論じている。準構造船は船底の刳船部分から舷側板等を接合していく訳であり，強度が非常に重要となる。塚本が示した出土木造船に関する論点は，今後の古墳時代木造船研究の基礎となるものである。

　本書において，私は横田洋三が示したオモキ造りの組み合わせ式船を積極的に評価し（横田 2014），構造船と呼んでも差し支えないものであると理解した。ただし，横田が述べるようにオモキ造りの船の強度をいかに担保するのかが，大型船となり得るかどうかの鍵となるので，接合方法や接着剤等と解決すべき課題が多い。

6. 車輪の出現はいつか

　世界史的に見て，車輪の出現は古代メソポタミアのウルク後期（紀元前 3000 年頃）に遡り（長谷川 2006），東アジアでは，中国で確実には殷代後期（紀元前 1300 年頃）の車馬坑で確認できる（末崎ほか 1996）。日本列島は，文献史料からみると物資運搬用の車で奈良時代から，乗用の車では平安時代になってからとされる（加藤 1993）。出土品でみると，藤原宮跡や奈良県桜井市小立古墳出土の出土品などは，7 世紀後半代と考えられる（加藤 2004，橋本 2004）。古墳時代には，三角縁神獣鏡等に車馬が鋳出されたものがある。これらの図像を当時の人びとがどれほど理解していたのかは未詳だが，実物ということでは日本列島にはまだなかったと思われる。

　福岡県太宰府市大宰府条坊跡の発掘調査で，奈良時代に牛車が通ったと思われる轍が発見されている（2008 年 10 月 9 日西日本新聞記事）。牛車は，平安時代以降と考えられてきたので，奈良時代であれば非常に古い例となる。ただし，古墳時代には牛が渡来し，使役用として利用されていたことが考えられる。中村潤子は古墳時代後期に遡る首木が出土していることから，

牛が農耕具ないし荷車の牽引にも使われていた可能性を指摘している（中村2016：p.292）。韓国では6世紀代の二輪車の轍や二輪車の陶質土器が出土しているので，馬による二輪車があったようだ（中村前掲：pp.291–292）。日本列島においても，車輪の利用が古墳時代に遡る可能性があるかもしれない。木製品や轍などの痕跡の発見を，今後とも注視する必要がある。

おわりに

　ここまで述べてきたように，古墳時代にはさまざまな交通・流通の手段が存在した。まだまだ分かっていないことが多いということも，理解していただけると思う。本書において，各執筆者には具体的な姿を述べていただいた。もちろん，モノを運ぶのであれば，頭に載せたり，箱に入れたり，背負うということもあった。そのような道具類（木器等）についても当然ながら議論する必要がある。他日を期したい。

〔文献〕

青柳泰介 2018「塩鉄木馬論」『同志社大学考古学シリーズ XII　実証の考古学』pp.367–378　同志社大学考古学研究室

青山博樹 2015「チマタ・歌垣・古墳－チマタ仮説とその問題点－」『列島東部における弥生後期の変革』pp.175–195　六一書房

天野末喜 1994「修羅雑感」『修羅』pp.84–101　藤井寺市郷土研究会

石井克己 1990『黒井峯遺跡発掘調査報告書』子持村教育委員会

一瀬和夫 2008「古墳時代における木造船の諸類型」『古代学研究』180　pp.215–223

岩瀬　透 2012「蔀屋北遺跡出土の準構造船」『蔀屋北遺跡Ⅱ』pp.225–238　大阪府教育委員会

大阪府立近つ飛鳥博物館 1999『修羅！－その大いなる遺産　古墳・飛鳥を運ぶ－』

近江俊秀 2008『道路誕生』青木書店

笠原みゆき 2019『中島遺跡・下河原遺跡』山梨県教育委員会

加藤友康 1993「「くるま」の比較史」『アジアのなかの日本史Ⅵ　文化と技術』pp.91–112　東京大学出版会

加藤友康 2004「日本古代における交通・輸送と車」『古代交通研究』13　pp.55–66

河内一浩 2016「はにわの運搬」『埴輪研究会誌』20　pp.17–27

佐々木虔一 2019「古代の輸送と交通－人と駄馬の活動－」『日本古代の輸送と道路』pp.3–30　八木書店

柴田昌児 2022「朝鮮半島準構造船（加耶タイプ）の生産と日韓の造船技術」『纏向学の最前線』pp.527–536　桜井市纏向学研究センター

清水潤三 1975「日本古代の船」『船』pp.11–83　社会思想社

末崎真澄ほか 1996『馬と人間の歴史　考古美術に見る』馬事文化財団

積山　洋 2010「日本列島における牛馬の大量渡来前史」『日本古代の王権と社会』pp.71–84　塙書房

高島　徹 1999「修羅の発掘」『修羅！－その大いなる遺産　古墳・飛鳥を運ぶ－』pp.101–111　大阪府立近つ飛鳥博物館

高橋美久二編 1998「特集　道の流れ－縄文の道・弥生の道－」『月刊考古学ジャーナル』434　ニューサイエンス社

田代克己 1992「修羅の発掘とその意義」『修羅とその周辺』pp.59–76　藤井寺市教育委員会

寺沢　薫 2000『日本の歴史 02　王権誕生』講談社

中村潤子 2016「運ぶ手段」『日本古代の交通・交流・情報 3　遺跡と技術』pp.282–299　吉川弘文館

西川修一 1991「弥生の路・古墳の路」『古代』92　pp.263–289

日本考古学協会 2011 年度栃木大会実行委員会 2011『2011 年度栃木大会研究発表資料集』

橋本輝彦 2004「奈良県桜井市・小立古墳出土の車輪について」『古代交通研究』13　pp.91–100

長谷川敦章 2006「伝チョガ・ザンビル出土の青銅製輪縁及び轂カヴァーについて」『西アジア考古学』7　pp.55–60

東影　悠 2011「船形埴輪の構造と系統」『巣山古墳・寺戸遺跡』pp.93–94　奈良県立橿原考古学研究所

東影　悠 2019「巣山古墳外堤北出土の船形埴輪」『青陵』156　pp.1–5　奈良県立橿原考古学研究所

日高　慎 2002「水界民と港を統括する首長」『専修考古学』9　pp.31–45

日高　慎 2015「北海道大川遺跡出土資料の再検討」『東国古墳時代の文化と交流』pp.113–118　雄山閣

日高　慎 2018「古墳時代の大型船に帆はあったのか」『実証の考古学』pp.275–288　同志社大学考古学研究室

深澤芳樹ほか 2013『原始・古代の船Ⅰ』立命館大学考古学論集刊行会

藤井利章 1992「修羅の時代」『修羅とその周辺』pp.37–57　藤井寺市教育委員会

藤田道子 2010「蔀屋北遺跡出土の製塩土器の一考察」『日本古代の王権と社会』pp.85–101　塙書房

穂積裕昌 2000『六大 A 遺跡発掘調査報告（木製品編）』三重県埋蔵文化財センター

松木武彦・新納泉 1992「武器と武具」『図解・日本の人類遺跡』pp.172–175　東京大学出版会

桃崎祐輔 2009「牧の考古学－古墳時代牧と牛馬飼育集団の集落・墓－」『日韓集落研究の新たな視角を求めて』pp.161–235　韓日聚落研究会

桃崎祐輔 2023『古代騎馬文化受容過程の研究〔日本編〕』同成社

横田洋三 2014「組み合わせ式船体の船－古墳時代の構造－」『紀要』27　滋賀県文化財保護協会　pp.21–27

（日高　慎）

Ⅱ．徒歩による交通・流通

② 東北における道と交通・交流

1. はじめに

　古墳時代の交通路を具体的な遺構をもって考えることは難しい。それは，発掘調査によって古墳時代の道路遺構が検出された例がきわめて少ないからである。

　しかし，地域間の交通や交流は人類普遍の活動である。実際，考古学による交通や交流の研究の多くは，他地域との関係を物語る遺構や遺物によっても行われる。

　筆者は以前，東北地方をめぐる地域間交流や交通について検討した際，山間部を通る峠道など地理的な条件によって交通路のおおよその位置を推定できる場合があり，平野部の遺跡の分布からもある程度の推定が可能であるという見通しを示したことがある（青山 2015a）。

　課題は多いが，ここでは本書の目的にしたがって古墳時代の交通路を検討し，地域や遺跡群との関係，その歴史的な役割を考える。

2. 東北地方の地理と交通路

　東北地方は本州島の東北端に位置する。南北に長く，東は太平洋，西は日本海に面し，北は津軽海峡を挟んで北海道渡島半島を望見する。南は関東地方，南西は北陸地方とそれぞれ境を接する。

　地勢は山がちで，東北地方を太平洋側と日本海側に二分する奥羽脊梁山脈をはじめとした山地が陸地の大部分を占める。平野や盆地は山脈や山地によってへだてられ，地形的なまとまりが明瞭であることが多い。広大な平野が広がる関東地方とは，この点において地理的環境を異にする。

　東北地方における平野や盆地は，太平洋側と日本海側でそれぞれ南北に列をなすように並ぶことを特徴とする。

　太平洋側は，八戸平野，北上盆地，仙台平野，大崎平野，福島盆地，郡山盆地が連なり，このうち海に面した八戸平野や仙台平野は海路と結節する。

　日本海側は，鹿角盆地，横手盆地，新庄盆地，山形盆地，米沢盆地，会津盆地が南北に連なり，津軽平野，秋田平野，本荘平野，庄内平野が海に面す

る。南北に盆地が並ぶ日本海側の内陸は「盆地列」と呼ばれることもある。

東北地方の交通路はこのような地理的条件の中に形成されている。主要な交通路を概観すれば，太平洋側と日本海側をそれぞれ縦断する南北ルートと，奥羽山脈を横断する東西ルート，沿岸の諸港を結ぶ海上ルートがあり，これらが平野や盆地で交差する場合が多い。

このような交通の結節点に，遺跡の分布が集中したり律令官衙などの重要遺跡が所在したりする場合がしばしばみられる。現代の都市も，このような交通の結節点に位置することが多い。

以下では，個別の事例をとり上げて，交通路と遺跡の関係について考えていくことにする。

3. 古墳出現前夜の地域間交流と交通路

(1) 会津盆地と桜町遺跡

桜町遺跡の概要　まずは，福島県域の西部に位置する会津盆地をとり上げる。とくに注目するのは，弥生時代終末期の湯川村桜町遺跡である。

弥生時代終末期は，日本列島の広い範囲で土器の移動が活発化することが知られている。奈良県の纒向遺跡をはじめ，広域交流によって移動した土器を多く出土する交流拠点としての性格をもった遺跡が各地に出現する。

桜町遺跡では当該期の外来土器が多く出土し，弥生時代終末期の交流が東北でも行われていたことが明らかとなった。本書が対象とするのは古墳時代であるが，まずはこれらをみていこう。

桜町遺跡は会津盆地中央部やや東寄りに位置する。発掘調査によって，周溝墓からなる墓域，周囲を溝で囲まれた一間四方の建物跡，竪穴住居跡，井戸跡などが検出され，多くの遺物が出土した（図1：福田2005，福島ほか2011a・b，2012）。

弥生時代後・終末期の東北南部には（広義の）天王山式土器が分布し，その墓制は土坑墓・土器棺墓である。桜町遺跡がある会津盆地はその分布域の南西端にある。天王山式土器の分布域のうち，周溝墓が確認されているのは福島県域のみで，桜町遺跡で検出された周溝墓は天王山式土器の担い手の一部が周溝墓という外来の墓制を受け入れたことを示している。

桜町遺跡の墓域にはいくつかの特徴がある。

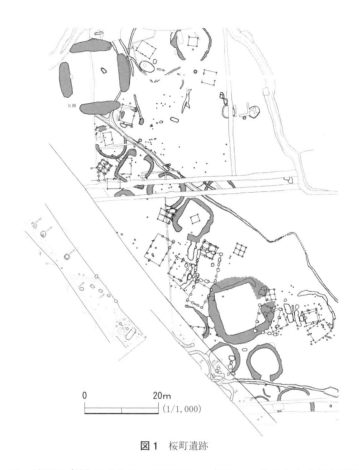

0   20m
(1/1,000)

図1 桜町遺跡

　一つは，墳形の多様さである。四隅切れ，方形，一辺の中央を掘り残した
もの，前方後方形，前方後円形，円形など，墓域の中にさまざまな墳形が存
在する。もう一つは，周溝墓に取りつく前方部や掘り残しの向きがさまざま
で一定しないことである。

　このような特徴をもつ周溝墓群の類例は，富山県富山市の百塚住吉遺跡な
ど北陸にある。多様な墳形，前方部がさまざまな方向を向くなど，これらの
遺跡には類似点が多い（小黒2009）。桜町遺跡の周溝墓群が，北陸との交流
を通じて造営されたことを示している。

　桜町遺跡の場合は在地の土器を用いた土器棺墓も墓域内に存在し，天王山

式期にみられるアメリカ式石鏃を副葬した土坑墓も存在する。

　出土土器も地域間交流の問題を考える上で注目される。桜町遺跡では天王山式土器のほかに，北陸系，群馬県域の樽式，茨城県域北部の十王台式の影響を受けた土器などがみられるなど，会津盆地の周辺地域に系譜がある土器が多く出土した。

　さらに注目されるのは折衷土器である（福田 2012）。一個体の中に系譜の異なる複数の要素が折衷する土器が数多く出土している。どの系譜にも属さない新出の土器も少なくない（図 2）。

　桜町遺跡のこのような多様なあり方は，さまざまな地域との交流によって生じたといえる。近年の資料の増加によって，同様の様相が弥生時代終末期の福島県域にみられることが明らかになりつつあるが，遺跡の規模や出土遺物の量の点では桜町遺跡が群を抜く。

　また，このような外来の土器が多く出土する遺跡は福島県域に多い一方，隣接する北関東や宮城・山形県域ではほとんど知られていない（青山 2022）。

　桜町遺跡の性格　桜町遺跡にみられる以上のような様相は，その立地，さらに交通路と密接にかかわっていると考えられる。

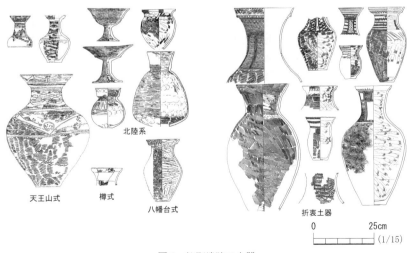

天王山式　　樽式　　八幡台式　　北陸系　　折衷土器

0　　　　　25cm
（1/15）

図 2　桜町遺跡の土器

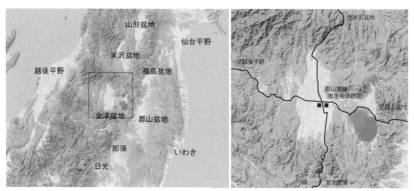

図3 会津盆地と桜町遺跡の位置

　図3は，会津盆地と桜町遺跡の位置を示したものである。着目したいのは，桜町遺跡が盆地を東西に横断するルートと南北を縦断するルートの交点に位置することである。現在，桜町遺跡の東数百ｍにある十字路は，東西南北に盆地外へと通じる道路の交差点になっている。地元では「十文字の交差点」と通称される。

　現代の道路が弥生時代にさかのぼることを立証することは難しいが，会津盆地は周囲をけわしい山脈と山地に囲まれ，会津盆地と周辺地域を結ぶルートはいくつかの峠道に限られる。それは現代も同じである。峻険な山間部を通り，さらに会津盆地を通りぬけるルートはおのずと限られる。

　近年の発掘調査で古代陸奥国の会津郡衙である可能性が高まった会津若松市の郡山遺跡も，この十字路の近傍にある。律令官衙と官道の密接な関係を勘案すれば，この十字路は古代には存在した可能性がある。

　交通ルートの問題は課題であるものの，会津盆地，そして桜町遺跡をめぐるこのような地理的環境が，桜町遺跡を広域交流の拠点たらしめた要因といえる。

　文化の交差点　この交差点から四方へ向かう道は，山脈や山地をそれぞれ越えて隣接する諸地域へ通じている。

　東は奥羽山脈の中山峠を越え福島県の中通り地方に，さらに阿武隈山地を越えて太平洋に面した浜通り地方南部のいわき市域へ至る。西は，越後山脈を越えて日本海に面した新潟県の越後平野に至る（越後街道）。南は阿賀川

に沿って南会津を通り，山王峠を越えて北関東に至る（下野街道）。北は大峠を越えて山形県の米沢盆地へ至る（米沢街道）。

東西南北それぞれの隣接地域へ道が通じ，会津盆地の中央部でそれらが交差するという構図になっている。

桜町遺跡で出土する外来の土器は，これらのルートを通って招来したと考えられる。桜町遺跡は，それぞれの文化を携えて四方からやってきた人々によって形作られたといえる。

桜町遺跡は，弥生時代終末期における，東北南部，北陸，北関東の人々の会津盆地への参集と，彼らの交流，協働を示している。

(2) チマタ仮説

交流の場としての十字路　交通の要衝である十字路が交流の拠点となる例は，古今東西多く見いだすことができる。異文化が出会い，交流や交易，文化の融合の舞台となる事例は少なくない。十字路は衝突の舞台ともなる。各時代の戦史には，十字路をめぐる争奪戦をしばしば見いだすことができる。

古代の日本では，十字路を「衢」といった。「チマタ」とは「ミチマタ」，すなわち「道の又」が語源とされる。「衢」の語は古代の史料にしばしばみえ，その研究テーマの一つとなっている。これによれば，四方から参集する人々によって市がたてられるなど経済活動が行われ，さまざまな行事や祭祀が行われたとされる。

種まきや収穫などに関連してこれを予祝する特定の日時に行われる「歌垣」の舞台ともなった。歌垣とは，男女が互いに歌を掛け合って，ついには性交渉におよぶという奇異な風俗である。十字路はさまざまなイベントの舞台ともなった（白石 1996）。

チマタの研究は民俗学によっても行われている。四方から参集する人々は互いに対等であること，市は日をきめて定期的に開かれ，交易は市神の監視のもと公正を旨とすること，神を臨場させるための依り代として仮の建物が建てられる場合があること，市に日陰を作るための樹木が植えられることがあり，しばしばその樹木の名を冠して呼ばれることがあることなど，その研究成果も興味深い。

チマタが成立した年代は明らかではない。奈良県の纒向遺跡の近傍には「海

石榴市衢」というチマタが存在し，市が開かれ，歌垣が行われたことが『記紀』
などに記されている。その成立は6〜7世紀のこととする説（白石1996）が
あるが，弥生時代終末期に外来土器を多く出土する広域交流拠点が成立して
いたことは纒向遺跡が示している。

　文献史学や民俗学の研究から弥生時代終末期の様相を類推するのは難があ
るが，桜町遺跡の具体的な性格を考えるうえで古代史や民俗学の研究が示唆
する点は少なくない。

　これらの研究成果を参照しつつ，東北地方の事例，ここではとくに交通の
結節点，チマタの活動を比較的よくとらえることのできる古墳文化と続縄文
文化の交流についてみていくことにする。

4．古墳文化と続縄文文化の交流

（1）古墳／続縄文文化交流の前史

　古墳文化と続縄文文化の交流が開始される以前，弥生時代にもさまざまな
交流が行われた。

　青森県津軽平野の砂沢遺跡で確認されている東北地方でもっとも古い水田
跡では，亀ヶ岡式土器の系譜を引いた砂沢式土器に，遠賀川系の壺や甕が伴
う。弥生時代前期のこれらの文物は，日本海を通じてもたらされたと考えら
れている（佐原1987）。

　日本海を通じた交流は，弥生時代中期にも盛んであったことが知られる。
新潟県の山草荷遺跡では，北陸の小松式，秋田県域の宇津ノ台式，会津の川
原町口式が出土している（田中ほか2018）など，広範囲の交流が確認される。

　弥生時代後期初頭には，天王山式土器がその分布域から遠く西に離れた富
山・石川両県域で出土する例が知られている。これらも日本海の海路を通じ
た交流と考えられている（石川2006）。さらに，やや遅れて北海道から南下
した後北C1式土器の出土例が新潟県域にみられる。

　一方の太平洋側では，東北の南北間の相互交流や続縄文土器の出土例があ
るが，日本海側に比べると数は少なく，また沿岸部に比べて内陸部での出土
例が目立つ。弥生時代の東北では，日本海の海路を通じた交流が盛んであっ
たようである。

　このような交流のあり方は古墳時代への移行とともに変化する。背景には

北関東から東北南部にかけて生じた大きな変動と，それにともなう地域社会と地域間関係の再編がある（青山2022）。

この変動によって，東北南部には南関東や北陸に系譜のある文化が分布を拡大し，それまで東北地方一円に分布していた（広義の）天王山式土器とその文化は終焉する。東北北部にはかねて南下していた続縄文文化の遺跡のみが分布することになる。これを機に地域間関係や地域間交流の態様が大きく様変わりし，互いに隣接することとなった古墳文化と続縄文文化の接触と交流が開始される。

続縄文文化が南下するルートも変化する（小黒2014）。日本海側は後北C1式の出土例が多い一方，太平洋側で出土するのは後北C2-D式以降で，出土例は内陸部に多い。沿岸部の出土例は内陸に比べて少なく，その移動は陸路による場合が多かったと考えられる。

このように，続縄文文化の南下は，弥生時代の日本海を通じたルートから，古墳時代における太平洋側の内陸のルートへ移行する。

(2) 古墳文化と続縄文文化の交流の開始

交流の開始 古墳時代への移行にともなう変動によって，系譜の異なる二つの文化，古墳文化と続縄文文化が境を接するという状況が現出し，両文化の交流が始まる。

交流の最初期のあり方を示す遺跡が，北上川の河口近くに存在する。石巻市新金沼遺跡である（芳賀ほか2003）。

新金沼遺跡は，南関東からの文化の波及直後の遺跡としては最北に位置する集落跡である。発掘調査で39軒の竪穴住居跡が確認され，その1軒で塩釜式土器と後北C2-D式土器が共伴した（図4）。

塩釜式は，古墳時代前期の東北南部のおもに太平洋側に分布する土器で，南関東に系譜がある。新金沼遺跡から出土した土器は装飾壺が含まれるなど南関東の土器の特徴をよく保持している。これと共伴した後北C2-D式土器は，その新しい段階のものである（八木2015）。

南関東から北上して分布圏を拡大した古墳文化と，北海道から南下して東北南部に至った続縄文文化。両者はそれぞれの到達点で邂逅した。続縄文文化は北上川沿いを南下してその河口に至り，古墳文化は太平洋側を北上して

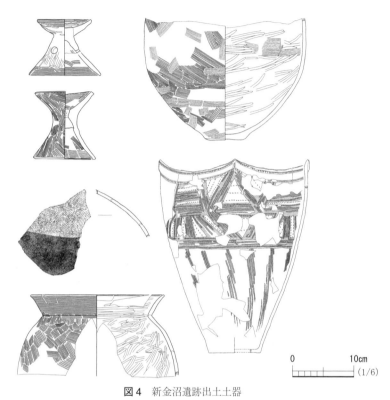

0   10cm
(1/6)

図4　新金沼遺跡出土土器

やはり北上川の河口に至ったのであろう。

　塩釜式の集落は古墳時代前期中葉になると大崎平野に分布を拡大し，これを造営基盤として複数の首長墓系譜が形成される。大崎平野の集団と続縄文文化との交流を示す考古資料は現状では多くはない。

　注意されるのは，美里町山前遺跡（宮城県教育庁文化財保護課1976）や大郷町鶴館遺跡（三好・窪田1994，佐藤貴志2011）など，環濠をめぐらせる集落があることである。鶴館遺跡は環濠の内部が削平され様相が明らかではないが，山前遺跡では黒曜石製ラウンドスクレーパーが住居跡から出土していることが注意される（青山1999）。黒曜石は，色麻町色麻古墳群の住居跡や栗原市大境山遺跡の住居跡からも出土している。

(3) 異文化交流の拡大

　両文化の交流は，古墳時代前期の後葉以降より明瞭にみえるようになる。

　古墳を築造する社会の北縁は大崎平野である。これより南には集落遺跡が面的に分布し，これらを造営基盤として首長墓が築造される。これに対して，迫川流域以北は遺跡の分布が少ない。

　このような遺跡の分布の希薄な地域にいくつかの遺跡群が形成され，両文化の交流を示す遺物が出土する。注意されるのは，この遺跡群が交通の結節点に位置することである。

　以下では，二つの文化の間の交流が行われたと考えられる三つの遺跡群をとりあげる（図5）。そのいずれもが，前節で述べたようなチマタとしての性格をもつことが示唆される。

　宮城県域北部　栗原　大崎平野の北に隣接する迫川流域，とくに栗原市域には，古墳時代と古代の遺跡が集中する。現在の道でいえば国道4号（旧奥州街道）と同398号（旧陸羽街道）が交差するあたりである。

　国道4号は，東北地方の太平洋側を縦断する幹線であることは言うまでもない。国道398号は，西に向かうと国道47号（旧北羽前街道）と合流して奥羽山脈を越え，山形県の新庄盆地を横断し，日本海に面した庄内平野の酒田市に至る。東は，北上山地を越えて太平洋岸の南三陸町（旧志津川町）に通じる。

　この遺跡群は，とくに古墳時代前期後葉の遺跡が集中する。同中期の遺跡は少ないが，古墳時代後期には東北北部や関東に系譜のある遺物が出土した御駒堂遺跡が知られ，古代には伊治城が造営される。

　岩手県北上盆地南部　胆沢　岩手県の奥州市域（旧水沢市，胆沢町）には，古墳時代中期と古代の遺跡が集中する地点がある。現在の道でいえば，国道4号（旧奥州街道）と同397号が交差するあたりである。

　この十字路を西へ向かうと奥羽山脈を越えて横手盆地へ，さらに山地を越えると日本海に面した本荘平野へ至る。東へ向かうと北上山地を越えて三陸沿岸の大船渡市，陸前高田市へそれぞれ至る。北上盆地を南北に縦断するルートと東西に横断するルートの結節点である。

　この遺跡群には古墳時代中期の遺跡が多く，古代には胆沢城が造営される。

　岩手県北上盆地北部　志波　岩手県盛岡市周辺には，続縄文土器を出土す

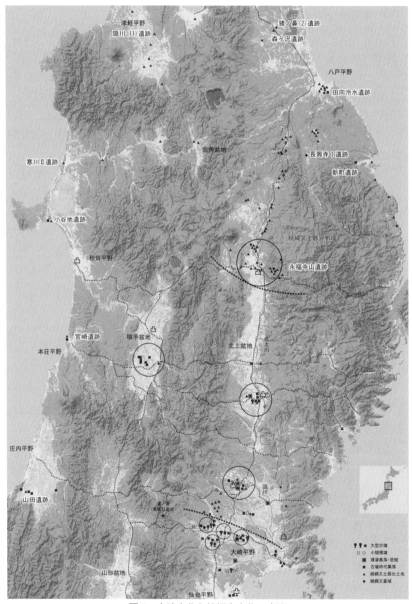

図 5　古墳文化と続縄文文化の交流

る遺跡が集中する。現在の道でいうと，国道4号と同46号・106号の十字路の周辺である。国道46号は奥羽山脈を越えて日本海に面した秋田平野へ，国道106号は北上山地をこえ三陸沿岸の宮古市へそれぞれ通じる。

盛岡市周辺は，続縄文文化の遺跡が多く分布し，そこから古墳文化の遺物が出土することがある（黒須ほか1998）。古代には志波城が造営される。

続縄文文化の遺跡は，ここからさらに八戸平野などへ通じる現在の国道4号に沿うように分布している。

（4）異文化交流とチマタ

宮城・山形県域の北部以北は，古墳・続縄文の二つの文化が混交する。両文化は一線をもってすみ分けているのではなく，広い範囲に二つの文化が混在し，境界領域（藤沢2001），雑居状態（高瀬2014a）などとよばれる状態にある。

上記した三つの遺跡群は，いずれも太平洋側の内陸部を南北に縦断するルート（現在の国道4号）と奥羽脊梁山脈をまたいで東西を横断するルートの交点に位置する。南北のルートが古墳文化と続縄文文化を結ぶ回廊の役割をはたし，東西を横断するルートとの十字路周辺に遺跡群が形成されていることが読みとれる。古代には，それぞれ，伊治，胆沢，志波の各城が造営されるという共通点も，これらの十字路が交通の要衝であったこと示している。

これらがチマタとしての性格をもつのだとすれば，それぞれの遺跡群には，四方から人々が参集し，市がたてられて交易が行われ，さまざまな行事が催されたと思われる。

これらの遺跡群にはそれぞれ特色がある。

一つは，両文化の主客である。栗原と胆沢は古墳文化の集落や遺物が多く，続縄文文化の遺物は少ない。一方，志波は続縄文文化の遺構や遺物が多くを占め，そこに古墳文化の遺物がわずかに存在する。

つまり，栗原と胆沢の遺跡群は古墳文化の側が設けたもので，そこが続縄文文化の人々との交流拠点となった。そして，志波へは続縄文文化の側が進出して遺跡群を形成し，そこに古墳文化の人々が来訪した，とみることができる。

注意されるのは，栗原と胆沢，すなわち古墳文化が設けた遺跡群には，い

　ずれも交流の場となったと思われる具体的な場が遺跡として確認されていることである。それは，環濠，あるいは方形の柵列や区画溝によって囲繞されている。
　一方，志波には交流の拠点となったと考えられる遺跡は未確認で，続縄文文化の遺跡からしばしば出土する古墳文化の遺物が両者の交流を物語る。
　もう一つは，それぞれの活動期である。栗原は古墳時代前期後葉に，胆沢は古墳時代中期に最盛期がある。古墳文化の側は，古墳時代前期にまず迫川流域の栗原に進出した。しかしその活動期間は比較的短く，中期になってさらに北方の北上盆地南部の胆沢に進出した。
　一方，志波の遺跡群は，後北C2-D式期と北大Ⅰ式期，おおむね古墳時代前期から中期まで継続する。古墳文化が設けた交流拠点が北へ移動する一方，志波の遺跡群は継続して営まれている。

(5) 古墳／続縄文文化交流の諸段階

　以上のように境界領域には二つの文化が混交する。そこには，両文化の交流の場となった三つの遺跡群があり，そのうち栗原と胆沢の遺跡群は古墳文化，志波の遺跡群は続縄文文化の遺跡で構成される。ここではこれらを舞台とした両文化の交流の変遷をたどる。
　古墳時代前期　前述したように，古墳文化と続縄文文化の交流の嚆矢となった宮城県石巻市新金沼遺跡は，古墳時代前期初頭の集落跡である。ガラス小玉や管玉が出土していることが注意される。
　前期中葉には，大崎平野に集落が出現し首長墓の造営が始まるが，両文化の交流は不明な点が多い。山前遺跡や鶴館遺跡など，集落の周りに環濠をめぐらせる遺跡の存在が注意される。
　前期後葉には，古墳文化の領域の北側にある栗原に遺跡群が出現する。入の沢遺跡(村上ほか 2016)や伊治城跡下層 [註1](佐藤則之 1992)は環濠や方形区画溝をめぐらせる(図6)。近接するこれら二つの遺跡は，出土土器からすれば山上に築かれた入の沢遺跡が古く，ふもとにある伊治城跡下層が新しい。
　入の沢遺跡からは続縄文文化との交流の存在を示す遺物は出土していないものの，竪穴住居跡から，複数の鏡，各種の鉄製品，本村型石製垂飾，玉類をはじめ，古墳の副葬品としてみられるような多くの品が出土した (図7)。

入の沢遺跡

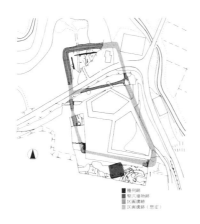

伊治城跡（下層）

図6　入の沢遺跡と伊治城跡下層

それらは交易品として準備された可能性もある。

　伊治城跡の下層で確認された方形区画溝跡からは，多数の塩釜式土器にともなって北大Ⅰ式土器が出土している（図8）。この他，宇南遺跡（遊佐1980），鶴ノ丸遺跡（手塚1981）などの集落遺跡が存在し，小規模墳からなる墓域が伊治城跡下層と鶴ノ丸遺跡で確認されている。いずれも古墳時代前期のもので，古墳時代中期以降の遺跡は少ない。

　このように，古墳文化の側では首長墓を造営する社会の北側にある交通の要衝を選んで拠点を設けた。続縄文土器の存在は，そこへ続縄文文化の人々の来訪があったことを示している。

　この時期の東北北部の状況はどのようなものであろうか。

　前述した三つのチマタのうち，胆沢では高山遺跡（新田ほか1978）などで古墳文化の竪穴が少数確認されているものの，続縄文文化との交流の内容は明瞭ではない。

　志波では，続縄文土器を出土する遺跡が数多く確認され（黒須ほか1998），そのうち永福寺山遺跡（津島ほか1997）で続縄文文化の土坑墓群から，鉄鎌や刀子などの鉄製品，勾玉，管玉が出土し，周囲からＳ字甕や円形浮文をもつ壺などの古式土師器が出土している^(註2)（図9）。

　東北北部における続縄文文化の土坑墓の造営は，弥生時代終末期から始まる。青森県九戸村長興寺Ⅰ遺跡（金子2002），秋田県能代市寒川Ⅱ遺跡（利部ほか1988）である。寒川Ⅱ遺跡の年代については検討の余地があるが（鈴木1990），土坑墓に，弥生土器，板状鉄斧などの鉄製品が，続縄文土器とともに副葬される。

　青森・秋田県域，岩手県域の北部でも古墳時代前期に併行する時期の遺跡が確認されている。東北南部の古墳文化は，太平洋側と日本海側でそれぞれ南関東と北陸の文化との親縁性が強く，東北北部に散在する古墳文化の遺跡でも同様の様相がみられる。ただし，岩手県域北部や青森県域では両者が錯綜する。土師器と続縄文土器が出土した日本海側の五所川原市隠川（11）遺跡（木村ほか1999）では太平洋側の特徴をもつ土器が出土し，太平洋側に位置する久慈市新町遺跡（米田・佐藤2009）では北陸によくみられる構造の竪穴が確認されている。青森県猪ノ鼻（1）遺跡（木村ほか2021）で続縄文土器とともに出土した土師器は，太平洋側と日本海側の特徴をもつものの

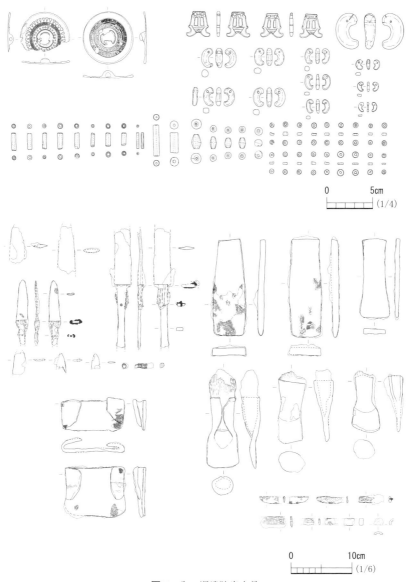

0   5cm   (1/4)

0   10cm   (1/6)

図7 入の沢遺跡出土品

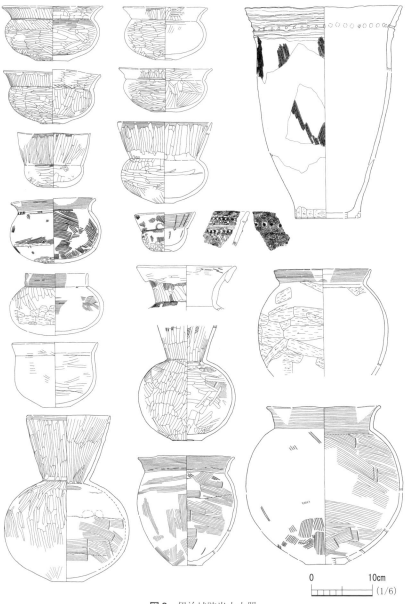

0　　　　　　10cm
(1/6)

図8　伊治城跡出土土器

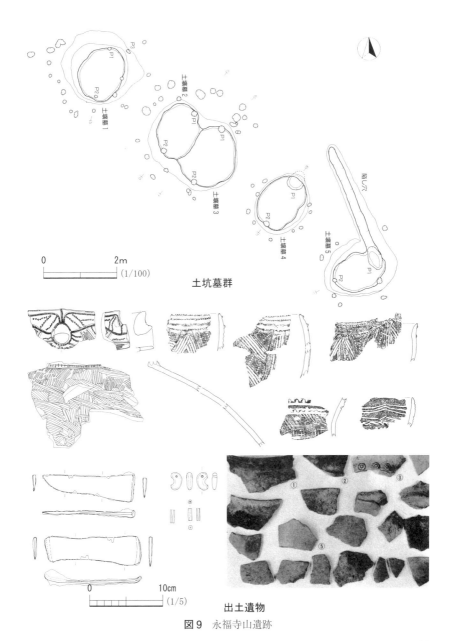

0　　　　　　2m
(1/100)

土坑墓群

0　　　　　　10cm
(1/5)

出土遺物

図9　永福寺山遺跡

両者が出土している。

　このように，岩手県域北部や青森県域では遺跡ごとに様相が異なる。さまざまな集団や出自をもった人々がそれぞれに来訪したのであろうか。

　古墳時代中期　前述のように栗原の遺跡群の活動が前期のうちに低調になる一方，その北方約 50 km に位置する北上盆地南部の胆沢の遺跡群が活動を活発化する。前期には集落のみであったが，中期には最北の前方後円墳として知られる角塚古墳（朴沢ほか 2002），方形区画溝跡をめぐらせる中半入遺跡（高木ほか 2002），集落跡の面塚遺跡（佐藤・千田 1999），小規模墳群である沢田遺跡（溜 2014）などが造営され，一部は後期[註3]前半に継続する。角塚古墳は全長 45 m の前方後円墳で，各種の埴輪を出土した首長墓である。この遺跡群の経営には首長層がかかわったと考えてよい。

　角塚古墳は，墳形と埴輪が仙台平野や大崎平野のものと類似し（藤沢 1998a・b），この遺跡群の造営集団との関係を示唆する。

　中半入遺跡では，土師器や須恵器の他，少量の続縄文土器，岩手県久慈産の琥珀やウマ遺体が出土しているほか，黒曜石製の石器や方割石とよばれる石器の出土量が増大する（高木ほか 2002，図 10）。黒曜石製の石器はラウンドスクレーパーが多く，使用痕分析から皮革加工用であることが判明している（高瀬 2014b）。

　この黒曜石は，宮城県北部にある加美町の湯ノ倉で産出するもので，その近傍に続縄文土器を出土する遺跡の集中域が認められることから（佐藤信行 1984，高橋 1998・2014），黒曜石の採取には続縄文文化の関与がうかがえる[註4]。

　仙台平野の北部に位置する仙台市鴻ノ巣遺跡では方形区画遺構が検出され，土師器などに混じって続縄文土器や黒曜石製石器が出土している（工藤 2004）。多賀城市山王遺跡でも古墳時代中期前半の遺構で土師器と続縄文土器が出土している（高倉 1981）。

　横手盆地にもこの時期に古墳文化の遺跡群が形成されたことが，近年の調査により判明している（島田 2020）。この遺跡群は，北上盆地から奥羽山脈を越え横手盆地を横断するルート沿いに分布し，胆沢の遺跡群と同じ時期に活動する（横手盆地の遺跡群がやや早く活動を停止する）。この道をさらに西に進むと日本海に面した由利本荘市の宮崎遺跡（小松 1987）に至る。

　当時の宮崎遺跡は潟湖に面した海路と陸路の結節点であったと考えられ，

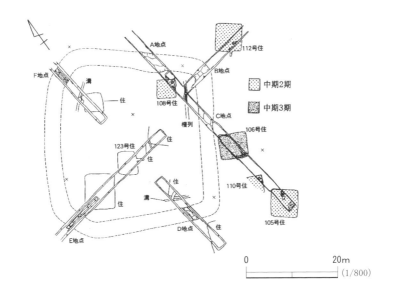

図10　中半入遺跡と出土遺物

　発掘調査などにより，古墳時代前・中期の土師器や須恵器，北大Ⅰ式土器が出土している。横手盆地の遺跡群は胆沢の遺跡群へ至る中継地の役割を果たしたと考えられる。日本海沿岸には，山形県鶴岡市の山田遺跡（眞壁・松田2003），秋田県男鹿市小谷地遺跡（高橋ほか1982）など同時期の遺跡が知られ，山田遺跡では住居跡から北大Ⅰ式土器が出土している。

　志波では，盛岡市薬師社脇遺跡（花井2002）で続縄文文化の土坑墓から土師器や鉄鎌，鉄斧などの鉄製品，管玉，ガラス小玉が出土している。東海系の宇田甕が出土した滝沢市大釜館遺跡（井上・早野2013）や盛岡市宿田遺跡（佐々木ほか2008，図11）もこの時期に位置づけられる。宇田甕の系譜は東海地方のとくに伊勢湾沿岸にあり，東北南部での出土例は皆無である。永福寺山遺跡のS字甕にもいえることであるが，これらは東北南部を経由せずに志波にもたらされた可能性がある。太平洋岸の宮古湾を経由するルートと，これを通じた遠隔地からの来訪者の存在が示唆される。

　青森県森ヶ沢遺跡でも，続縄文文化の土坑墓で，土師器，須恵器，続縄文土器が出土している（阿部ほか2008）。

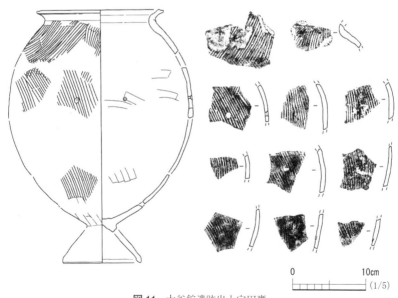

0　　　　　　　　10cm
（1/5）

図11　大釜館遺跡出土宇田甕

　この段階における黒曜石製ラウンドスクレーパーの出土量の増大からは，石狩低地の諸遺跡と同じ方法による皮革加工が行われたことがうかがえる。黒曜石製の石器は，大崎平野や仙台平野でも出土量が増大する。前述したように，その採取に続縄文人がかかわったとすれば，皮革生産が両者の協働によって行われた可能性を示す（高橋 2014）。

　古墳時代後期　北上盆地の胆沢と横手盆地の遺跡群が活動を縮小あるいは停止する一方で，さらに北に位置する青森県八戸市域で田向冷水遺跡（小保内ほか 2006）が活動を開始する。方形竪穴からなる古墳文化の集落跡で，小規模円墳と考えられる円形周溝も検出されている。区画施設で囲繞された遺跡は未確認である。

　土器は土師器が多く，続縄文土器は客体的であるものの，中期に比べると割合が増加している。同じ八戸市域には，管玉，ガラス玉，琥珀玉，臼玉，鉄鏃，鉄釧などが副葬された続縄文文化の土坑墓が検出された市子林遺跡（大野ほか 2004）がある。八戸市域における両者の関係は密接で，続縄文人が集落内に同居していたこと，湯ノ倉産の黒曜石製を含むラウンドスクレーパーや方割石が多く出土していることから両者の協働によって皮革生産が行われた可能性が指摘されている（小保内ほか 2006）。

　田向冷水遺跡をはじめとするこの段階の遺跡には従来と異なる様相が他にもある。それは，古墳文化と続縄文文化の融合を示す現象である。

　一つは，「東北北部型土師器」と呼ばれる土器で，土師器の甕と北大式の深鉢が折衷したものと理解される（宇部 2007，図 12）。

　土師器に穿たれた補修孔も注意される。補修孔とは，土器に生じたヒビを紐で結わえて補修するためその両側に錐で小孔を穿ったもので，田向冷水遺跡出土土器などにみられる。東北南部では弥生時代の天王山式土器までみられ，古墳文化への転換とともに姿を消すが，続縄文文化ではこの伝統が引き継がれる。田向冷水遺跡の土師器に穿たれた補修孔は，古墳文化と続縄文文化の同居を物語る現象の一つである。

　八戸市笹ノ沢（3）遺跡（中村ほか 2003）では，ナデ調整が施された波状口縁の杯もしくは鉢が出土している（図 13）。土師器とも続縄文土器とも異なるもので，両者の折衷と理解される。

　これらの遺跡のあり方は，二つの文化が融合を始め，新たな文化が生まれ

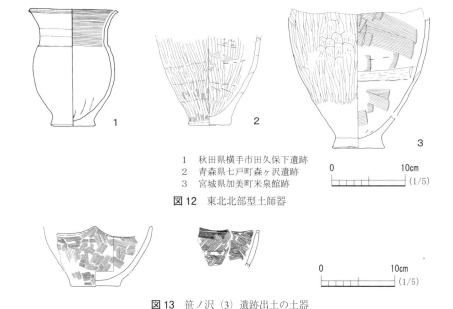

1　秋田県横手市田久保下遺跡
2　青森県七戸町森ヶ沢遺跡
3　宮城県加美町米泉館跡

図 12　東北北部型土師器

0　　　　　　　10cm
（1/5）

図 13　笹ノ沢（3）遺跡出土の土器

0　　　　　　　10cm
（1/5）

つつあることを示しているとも理解できる。

　同様の現象は他の地域にもみることができる。横手市田久保下遺跡（櫻田ほか 1992）では，続縄文文化の墓域から，鉄製品，土師器，須恵器に加えて，東北北部型の土器が出土している（図 12・14）。同遺跡は，横手盆地における古墳文化の遺跡群の活動停止後に造営される。

　墓制の融合もみられる。大崎平野に位置する加美町米泉館跡（藤村・伊藤 1996），仙台平野の仙台市大野田古墳群（結城ほか 2011）では，木棺墓の小口部分に続縄文系の土坑墓にしばしばみられる袋状ピットをもちそこに土器を収めた例がある。米泉館跡出土の土器は東北北部型であることが指摘されている（宇部 2002，図 12・14）。続縄文文化の土坑墓に古墳文化に由来する品を副葬する段階を経て，両文化の特徴をあわせもつ墓が生まれるに至ったと考えられる。

　東北北部型の土器は，宮城県大崎市日光山古墳群（佐々木 1972）でも出土している。

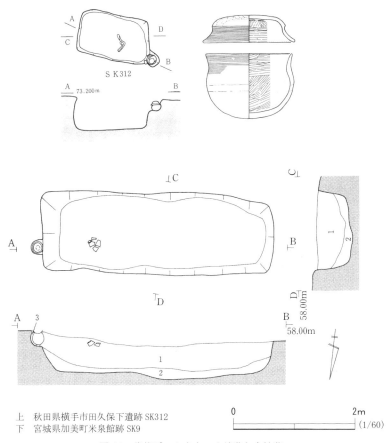

上　秋田県横手市田久保下遺跡 SK312
下　宮城県加美町米泉館跡 SK9

0　　　　　　　　　　　　　2m
　　　　　　　　　　　　　　(1/60)

図14　袋状ピットをもつ土坑墓と木棺墓

小　結

　以上，古墳文化と続縄文文化の交流を概観し，二つの文化の融合を示す事
例をみてきた。

　土器については，後期に至って両文化の要素をあわせもった東北北部型土
師器が出現する。笹ノ沢（3）遺跡出土の波状口縁の鉢もしくは杯も，この
ような脈絡の中で理解される。土師器に穿たれる補修孔も，その一例といっ
ていい。

　墓制については，続縄文文化の土坑墓への弥生土器，土師器，須恵器，鉄製品の副葬を経て，後期には袋状ピットをもつ木棺墓が出現する。

　手工業生産による皮革加工も，両文化の担い手による協働と理解される。

　古墳時代前・中期における両文化の混交を経て，後期には両者が融合した考古資料がみられ始める。

(6) それぞれのチマタのその後

　交通路と遺跡の分布から，二つの文化の交流を概観した。

　古墳時代前・中期併行期にはチマタの様相をもつ三つの遺跡群がある。そのうち栗原と胆沢は古墳文化，志波は続縄文文化の遺跡からなり，互いに行き来したと考えられる。

　縷々述べるように，古代史や民俗学の研究を参照すれば，チマタは四方から人々が参集し，市が立ち，歌垣など交歓の場ともなるなど，さまざまな行事や催事が行われた。

　四方から参集する人々の対等という象徴性，富を生む交易，そして歌垣などの催事は，あまたの人々の足をチマタへ向かわせた。チマタのもつこのような機能が異文化交流に際してその能力を発揮し，古墳文化と続縄文文化の交流の舞台となったと思われる。

　ところが，これらのチマタはやがて活動を停止する。それぞれの遺跡群の活動時期は遅くとも後期の前半までで，以降はいずれのチマタもがその活動をいったん停止し，活動を再開するのは古代になってからである。その背景を考えてみたい。

　前述したように，古墳時代社会の領域は中期以降しだいに南へ縮小する。後期には大崎平野の首長墓と集落が激減し，多くの遺跡が集中する仙台平野でも遺跡が大幅に減少する（青山2019）。背景に寒冷化の可能性が指摘されている。

　胆沢の遺跡群が最盛期を迎えるのは古墳時代中期である。つまり宮城県域で古墳文化の範囲が縮小をはじめる時期である。

　胆沢にある遺跡の一つである角塚古墳が，最北の前方後円墳であることは古くから知られていた。そして，この古墳の存在をもって古墳時代中期に古墳文化の領域が拡大したと考えられていた。

　しかし，このような理解は成り立たない。資料の増加によって明らかになったのは，古墳文化の領域が中期以降むしろ縮小することである。胆沢に遺跡群が形成されるのは古墳文化の領域が拡大したからではない。縮小するにも関わらずより北方に遺跡群を形成させた別の背景があり，それは続縄文文化との交易であったことをこれらの遺跡群のあり方は示唆する。

　後期には，古墳文化の領域がさらに縮小し，前述のように仙台平野でも遺跡が激減する。中期以来，埴輪を継続して生産し，仙台平野とその周辺地域，角塚古墳にも工人を派遣した仙台市富沢窯跡も操業を停止し，そのおもな供給先である大野田古墳群も造営を停止する。

　埴輪の類似は，胆沢の遺跡群にあって角塚古墳を造営した集団と宮城県域の集団とのつながりを示す。胆沢の遺跡群の活動停止と宮城県域の古墳社会の縮小は軌を一にした事象とも考えられる。

　前述したような木棺墓の小口に袋状ピットをもつ墓が現れるのは，宮城県域の遺跡が減少するころである。古墳時代社会の縮小と両文化が融合した文物の分布範囲の南への拡大が同時にみられることになる。

(7) 古墳／続縄文文化交流とチマタの機能

　チマタには文化を融合する機能がある。古墳文化と続縄文文化も，チマタでの交流を通じて融合が進んだ。両者の属性を合わせもつ考古資料を両文化の融合と解釈する指摘はこれまでも多くなされている（宇部2002，藤沢2014，高橋2014，小保内2022）。

　二つの文化の融合と解釈されるさまざまの現象は，古墳文化とも続縄文文化とも異なるアイデンティティーをもった文化が生まれつつあることを示唆する。古墳文化と続縄文文化による交流によって生まれた文化を，「蝦夷」の前史に位置づけることもできる（藤沢2014）。

　ただ，このような解釈には課題もある。一つは，交流が盛んであった古墳時代と再び遺跡が急増する7世紀との間の遺跡が少なく様相が不明瞭であること，蝦夷と呼ばれる人々の文化との間にヒアタスがあることである。古墳文化の縮小と遺跡群の活動停止により，この間の様相の把握は難しいのが現状である。

5. まとめ

　東北地方は奥羽脊梁山脈によって太平洋側と日本海側に隔てられ，その交通に関してはそれぞれを南北に縦断するルートが幹線となった。一方，奥羽山脈を越えて東西を横断するルートの交通量はこれに比べて少ない。太平洋側と日本海側では気候も異なる。このような地理的環境が，各時代の地域色の要因となっている場合が少なくない。

　地勢も東西でやや異なる。太平洋側を南北に流れる北上川や阿武隈川，またその平野部が南北を結ぶ回廊の役割を果たしている一方，日本海側は，山地によって隔てられ険しい峠道を越える必要がある内陸盆地列を結ぶルートよりも，日本海に面した諸港を結ぶ海路が大きな役割を果たした。

　このような条件の違いが，交通のあり方を規定していると思われる。太平洋側は,内陸のルートが重要な役割を担った。このルートは近世の奥州街道,現代の国道4号となる。

　太平洋側にはチマタの様相をもった遺跡群が存在し，律令官衙や城柵が築かれて蝦夷との衝突の舞台ともなったように陸路が重視されたとみられる。一方，日本海側は海路による交流が目立つ。このような交通のあり方の違いは，東北の地勢と密接にかかわっている。

　チマタとしての性格をもつと思われる遺跡群に共通するのは，①遠隔地を結ぶルートの交差点に位置する，②律令官衙や城柵，首長墓などの重要遺跡が近傍に位置し，遺跡の分布がまとまる，③地域間交流の存在を示す遺構や遺物がみられる，などである。

　古墳文化と続縄文文化の交流拠点が環濠や方形区画で囲繞されていることも注意される。両文化の交流がこのような施設で行われていたことは，これまで首長居館とも解釈されていた遺構の性格を考えるうえで示唆的である。

　交通路と交流という視点によってみえてくることは少なくない。道路遺構を検出することの難しさという問題はあるものの，他の学問領域との比較を含めた議論の深化が望まれる。

〔註〕

1) 伊治城跡では古代の遺構のほかに古墳時代前期の遺構が確認されている。これらは，伊治城跡に関わる遺構と層位的な上下関係にはないが，ここではこれらを伊治城下層と表記する。

2) 円形浮文を付す壺やS字甕は現在は写真でしか見ることができないが（新田ほか1978），写真を判読するかぎり永福寺山遺跡のS字甕には肩部のヨコハケが確認できる。東北南部でもS字甕の出土例は少なくないが，肩部にヨコハケが施されたものはわずかである。永福寺山遺跡のS字甕は，東北南部のS字甕には少ないオリジナルの特徴を備えているようである。円形浮文が付された壺も東北南部での出土例は数例である。

3) 古墳時代後期は須恵器のTK23型式以降とする立場をとる。

4) 北海道札幌市域周辺では，弥生時代終末期併行以降に黒曜石製のラウンドスクレーパーを用いた皮革加工が行われたことが指摘されている（上野1992）。北大Ⅰ式期以降石器組成に占めるラウンドスクレーパーの割合が高くなることや獣骨が大量に出土することなど，皮革加工に特化した状況が共通する。

〔文献〕

青山博樹 1999「小牛田町山前遺跡出土の塩釜式土器とラウンドスクレーパー」『宮城考古学』第1号 pp.67–80 宮城県考古学会

青山博樹 2014「列島東北部の交流拠点とその性格」『久ヶ原・弥生町期の現在』pp.181–189 西相模考古学研究会

青山博樹 2015a「チマタ・歌垣・古墳」『列島東部における弥生後期の変革』pp.175–188 六一書房

青山博樹 2015b「古墳出現期の列島東北部」『倭国の形成と東北』古代の東北 pp.78–103 吉川弘文館

青山博樹 2019「古墳時代地域社会の動態－仙台平野とその周辺－」『古墳分布北縁地域における地域間交流解明のための実証的研究』pp.31–42 福島大学行政政策学類

青山博樹 2022「天王山式期をめぐる諸変動」『月刊考古学ジャーナル』776 pp.23–27 ニューサイエンス社

阿部義平ほか 2008『寒川遺跡・木戸脇裏遺跡・森ヶ沢遺跡発掘調査報告書』上・下 国立歴史民俗博物館研究報告第143・144集 国立歴史民俗博物館

石川日出志 2006「天王山式土器の広がり－小規模集団の貫入的移動－」『異系統土器の出会い』pp.75–81 「異系統土器の出会い」研究班

井上雅孝・早野浩二 2013「岩手県岩手郡滝沢村大釜館遺跡出土の宇田型甕について」『筑波大学先史学・考古学研究』第24号 pp.33–49

上野秀一 1992「北海道における天王山式系土器について」『東北文化論のための先史学歴史学論集』pp.763–808 加藤稔先生還暦記念会

宇部則保 2002「東北北部型土師器にみる地域性」『海と考古学とロマン』pp.247–265 市川金丸先生古稀を祝う会

宇部則保 2007「青森県北部～岩手県北部」『古代東北・北海道におけるヒト・モノ・文化交流の研究』pp.260–284 東北学院大学

大野 亨ほか 2004『八戸市内遺跡発掘調査報告書』18 八戸市埋蔵文化財調査報告書第102集 八戸市教育委員会

小黒智久ほか 2009『富山市住吉百塚遺跡・百塚住吉B遺跡・百塚遺跡発掘調査報告書』富山市埋蔵文化財調査報告 富山市教育委員会

小黒智久 2009「百塚住吉遺跡・百塚遺跡のいわゆる出現期古墳が提起する諸問題」『富山市百塚住吉遺跡・百塚住吉B遺跡・百塚遺跡発掘調査報告書』富山市埋蔵文化財調査報告32 富山市教育委員会

小黒智久 2014「北の古墳築造周縁域と続縄文社会」『古墳と続縄文文化』pp.285–305 高志

書院

小保内裕之ほか 2006『田向冷水遺跡』Ⅱ　八戸市埋蔵文化財調査報告書第 113 集　八戸市教育委員会

小保内裕之 2022「古墳時代中期のフロンティアライン」『土器と墓制から見た北東北の続縄文文化』pp.27–44　滝沢市埋蔵文化財センター

利部　修ほか 1988『一般国道 7 号八竜能代道路建設事業に係る埋蔵文化財発掘調査報告書』Ⅰ　秋田県文化財調査報告書第 167 集　秋田県教育委員会

金子昭彦 2002『長興寺Ⅰ遺跡発掘調査報告書』岩手県文化振興事業団埋蔵文化財調査報告書第 388 集　岩手県文化振興事業団埋蔵文化財センター

木村　高・鈴木　信 2011「古墳時代並行期の北方文化」『講座日本の考古学』7　pp.710–758　青木書店

木村　高ほか 1999『隠川（11）遺跡Ⅰ・隠川（12）遺跡Ⅱ』青森県埋蔵文化財調査報告書第 260 集　青森県教育委員会

木村　高ほか 2021『猪ノ鼻（1）遺跡』青森県埋蔵文化財調査報告書第 616 集　青森県埋蔵文化財調査センター

工藤哲司 2004『鴻ノ巣遺跡』仙台市文化財調査報告書第 280 集　仙台市教育委員会

黒須靖之・津島知弘・神原雄一郎・高橋千晶・佐藤良和 1998「角塚古墳以前の北上川流域」『最北の前方後円墳』胆沢町・胆沢町教育委員会

小松正夫 1987『宮崎遺跡発掘調査報告書』西目町教育委員会

櫻田　隆ほか 1992『秋田ふるさと村（仮称）建設事業に係る埋蔵文化財発掘調査報告書』秋田県文化財調査報告書第 220 集　秋田県教育委員会

佐々木茂禎 1972『日光山古墳群』古川市文化財調査報告第 2 集　古川市教育委員会

佐々木亮二ほか 2008「宿田遺跡（第 11 次調査）」『盛岡市内遺跡群』平成 18・19 年度　盛岡市遺跡の学び館

佐藤信行 1984「宮城県内の北海道系遺物」『宮城の研究』1　pp.425–478　清文堂

佐藤信行・須田良平 1998「宮城県木戸脇裏遺跡・一本松北遺跡採取の盤状礫石器」『時の絆』pp.187–211　石附喜三男先生を偲ぶ刊行会

佐藤貴志 2011『鶴館遺跡』大郷町文化財調査報告書第 2 集　大郷町教育委員会

佐藤則之 1992「Ⅵ．第 18 次調査」『伊治城跡』築館町文化財調査報告書第 5 集　築館町教育委員会

佐藤良和・千田幸生 1999『面塚遺跡』水沢市埋蔵文化財調査センター調査報告書第 12 集

佐原　真 1987「みちのくの遠賀川」『東アジアの考古と歴史』中　pp.265–291　岡崎敬先生退官記念事業会

島田祐悦 2020「横手市の古墳時代遺跡群」『北縁の古墳文化とその交流』pp.1–12　横手市教育委員会

白石太一郎 1996「古代の衢（ちまた）をめぐって」『国立歴史民俗博物館研究報告』第 67 集　pp.137–156　国立歴史民俗博物館

鈴木勝彦・高橋誠明 1991『名生館官衙遺跡』Ⅺ　古川市文化財調査報告書第 10 集　古川市教育委員会

鈴木正博 1990「栃木『先史土器』研究の課題（一）」『古代』第 89 号 pp.78–117　早稲田大学考古学会

高木　晃ほか 2002『中半入遺跡・蝦夷塚古墳発掘調査報告書』岩手県文化振興事業団文化財調査報告書第 380 集

高倉敏明ほか 1981『山王・高崎遺跡発掘調査概報』多賀城市文化財調査報告書第 2 集　多

賀城市教育委員会

高瀬克範 2014a「続縄文文化の資源・土地利用」『国立歴史民俗博物館研究報告』第 185 集 pp.15-61 国立歴史民俗博物館

高瀬克範 2014b「北上川流域における続縄文系石器の使用痕分析」『古墳と続縄文文化』 pp.195-210 高志書院

高橋忠彦ほか 1982『脇本埋没家屋第四次発掘調査報告書（小谷地遺跡）』男鹿市文化財調査 報告書第 2 集 男鹿市教育委員会

高橋誠明 1998「角塚古墳前夜の大崎平野」『角塚古墳シンポジウム 最北の前方後円墳』 pp.32-42 胆沢町・胆沢町教育委員会

高橋誠明 2014「古墳築造周縁域の動向」『古墳と続縄文文化』pp.175-194 高志書院

高橋与右衛門ほか 1995『岩崎台地遺跡群発掘調査報告書』岩手県文化振興事業団埋蔵文化 財調査報告書第 214 集 岩手県文化振興事業団埋蔵文化財センター

田中耕作ほか 2018『山草荷遺跡出土の弥生土器』新発田市教育委員会

手塚 均 1981「鶴ノ丸遺跡」『東北自動車道遺跡調査報告書』Ⅴ 宮城県文化財調査報告書 第 81 集 宮城県教育委員会

溜浩二郎 2014『沢田遺跡発掘調査報告書』岩手県文化振興事業団埋蔵文化財調査報告書第 626 集 岩手県文化振興事業団

津島知弘ほか 1997『永福寺山遺跡』盛岡市教育委員会

中村哲也ほか 2003『笹ノ沢（3）遺跡』Ⅲ 青森県埋蔵文化座調査報告書第 346 集 青森県 教育委員会

納谷信広 2001「西目町宮崎遺跡出土の土師器について」『秋田考古学』第 47 号 pp.87-95 秋田県考古学協会

新田 賢ほか 1978『高山遺跡』水沢市文化財調査報告書第 1 集 高山遺跡調査委員会・水 沢市教育委員会

芳賀英実ほか 2003『新金沼遺跡』石巻市文化財調査報告書第 11 集 石巻市教育委員会

花井正香 2002「薬師社脇遺跡」『岩手県考古学会第 28 回研究大会発表要旨』岩手県考古学 会

福島雅儀ほか 2011a『会津縦貫北道路遺跡発掘調査報告』10 桜町遺跡（2 次）福島県文化 財調査報告書第 474 集 福島県教育委員会

福島雅儀ほか 2011b『会津縦貫北道路遺跡発掘調査報告』11 桜町遺跡（3 次）福島県文化 財調査報告書第 481 集 福島県教育委員会

福島雅儀ほか 2012『会津縦貫北道路遺跡発掘調査報告』12 桜町遺跡（4 次）福島県文化財 調査報告書第 485 集 福島県教育委員会

福田秀生 2005「桜町遺跡（1 次）」『会津縦貫北道路遺跡発掘調査報告書』5 福島県文化財 調査報告書第 430 集 福島県教育委員会

福田秀生 2012「桜町式土器におけるキメラ土器」『会津縦貫北道路遺跡発掘調査報告』12 福島県教育委員会

藤村博之・伊藤 裕 1996『米泉館跡』宮崎町文化財調査報告書第 5 集 宮崎町教育委員会

藤本 強 1988『もう二つの日本文化』東京大学出版会

藤沢 敦 1998a「仙台平野における埴輪樹立古墳の墳丘と外表施設」『東北文化研究室紀要』 第 39 号 pp.88-104 東北大学文学部東北文化研究室

藤沢 敦 1998b「東北南部の古墳と角塚古墳」『最北の前方後円墳』pp.44-49 胆沢町・胆 沢町教育委員会

藤沢 敦 2001「倭の周縁における境界と相互関係」『考古学研究』48-3 pp.41-55 考古学

研究会

藤沢　敦 2007「倭と蝦夷と律令国家－考古学的文化の変移と国家・民族の境界－」『史林』
　　90-1　pp.4–27　史学研究会

藤沢　敦 2014「古墳文化と続縄文文化の相互関係」『古墳と続縄文文化』pp.9–28　高志書
　　院

朴沢志津江ほか 2002『角塚古墳発掘調査報告書』胆沢町埋蔵文化財調査報告書第 28 集　胆
　　沢町教育委員会

眞壁　健・松田亜紀子 2003『山田遺跡発掘調査報告書』鶴岡市埋蔵文化財調査報告書第 21
　　集　鶴岡市教育委員会

宮城県教育庁文化財保護課 1976『山前遺跡』小牛田町教育委員会

三好秀樹・窪田　忍 1994『大郷町鶴館遺跡』大郷町教育委員会

村上裕次ほか 2016『入の沢遺跡』宮城県文化財調査報告書第 245 集　宮城県教育委員会

八木光則 2015「古墳時代併行期の北日本」『倭国の形成と東北』pp.134–161　吉川弘文館

結城慎一ほか 2011『下ノ内遺跡・春日社古墳・大野田官衙遺跡ほか』仙台市文化財調査報
　　告書第 390 集　仙台市教育委員会

遊佐五郎 1980「宇南遺跡」『東北自動車道遺跡調査報告』Ⅲ　宮城県文化財調査報告書第
　　69 集　宮城県教育委員会

米田　寛・佐藤里恵 2009「新町遺跡」『平成 20 年度発掘調査報告書』岩手県文化振興事業
　　団埋蔵文化財調査報告書第 546 集　岩手県文化振興事業団埋蔵文化財センター

（青山博樹）

③ 群馬県域における道と交通・流通

はじめに

　古代の道路遺構は全国各地で発掘調査され，それらに基づく古代交通史研究の進展は著しく，群馬県域もその研究フィールドのひとつとなっている。東山道駅路に推定される遺構としては太田市の大道西遺跡での道路脇の側溝の検出（図15）などの発掘調査事例は多く，今後のさらなる検出の増加も見込めるなど，古代道路研究への高いポテンシャルを内包している。

　しかし，それを遡る古墳時代の遺構としては広域的な交通・流通を物語るに足る道路状遺構の存在は確認されていない。古墳時代（それ以前の時代においても同じ）には多くの人がさまざまな目途をもって往来したことは確実であり，その足跡をたどることができれば，自ずと道の存在は明らかになると思われる。

　そこで，群馬県域の発掘調査成果や関連研究成果を取り上げながら，古墳時代の道の実態とその可能性を探ることとしたい。

図15　大道西遺跡の東山道駅路（推定）　西から（群馬県提供）

1. 発掘された古墳時代の道

　まず，古墳時代の道の発掘調査事例について確認し，そこから「道」という遺構について考える。

　「旧地表面」と「道」　群馬県渋川市に所在する黒井峯遺跡は，古墳時代のある日に大噴火した榛名山が大量のテフラ（＝榛名二ツ岳伊香保テフラ。以下，Hr-FP）を噴出し，僅か数時間とも言われる程の短時間のうちに Hr-FP を厚さ 2 m 以上も堆積させたことによって一気に埋没した遺跡である。

　降下した Hr-FP は，その日の暮らし景観をそのままの状態で覆いつくし，当時（約 1500 年前のある日）の社会を封じ込めた。この埋没要因が，イタリア・ナポリ近郊にあるヴェスヴィオ山の西暦 79 年の大噴火によるテフラで埋没したポンペイ遺跡に近似することから，黒井峯遺跡は 1980 年代半ばの遺跡発見時より，「日本のポンペイ」と呼ばれてきた。

　黒井峯遺跡は，日本国内では，おそらく群馬県渋川市域以外ではないであろう先述の埋没状況と，そのことによって内包された暮らし復元のための多彩な情報をもつ極めて稀有な遺跡と認識され続けている。そして，その埋没状況に起因する極めて稀有な遺構保存状況のもとで，他の埋没過程を経た遺跡での発掘調査では得ることのできないであろうさまざまな遺構が検出されることとなった（図 16）。

　比類なき遺構としては，「地上構造物」（建物の屋根や壁，垣など）や「旧地表面」（Hr-FP 降下直前のヴァージンな地表面）が主なものとして挙げられるが，「道」を考えるに察しては，この「旧地表面」の存在が大きな意味をもつこととなる。

　黒井峯遺跡で検出される「旧地表面」にはさまざまな情報が盛り込まれている。それは，Hr-FP 堆積層がその下層にある「旧地表面」の厚い保護層となり，降下直前の地面を約 1500 年間保護していたことに拠る。「道」はこの「旧地表面」が存在することによって，初めて認識できる当時の暮らしの痕跡である。なお，通常の古墳時代遺跡の多くは，旧地表面が後世の削平によって失われており，遺構確認面での発掘調査となるため，ここで論じるような「道」が検出されることほとんどないものと考えられる。

　黒井峯遺跡の「道」　黒井峯遺跡で検出された「道」の概要を述べる。

　黒井峯遺跡の発掘調査では，通常の遺跡において検出が困難とされてきた

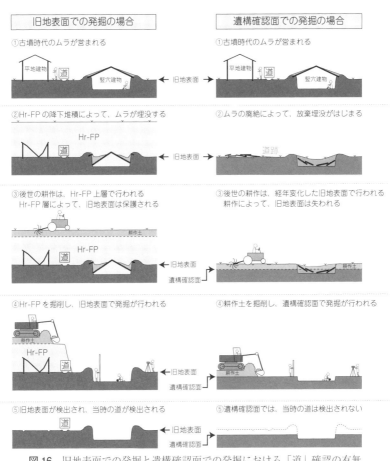

図16 旧地表面での発掘と遺構確認面での発掘における「道」確認の有無

路面を伴う道の存在が明確に認識できる（図17）。特に「旧地表面」において硬化面が帯状に連続することによって道を認識できる点は，黒井峯遺跡における「道」認定の特徴といえる。

「道」は，「旧地表面」の平・断面の形状と硬度という２つの観点から，大別２種類が確認されている（石井1990a・1993）。１つは道幅70〜100 cmで両脇に土盛りや柴垣等がとりつく道である。これを「幹線道」と呼ぶことにする。そして，もうひとつは道幅30 cm程度で付帯遺構がとりつかず連続する硬化面によって形成されている道である。これを「分枝道」と呼ぶことに

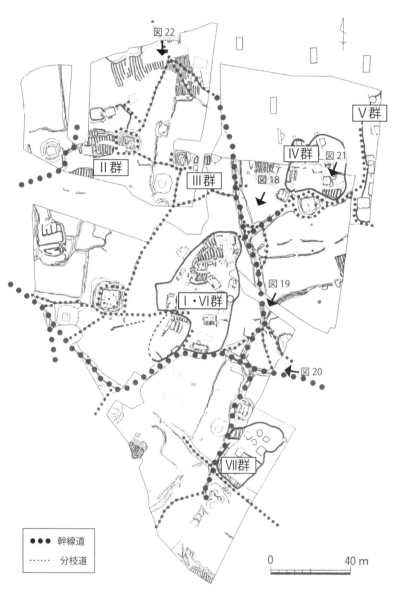

図 22

Ⅴ群

Ⅳ群

図 21

Ⅱ群

Ⅲ群

図 18

Ⅰ・Ⅵ群

図 19

図 20

Ⅶ群

●●● 幹線道

‥‥‥ 分枝道

0　　　　　40 m

図 17 黒井峯遺跡で発掘された「道」（石井 1990a に加筆）

する（図17・18）。

　「幹線道」は，路面が極めて堅い。それは，降雨時に路面に降った雨水が浸透しづらく水たまりができるほどである。これほどの堅さを持つ路面が形成されるには，経年によって道がそのルートを大きく変化させることのないという，恒常性の高さが必要といえる。故に，日々人びとが，移動時において同じ軌跡を相当回数，繰り返し行き来したことが「幹線道」の形成につながったものと想定できる。但し「幹線道」は，必ずしも直線的というわけではない。蛇行したり，一見迂回するようなコース取りをしたりするなどの傾向があり，五差路（図17・19）や三差路（図17・20）を呈する地点もある。

　一方，「分枝道」は，特定の範囲を往来する頻度が低いこともあってか，「幹線道」に比して路面の硬化具合が弱いことが多い。しかし，「分枝道」も明らかに帯状に連続する硬化面を持つことから，日々人びとが繰り返しこの箇所を行き来したことが想定される「道」と認定できる。「幹線道」と「幹線道」をショートカットする様なコース取りをする「道」や，窪地を回避するよう

図18　黒井峯遺跡Ⅰ・Ⅵ群北東の幹線道と分枝道（渋川市教育委員会提供）

図19　黒井峯遺跡Ⅰ・Ⅵ群東の幹線道と分枝道の五差路（渋川市教育委員会提供）

図20　黒井峯遺跡Ⅰ・Ⅵ群南東の幹線道の三差路（渋川市教育委員会提供）

図21　黒井峯遺跡Ⅳ群南の分枝道（畠の後方）（渋川市教育委員会提供）

図22　黒井峯遺跡Ⅱ群・Ⅲ群北の畠を踏みつぶしていく分枝道（渋川市教育委員会提供）

な道（図21），畠を踏みつぶしていく道（図22）など，当時の人々のさまざまな行動意思を読み取れるかのような軌跡を残したものも多い。

「道」の検出は，稀少性からそれ自体の遺構単体としても大きな意義をもつことは言うまでもない。加えて，「道」は点としての存在であった各遺構を線でつなぎ，そこに投影された当時の人の意思を読み取ることを可能とさせる集落研究の視点を我々に与えている。

西組遺跡の「道」　黒井峯遺跡と同様の埋没状況にある群馬県渋川市に所在する西組遺跡（石井 1990b・c）では，人がどの建物にどのようにアクセスしたかを「道」によって把握でき，各遺構間の関係性を知ることを可能としている（図23）。

西組遺跡では垣（一部は建物の壁）で囲われた領域外の南〜西〜北に幹線道が存在するが，垣内に入るための戸口は，建物群の南側に設置されているB81号垣が途切れる箇所（図23の★箇所）であることが「道」から理解できる。それは，垣外を東西に走行する幹線道から戸口を通して垣内に繋がる分枝道の存在によって認識できる。そして、戸口から垣内で複数に分かれる分枝道は3棟の平地式建物（B86号，B90号，B92号平地式建物）と繋がっていることから，これらの建物へのアクセス頻度が高かった（＝利用頻度が高かった）ことが想定される。さらには，B90号，B92号平地式建物への分枝道は戸口からほぼ最短距離でたどり着くよう形成されている一方で，B86号平地式建物への分枝道は，戸口から最短距離でたどり着くよう形成されておらず，B90号平地式建物への分枝道がさらに分かれてB86号平地式建物へとたどり着くよう形成されている。分枝道がこうした異なる軌跡を描くことからは，各平地式建物の利用頻度やそこから推測される建物の機能差を推察することが可能となる。加えて，B86号平地式建物への分枝道のように，戸口から目的とする建物を最短距離で行き来しない軌跡からは，図23の「αゾーン」と仮定した箇所に，当時の人々が恒常的な行き来を回避しなくてはならなかった別目的の土地利用が，遺構としては明確な痕跡は検出されていないものの存在したことを推察することをも可能とする。

道の形成要因　黒井峯遺跡や西組遺跡での「道」は，居住域内における道であり，広域的な交通や流通を実現させたであろう道とは趣が異なるかもしれない。しかし，「旧地表面」で検出された「道」から導かれる「人の頻繁

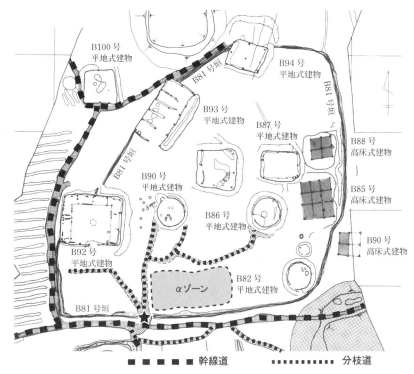

図 23 西組遺跡での幹線道と分枝道　S:1/500　（石井 1990b・c に一部加筆）

な移動行為が特定範囲で繰り返されることによって道は形成される」という道の形成要因は，広域的な人の移動の場合にも成り立つと考えられる。

　ところで，人が移動という行動を起こすには少なからず目指す場所（目的地）の存在が必要である。さらに「頻繁な移動行為」が道の形成のために必要であると考えるならば，特定階層の人々の特別な移動のみならず，不特定多数の人々の移動も視野に入れて検討を加えることが，古墳時代の道を追求するには適切と考える。

　黒井峯遺跡や西組遺跡のような「旧地表面」に残された「道」の検出ができない場合においても，道を追求するには，人の頻繁な移動が想定でき，かつそれが双方向的であることを条件として，「頻繁な移動行為」を想定し，道の形成について考えてみることが大切だと考える。

　よって，こうしたことの追求がその姿を見いだしづらい「道」探しには有効ではないかと考える。

2. 外来系土器の様相から探る「道」

　ここでは，道の検出ができない場合においても，人の「頻繁な移動行為」から道の存在を推定する試みとしてのケーススタディとして，群馬県域の古式土師器を俎上に検討する

　外来系土器と人の移動　弥生時代後期～古墳時代前期の土器については，その可視的特徴に地域性が顕著なことから，このことに着目し，その土器の故地以外の地での分布状況，所謂「外来系土器の様相」の把握により，集団の移動を想定する研究があり，長い研究の歴史を持つ。

　そして，この研究において常に提議される問題のひとつとして，何が故地以外の場に移動するのかということが挙げられる（森岡 1993）。完成した土器そのものなのか，土器製作技術なのか，土器の原材料なのか，あるいは土器のイメージなのかなど，多種多様な情報の移動が想定されるわけであるが，これらに共通することは，いずれの場合も「人の移動」が伴うということである（若狭 1998）。

　そこで，ここでは，人の移動を背後に想定できる当該時期の外来系土器の様相から，「道」の検討を試みることとする。この場合，人の移動を直接的に把握することができないため，その間接的な方法として土器様相の「時間軸での継続性」と「空間軸での共時性」を推定のための要素として検討する。そしてそのための具体として，外来系土器の「在地化進行」（「時間軸での継続性」の推定）と「双方向的情報移動」（「空間軸での共時性」の推定）の様相を把握することで，「道」の可能性を探りたい。

　群馬県域の外来系土器　群馬県域では，古墳時代前期を通じて外来系土器の情報の移入と定着（在地化）が顕著である。とりわけ，東海系要素の移入と定着が濃厚である。Ｓ字状口縁台付甕の集中的な組成参入とその在地化が象徴的である「石田川式土器」の存在はこのことを鮮明に示しているが，前方後方形周溝墓などの遺構にもそれらの可能性を認められることから，生活様式・社会構造の一部にも影響を与える程の濃厚な人の動きが想定できる。

　この場合，その動き（移入）の想定されるメインルートは，旧利根川・荒川を遡上するルート（田口 2000）が最有力とされており，このことは東日本における大廓式土器の広がりに関する分析（柳沼 2013）からも補強される動きといえる。東海系要素のこうした動態は「外来系土器の在地化」を

鮮明化するものであり，「人の移動」をイメージすることができる。しかし，東海系要素のダイナミックさ故に，「在地化進行」は把握できたとしても，「双方向的情報移動」の様相を把握することは，現状では看取しづらい。

　ところで，古墳時代前期の群馬県域では，古墳前期古段階（概ね廻間Ⅱ式併行（若狭・深澤 2005））に，東海系以外にも複数の外来系土器が各小地域に分布し，その様相から人の動きを想定することが可能となっている（図24）（深澤 2015）。その中で，地域的には群馬北部地域（現在の群馬県渋川市付近）と勢多地域（現在の群馬県前橋市北部〜桐生市西部付近）の2つの地域を軸とし，北陸系土器（田口 1981）と吉ヶ谷式（式系）土器（若狭 1996）の様相把握から「道」の存在を推定してみたい。

　「赤城山南西麓ルート（仮称）」の検討　弥生時代後期から古墳時代前期にかけての群馬県域では外来系土器の受容と在地化の様相の差異から，14の小地域を設定できる（図25）。このうち，群馬北部地域と勢多地域は，赤城山南西麓で接している小地域であり，この2つの小地域を結ぶルート（「赤城山南西麓ルート（仮称）」・以下，山麓ルート）から「道」の可能性を検討する。

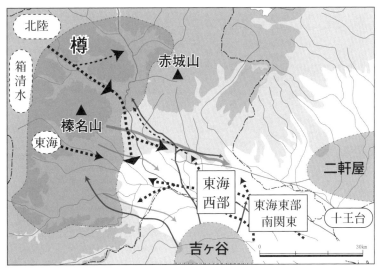

図24　古墳前期古段階の動態（深澤 2015 を一部改変）

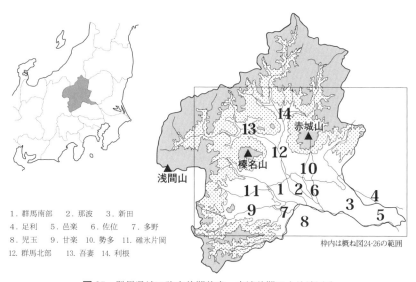

1．群馬南部　　2．那波　　3．新田
4．足利　　5．邑楽　　6．佐位　　7．多野
8．児玉　　9．甘楽　　10．勢多　　11．碓氷片岡
12．群馬北部　　13．吾妻　　14．利根

枠内は概ね図24・26の範囲

図25　群馬県域の弥生後期後半〜古墳前期の小地域区分

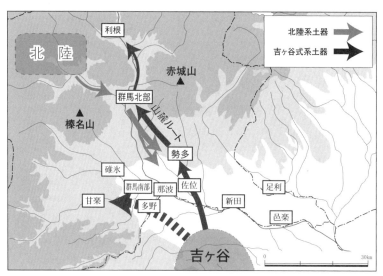

図26　「山麓ルート」の推定

　ここで提示する「山麓ルート」は，赤城山南西麓の複数遺跡の土器様相か
らその動態を推定しようとするものであるが，具体的には古墳前期古段階を
中心とした時期に群馬北部地域に分布の核を持つ北陸系土器と勢多地域に分
布の核のひとつをもつ吉ヶ谷式系土器の様相から検討・推定を試みるもので
ある（図26）。

　群馬県域における北陸系土器は，複数の各小地域で確認されている（深澤・
中里2002）がとりわけ本稿で取り上げる2つの小地域（群馬北部地域・勢
多地域）では，甕をはじめ，複数器種での出土頻度が相対的に高い。

　群馬北部地域の有馬遺跡では，古墳前期古段階に北陸系土器の多出が確認
でき，その器種は複数（甕・壺・高坏・器台等）に及ぶ（図27左）。これら
には，故地からの搬入品といえる明確な土器はなく，全てが北陸系土器の属
性を有した在地品の可能性が高い。このことからは，北陸地方のいずれかの
地（北陸北東部に故地を持つ可能性が高い（川村1998））を故地とした人の
移動，またはその土器情報の伝達を果たした人からそれを受容した人の定着
が示唆される。こうした人の移動には，弥生後期後半段階以降の北陸と関東
を繋ぐ日本海ルートの存在と，その帰着点として群馬北部地域が存在した可
能性（田口2002）が背景として想定できる。

　また，勢多地域の荒砥上之坊遺跡では，上記の有馬遺跡と同様，古墳前期
古段階に北陸系土器の多出が確認でき，その器種は複数（甕・小型壺・高坏
等）に及ぶ（図27右）。この遺跡も，明らかな搬入品は認められず，全てが
北陸系土器の属性を有した在地品の可能性が高い。

　この2つの小地域での北陸系土器の様相は，それ以外の小地域に比べて濃
密であり，その同時期性と群馬地域への北陸系要素の移入ルートを考慮する
と，群馬北部地域から南西ベクトルで拡散し，その動きの中で勢多地域に定
着した可能性を想定できる。そして，これらの北陸系土器は古墳前期中段階
（概ね廻間Ⅲ式併行期）（若狭・深澤2005）には地域性を示す可視的属性が
看取しづらくなるが，古墳前期古段階における在地化状況から想定すると，
同化しながら群馬北部地域や勢多地域に存在し続けたと考えられる。

　一方，群馬県域における吉ヶ谷式（式系）土器は，縄文施文や口縁輪積装
飾を有する吉ヶ谷式土器（柿沼2009）の弥生後期後半段階以降の拡散現象
によって広がった土器群であり，勢多地域や甘楽地域での存在が濃密である

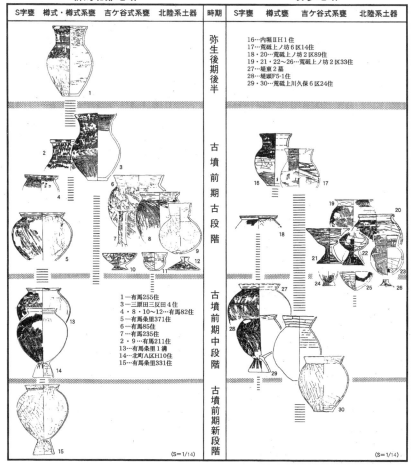

図27 群馬北部地域・勢多地域での外来系土器の消長（深澤・中里 2002 を改変）

（深澤 1999・2019）。

　勢多地域の堤頭遺跡では，古墳前期古段階に吉ヶ谷式系土器が複数器種（甕・壺・高坏・小型甕等）で確認されており（小島 1983），それを保有する集団の移動と定着を想定できる。

　そして，群馬北部地域の見立三反田遺跡（図27左）等では，吉ヶ谷式系土器は甕を中心に器種構成に参画する。加えて，利根地域においても，高野

原遺跡（図28）等で同段階の資料と想定される吉ヶ谷式系甕が確認されている。

この3つの小地域は「勢多－群馬北部－利根」と接し続ける。そして，いずれの小地域も沖積地をもちつつも，地勢の大半が山麓地域で占められるという共有の地勢的特徴からは，この土器を保有する集団が志向したと考えられる生業形態（柿沼2009）に依拠した，積極的な地域の選択が考えられる。そして，吉ヶ谷式系土器の移入ルートを考慮すると，勢多地域から北ベクトルで拡散し，その動きの中で群馬北部地域，そして，利根地域に定着した可能性を想定できる。

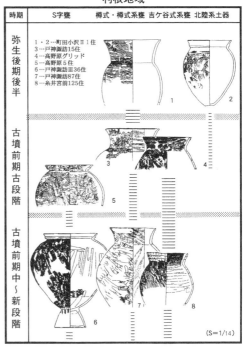

利根地域

図 28　利根地域での外来系土器の消長
（深澤・中里 2002 を改変）

さらには，勢多地域の荒砥上川久保遺跡（図27右）や横俵遺跡群，群馬北部地域の北町遺跡，利根地域の戸神諏訪遺跡（図28）等で見られるような古墳前期中段階以降における甕における共通の型式変化（深澤1999・2019）からは，群馬県域での醸された独自の型式変化の情報が継続性をもって赤城山南西麓を移動した可能性を読み取ることができる。

上記のように，北陸系土器と吉ヶ谷式（式系）土器の動態をその様相から伺うと，古墳前期古段階以降，北陸系土器は赤城山南西麓を南下，吉ヶ谷式（式系）土器は赤城山南西麓を北上している動態が看取され，そこには外来系土器の「複数器種の在地化」と「双方向の土器移動」の様相がみえる。

このように見ていくと，そこからは，この赤城山南西麓に「山麓ルート」

と仮定した往来の「道」の存在が可能性として考えられる。

3. 石製模造品製作工房址の様相から探る「道」

　ここでは，古墳時代社会が求めた特定資源に着目し，その流通を実現させた「人の移動行為」を想定し，道の存在を推定してみたい。そのケーススタディとして，群馬県域の石製模造品製作址を俎上に検討する。

　石製模造品流通の特性　石製模造品は古墳時代中期を中心に盛行する遺物である。当時実用品として存在したさまざまな器物を模して作られた形代であり，時期推移とともにさまざまな階層がさまざまな場で用いた社会的需要性の高い祭祀アイテムである。他方，石製模造品は軟質石材を原料とすることを通有要素としているが，その主原料として古墳時代人が目をつけた蛇紋岩・滑石などは採取可能エリアが限定されていることから，その流通（原料獲得から製品消費まで）を検討することが可能な遺物ともいえる。

　群馬県域での流通モデル　そこで，流通を検討するため，流通モデルとして「原料産出地で石材を獲得し，その石材は製作工房で製品化され，その製品は古墳や祭祀の場に持ち込まれ消費される。」を提示し，これに基づき検討を加えることとする（図29）。ところで，群馬県域は，以下の2つの理由から石製模造品の流通を考える上で有効な地域といえる（右島・徳田1998，深澤2007）。

　1つめは主要な原料産出地（＝獲得地）が域内に存在するからである。石製模造品の主な原料として用いら

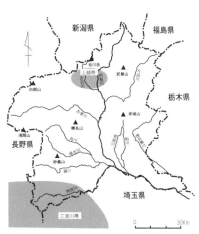

図30　蛇紋岩及び蛇紋岩を含む地質体の分布（高橋1992を参考に作成）

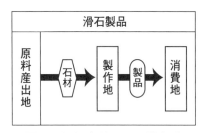

図29　流通の仮説モデル（基本形）

れる蛇紋岩・滑石を獲得できる地帯は関東地方全域に視野を広げてみても限定されている（高橋 1992）。そして，群馬県域ではその最大産出地と想定される「三波川帯」（女屋 1988 ほか）が域内に存在し（図 30），明確に原料獲得地設定ができる。

　2 つめは，帰属時期が把握できる石製模造品製作工房址（以下，製作工房）が一定数存在することで，製作工房の時期別様相が把握できるからである。

　域内の製作工房は，その可能性も含めると 28 遺跡，73 遺構を超える。こ

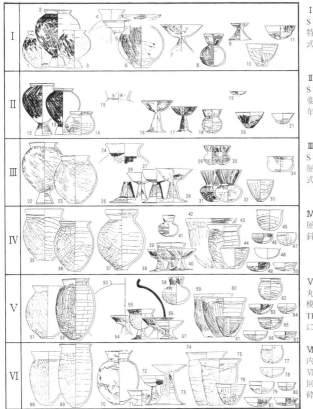

Ⅰ期
S字甕と伊勢型二重口縁壺特徴とする石田川様式の定式化期。

Ⅱ期
S字甕の長胴化等の小様式変化。本期後半に西暦 400 年を想定。

Ⅲ期
S字甕の終焉期。平底甕，屈折脚高坏を軸とする新様式の成立期。

Ⅳ期
屈折脚高坏の盛行と丸底内斜口縁坏の成立期。

Ⅴ期
丸底坏（内斜口縁・内湾坏・模倣坏）の盛行期。須恵器 TK47 型式併行期。本期末に西暦 500 年を想定。

Ⅵ期
内斜口縁坏の衰退。Ⅴ期とⅥ期の端境期に榛名山の 1 回目の噴火（Hr-FA）と火砕流が発生。

各期様相は若狭 2002 を参考

図 31　製作工房の時期別分布推移を検討するための土器編年（深澤 2001）

れらからの出土土器を当該時期の土器編年（図31）で時系列に位置づける
ことで，時期毎の製作工房の分布状況の推移等を把握することが可能となる。

製作工房の原料　製作工房では，原料となる蛇紋岩または滑石の石核は，
製品へと分割されていくため，原料として獲得した時の形状のまま或いはそ
れに近しい形状で発掘されることは少ない。しかし，稀なケースとして，原
料に近いと思われる石核の出土が確認できる場合がある。

高崎市行力町の行力春名社遺跡1号竪穴住居（深澤1994）は，Ⅲ期（5世
紀前葉）の製作工房である。剣形・臼玉等の未成品とともに，石核と想定さ
れる蛇紋岩の原石が4点出土している（図32-1～4）。うち3点（図32-1・2）
では，光沢面をもつ自然面が複数面で確認できることから，石核としての獲
得時のサイズに近い可能性がある。重量は，331～952gを量る。

玉村町樋越の松原Ⅲ遺跡4号住居跡（常深・中里2003）も，Ⅲ期（5世紀
前葉）の製作工房である。紡錘車・剣形等の未成品とともに，石核または石
核と想定される蛇紋岩の原石が2点出土している（図32-5・6）。うち1点（図

【行力春名社遺跡1号竪穴住居】

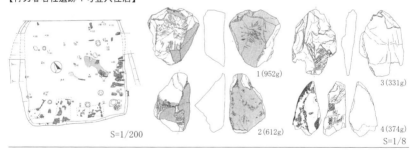

【松原Ⅲ遺跡4号住居跡】

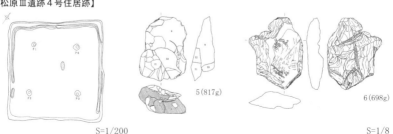

図32　製作工房出土石核または石核と想定される原石（上：深澤1994／下：常深・中里2003）

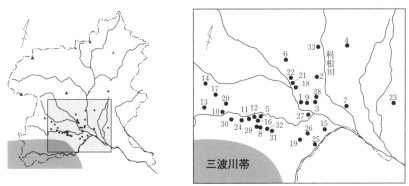

1 下佐野　2 新保田中村前　3 柴崎熊野前　4 芳賀東部団地　5 甘楽条里　6 行力春名社　7 松原Ⅲ　8 天引向原　9 下之城村前Ⅴ　10 一之宮本宿・郷土　11 福島駒形　12 福島鹿嶋下　13 前畑　14 古立中村　15 温井　16 笹　17 高鳥井　18 高崎城ⅩⅣ　19 竹沼　20 恵下原　21 並榎台原　22 上並榎屋敷前　23 八寸大道上　24 原田籠　25 本郷山根　26 滝前　27 田端　28 高崎情報団地Ⅱ　29 白倉下原　30 下高瀬上之原　31 神保富士塚　32 長根羽田倉　33 大屋敷

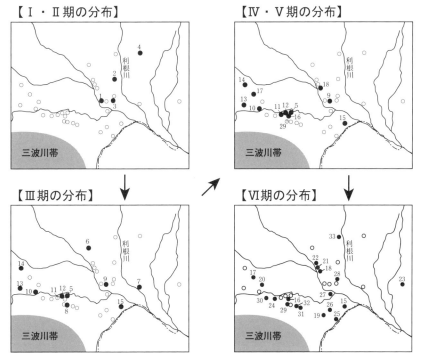

※●は該当時期に製作工房が存在（一部、推定存在も含む）／番号は表1の遺跡番号に対応／○は該当時期に製作工房が存在しない遺跡

図33　群馬県域における製作工房の分布（上）と時期別分布の変化（下）（深澤2007）

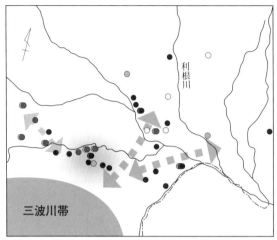

図34 製作工房の原料獲得ルートの推定

凡例:
○…Ⅰ・Ⅱ期の製作工房
◔…Ⅲ期の製作工房
◐…Ⅳ・Ⅴ期の製作工房
●…Ⅵ期の製作工房

32-5）については，石核と剥片3点の接合が核にされ，より一層石核として
の獲得時のサイズに近い可能性がある。重量は，698〜817gを量る。

2つの製作工房から出土した石核または石核と想定される蛇紋岩の原石が
獲得時のサイズに近い可能性を是とし，その重量が331〜952gということ
を踏まえると，これらを三波川帯から各地の製作工房にもたらした背景には
人が所持して移動することが可能性のひとつとして想定できる。

原料獲得ルートの推定（図33・図34）　群馬県域での石製模造品の製作開
始期であるⅠ・Ⅱ期は三波川帯からの蛇紋岩・滑石の獲得の開始期でもある。
以降，石製模造品の受容が増加し始めるⅢ期以降，三波川帯に隣接したエリ
アでの製作工房の分布は定着し，古墳副葬品として以外に集落祭祀品として
の消費需要が急激に高まるⅣ・Ⅴ期以降，集落祭祀品としての消費比重が
大半を占めるようになるⅥ期までは製作工房の分布範囲は徐々に広がる。他
方，原料の産出地は製作工房の分布の推移に関わらず，三波川帯に限定され
ていることから，三波川帯と製作工房を繋げる原料獲得ルートは製作工房の
分布の広がりとともに，ルートを延伸させていることを想定することができ
る。製作工房出土石核と想定される原石の大きさを踏まえると，これらは三
波川帯から直接または，中継地を介して人づてに製作工房に運ばれてきた可

能性があり，そこに「人の移動行為」が伴うことにより，「蛇紋岩・滑石の道」
が存在したことも推定される。

4. おわりに

　古墳時代には，多くの人がさまざまな目途をもって各地域間を往来したこ
とは間違いなく，その往来が多ければ，自ずと道はつくられるはずである。

　本稿では，冒頭で示した黒井峯遺跡や西組遺跡で検出された道からその形
成要因を抽出し，その要因を古墳時代前期の外来系土器の様相や古墳時代中
期を中心とした石製模造品製作工房の分布という研究テーマを素材として考
察し，道の可能性を推定した。

　古墳時代の道に関しては，発掘調査事例が増加し，その研究を進展させる
ことが何よりも望ましいことである。しかし，その検出が極めて限られた条
件下でなくては困難であること（本稿の1）からも，既存の研究要素を踏ま
えた検討（本稿の2・3）を積み重ねていくことで「道」の存在を推定する
ことも必要ではないかと考えている。

　冒頭でも述べたが，現在のところ，古墳時代遺構としては広域的な交通・
流通を物語るに足りる道の存在は確認されていない。しかし，古代の道路遺
構は全国各地で発掘調査され，それらに基づく古代交通史研究の進展も著し
く，群馬県域もその研究フィールドのひとつとなっている。

　右島和夫氏はこうした古代道路の考古学成果と古墳時代の地域論を踏ま
え，「古東山道」を設定し，その実態を明らかにした（図35）。それは，律
令期における畿内から東国への主要交通路の1つである東山道駅路が前代の
古墳時代において，人々の広域移動のための主要移動ルートであったという
学説（右島2008・2019）である。氏は，この「古東山道」の成立を馬の登
場によって実現したルートと考え，その成立時期を5世紀中頃から後半と設
定した。さらに氏は，東山道駅路が陸奥国まで通じていることを踏まえ，ヤ
マト王権の東国進出の視野の中に，東北地方があったことも併せて論じてい
る。

　これに伴う人流をイメージできるものとしては，最北の前方後円墳である
角塚古墳や同時期の拠点施設としての中半入遺跡（ともに岩手県奥州市）の
存在とその発掘成果が以前より広く知られているが，さらに近年の発掘では，

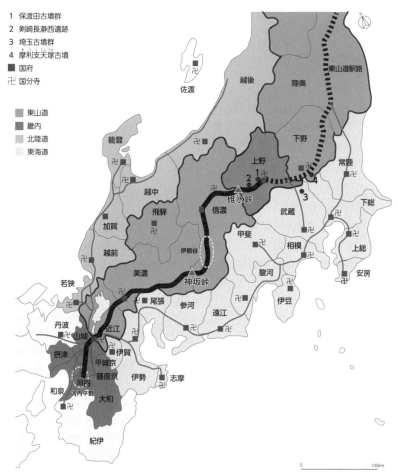

1 保渡田古墳群
2 剣崎長瀞西遺跡
3 埼玉古墳群
4 摩利支天塚古墳
■ 国府
卍 国分寺

■ 東山道
■ 畿内
■ 北陸道
□ 東海道

図 35 「古東山道」ルート（右島 2008 をもとに群馬県立歴史博物館が制作）

同じ胆沢扇状地内から，同時期の中小規模の低墳丘墳墓群を検出した沢田遺
跡（（公財）岩手県文化振興事業団 2014）や集落と想定される石田Ⅰ・Ⅱ遺
跡（（公財）岩手県文化振興事業団 2015）（ともに岩手県奥州市）などの実
態が明らかにされ続けている点は興味深い。5 世紀中頃から後半にかけての
時期に，前方後円墳の被葬者になるような階層の人々のみでなく，彼らを支

えた階層の人々の生活痕跡が確認され続けている現状からは，今後こうした情報が累積されることによって，そこに「道」の存在をより具体的に想定できる時が来る可能性がある。

　筆者は，こうした複眼的な検討を通じて，決して巡り合うことのできない古墳時代の人々の姿を地域に投影したいと思い続けている。

〔文献〕

石井克己 1990a『子持村文化財調査報告　黒井峯遺跡発掘調査報告書』群馬県子持村教育委員会

石井克己 1990b『子持村文化財調査報告　西組遺跡発掘調査報告書－昭和60～平成元年度調査－』群馬県子持村教育委員会

石井克己 1990c『黒井峯遺跡の集落構造研究（1）－榛名火山の爆発で埋もれた西組遺跡－』群馬考古学手帳1

石井克己 1993『写真集　噴火で埋もれた古代の村（黒井峯遺跡ほか）』群馬県子持村教育委員会

（公財）岩手県文化振興事業団 2014『沢田遺跡発掘調査報告書』岩手県文化振興事業団埋蔵文化財調査報告書626

（公財）岩手県文化振興事業団 2015『石田Ⅰ・Ⅱ遺跡発掘調査報告書』岩手県文化振興事業団埋蔵文化財調査報告書632

女屋和志雄 1988「群馬県における古墳時代の玉作」『群馬の考古学』（財）群馬県埋蔵文化財調査事業団

柿沼幹夫 2009「北武蔵中央部の後期土器，南関東の後期土器2」『考古学リーダー』16　関東弥生時代研究会・埼玉弥生土器観会・八千代栗谷遺跡研究会

川村浩司 1998「土器の交流から見る北陸地方と群馬県地域」『第2回特別展図録　人が動く・土器も動く　古墳が成立する頃の土器の交流』かみつけの里博物館

小島純一 1983『赤井戸式土器について，人間・遺跡・遺物』

高橋直樹 1992「千葉県内から出土する玉類の原材の原産地についての予察」『千葉県文化財センター研究紀要』13

田口一郎 1981「XI遺物の検討」『元島名将軍塚古墳』高崎市教育委員会

田口一郎 2000「北関東西部におけるS字口縁甕の波及と定着」『第7回東海考古学フォーラム　S字甕を考える』東海考古学フォーラム

田口一郎 2002「金属器・玉類副葬の北関東弥生墳墓」『月刊考古学ジャーナル』491

常深　尚・中里正憲 2003『松原Ⅲ遺跡』玉村町埋蔵文化財発掘調査報告書57

深澤敦仁 1994『行力春名社遺跡』（財）群馬県埋蔵文化財調査事業団調査報告書183

深澤敦仁 1999「赤井戸式土器の行方」『群馬考古学手帳』9　群馬土器観会

深澤敦仁 2001「群馬県の石製品・石製模造品製作址について」『考古聚英』

深澤敦仁 2007「石製模造品の生産と流通―群馬県地域の様相にもとづく仮説モデルの提示―」『原始・古代日本の祭祀』同成社

深澤敦仁 2015「2・3世紀の毛野の集落と墳墓」『邪馬台国時代の関東』青垣出版

深澤敦仁 2019「群馬県南西部における吉ヶ谷式系土器の様相」『東生』8　東日本古墳確立期土器検討会

深澤敦仁・中里正憲 2002「群馬県玉村町所在・砂町遺跡出土の北陸系土器の位置づけをめぐっ

て」『研究紀要』20　（財）群馬県埋蔵文化財調査事業団

右島和夫 2008「古墳時代上野における畿内と東国」『研究紀要』13　由良大和古代文化研究協会

右島和夫 2019「古墳時代における古東山道の成立と馬」『馬の考古学』雄山閣

右島和夫・徳田誠志 1998「東国における石製模造品出土古墳―高崎 1 号古墳の基礎調査から―」『高崎市史研究』9　高崎市市史編さん専門委員会

森岡秀人 1993『土器移動の諸類型とその意味，転機』4　第 8 回東海埋蔵文化財研究会

柳沼賢治 2013「大廓式土器の広がり－駿河以東について－」『2013 年度シンポジウム　駿河における前期古墳の再検討－高尾山古墳の評価と位置づけを目指して－』静岡県考古学会

若狭　徹 1996『編年　上毛野地域,YAY ！（やいっ！）』弥生土器を語る会

若狭　徹 1998『第 2 回特別展図録　人が動く・土器も動く　古墳が成立する頃の土器の交流』かみつけの里博物館

若狭　徹 2002「古墳時代の地域経営―上毛野クルマ地域の 3～5 世紀―」『考古学研究』49-2

若狭　徹・深澤敦仁 2005「北関東西部における古墳出現期の社会」『新潟県における高地性集落の解体と古墳の出現』新潟考古学会

（深澤敦仁）

④ 前期古墳の東遷と土器伝播 —内陸交通を中心に—

1. はじめに 「山人論」をめぐって

明治末（1910）年に刊行された柳田国男の『遠野物語』が

　「国内の山村にして遠野より更に物深き所には又無数の山神山人の伝説あるべ

　し。願はくは之を語りて平地人を戦慄せしめよ」

というセンセーショナルな書き出しから始まるのは有名である。

しかし，平地人（≒農耕民）を「戦慄せしめよ」と称揚した山人を主題として取り上げ，その「偉大なる人間苦」を綴った『山の人生』が刊行されたのは大正末年の 1926 年である。意外にも 16 年もの歳月を経てからである。

この大正という年月の経過について山折哲雄は，柳田が山人に対しての「思索を深化」させるために必要とした期間だったとする（山折 2014）。柳田が思いを「山間部に追いやられ，特殊な賤視にさらされ，人里離れて飢餓線上をさ迷う不運な山人たちの世界をできるだけ探り出そう」としていたとする。むしろ「えぐり出そう」としていたのかもしれない。それは 20 世紀初め大正という時代と深く関わっていた。

そして「土地から土地へとさ迷い歩く異形の者たち，けもの道や藪の中を行く異人たち，そのような者たちの足跡や幻像が，しだいに柳田の視界にとらえられていく。住所不定の狩猟採集の民である。遍歴する物乞い，芸や春を売る者たち，人を殺し追われて流浪をつづける者，飢餓線上に生きる流民，要するにたえまなく移動する人間たちの群である。「人間苦」の舞台であるといっていいだろう。歴史の片隅に息づく移動空間に油断なく視線を放っている柳田の姿がみえる」（山折 2014：p.70）とし，柳田自身（そして多くの読者へ…）をして電撃のように「戦慄せしめよ」とされた山人像が，『山の人生』という暗澹たる物語に深化し，かつ結実したと考えている。

それは，近代化に狂乱する世情に背を向けた柳田のアンチテーゼとしての「山人・山神」論の深い「暗部」にたどり着くのに要した歳月だった。

また福田アジオは，この間の柳田の「先住民山人」に対する思索は，当時の社会情勢と深く関わっていたと推定する（福田 2002）。つまり，「先住民山人と現代」の構想は，日本は「単一民族ではないことを強調」し，山人を

圧迫していったことを重視し，当時の地方に対する中央集権的な国家統合に対する批判的な視点，さらには系譜の異なる人々の存在を無視してはならないということを人々に訴えようしていたと。また，「日本の現在の支配的な人々は新しく移住してきた稲作民であり，それが先住民である山人を圧迫し，劣悪な条件に追い込んだことを指摘し，そのような過去の行為を再び繰り返してはならない」（同pp.8–9）と強く主張しているのだと。

　柳田の真意には，揺籃期民俗学のロマン主義的な表層的な関心にとどまらず，婉曲的ではあるが当時の日本の状況，あるいは植民地進出を展開する動向に対して警鐘を鳴らすという「実践的な使命感があった」（同p.9）のである。この列島の「深部に沈殿する多様性」に目を向けよ…と。

　今日のわが国の社会情勢，ひいては世界の閉塞的な状況を鑑みたとき，柳田の警鐘した100年前の社会情勢を彼我のものとして傍観視できるであろうか。視野を狭めて考古資料に向き合った場合，私たちは忘却の方に押しやられた山人・マタギ・柚人・移動者としての行商人・鋳物師職人・芸能民…など，さらに抑圧・欠乏などのストレスから浮浪・逃亡をはかる者，旅と移動を糧とするまつろわぬ者たち，また来訪者としての観念的な異人などにどれほど関心を持っているだろうか。

　今回の原稿を依頼された時，最初に脳裏を横切ったのはこの柳田の『山の人生』だった。かつて柳田が発した私たち「平地民」に対して「戦慄せしめよ」には何が含意されていたのか，その「問い」とは何だったのか…。列島各地を跳梁する者，太古の面影を色濃く残した人々のあわい姿…，これと「どう向き合う」か…について，少しく考えみることとしよう。

　かつて筆者は，臨海性の古墳や集落遺跡を分析する過程を通じ，ともすれば零細，後進的な評価を下されがちな海洋民について，弥生・古墳時代の海洋民文化の「再考する必要」を強調（西川 2015a）したが，小論ではもっとマイナーな存在，「山麓を跳梁する人々・列島を往来する移動者」についても視野を転じてみたい。「山人・山の民」に象徴されるマイノリティーを含め，倭人社会の底辺に通底した「多様性」に目を向けるべきと…。

　ただし「山麓人」（あえて「山人」とは限定しない，より広範なカテゴリー）については，考古資料との親和性は絶望的である。直接的な「痕跡」（考古遺跡・出土資料）は皆無に等しいと言えそうだ。しかし，山麓を越え，内水面を行

きかう山麓人は，考古資料に残されたモノの移動や交通路と深く関係ある事項と予見している。「姿はみえない」が，あわく僅かな痕跡を探り，山麓を行き交うヒトや，編み目のような内水面を上り下りする人々の営みを追い求めよう。

　筆者のような年配者には微かではあるが，「浮遊する遍歴者」のリアルな記憶がかろうじて残されている。子どもの頃，夕暮れには，いずこから「人さらいが来る…」と親から叱られたものだ。高度経済成長期が緒についたころ，まだ街角で時折，いずこともなく浮浪する人も見かけたこともある。また正月の門付け芸人，行商人の訪問，聖のような行者が行き過ぎる姿など，幼心に不安と恐怖，寂寥の心情，同時に見ず知らずの土地への憧憬が入り交じる心情を感じていた。

　せめて「意識」を陸上交通，山麓を行き交う人々，そして彼らが携えた器物，交通網の基本的枠組みなどに目を凝らし，私自らそれらの人たちに「戦慄」を感じつつ，往事の人の移動，交通のあり方に少しでも接近したいと祈念する。

2. 時代的な枠組みと編年観について

　当該期の土器編年研究の全体像については，以前に小文をしたためたことがある（西川 2011）。当該期の土器研究については，その既往の研究蓄積の膨大さと，研究領域の残余の少なさ…で敬遠され，停滞・不人気の憂き目をみて久しいとのこと。

　ただし，筆者は既に編年的なアミ目が，地域間の突合も精密化し，ほぼ整合的な到着点に至っており，研究者によって大きな齟齬や大差ない変遷観が整備されつつあると楽観視している一人である。むしろ列島東部で大型の古墳はいつ頃，どのように成立したのだろうか？…といった大局的な「解釈」の方が，議論が乏しいと考えており，そこが問題であると考える。それはどんな土器様式の頃なのか？この課題を掘り下げる方向に歩みを進めていない停滞が続いている。

　この 10 年あまり，土屋了介・古屋紀之・杉山和徳らとの「協働」により進めてきた研究会集会の成果物として作成された編年表（土屋編 2014，古屋編 2015，杉山編 2020）は，膨大な出土資料に裏付けられたものであり，新世紀

表1　広域編年表（古屋紀之編 2015『列島東部における弥生後期の変革』巻末 シンポ編年）

大地域	伊勢湾岸			北陸			中部高地			駿河湾		
小地域	尾張	三河	西遠江	加賀・能登	越後	北信	南信	甲斐	東遠江	西駿河	東駿河
文献	赤塚1990他	村木2002	鈴木2002	篠原2002 篠原2006	田嶋1986・2006他	滝沢2013	青木1999	山下2000	稲垣2013	篠原2002	篠原2002 篠原2006	篠原2002
中期末			Ⅳ					白岩	有東	（有東）
0後期初頭	八王子古宮	V Ⅵ－1	Ⅷ	V－1 伊場Ⅱ－1	（仮）V－1		箱清水 1段階	Ⅰ段階 Ⅱ段階	Ⅰ期古	V－1 二ノ宮	Ⅳ－b 登呂Ⅰ	？
1後期前葉	山中式古	Ⅵ－2	Ⅸ－1	V－2 伊場Ⅱ－2	（仮）V－2	1	箱清水 2段階	Ⅲ段階	Ⅰ期新	V－2 菊川古	V－1 登呂Ⅱ	越庭塚 V－1
					（仮）V－3		箱清水 3段階	Ⅳ段階	Ⅱ期古			
2後期中葉	山中式新	Ⅵ－3 Ⅵ－4 Ⅳ－5	Ⅸ－2	V－3 伊場Ⅲ V－4 三和町 Ⅰ・Ⅱ	法仏式	漆町2群	2	箱清水 4段階		Ⅱ期新	V－3 菊川中	V－2 登呂Ⅲ	V－2
		Ⅵ－1	Ⅹ－1						V段階		V－3 菊川新	Ⅵ－1	V－3
3後期後葉	廻間Ⅰ式	Ⅶ－2	Ⅹ－2	V－5 三和町Ⅲ	月影式	漆町3群	3	箱清水 5段階		Ⅲ期	V－4 菊川最新	Ⅵ－2	V－4
		Ⅷ－1	Ⅹ－3										
4終末期〜古墳出現期	廻間Ⅱ式				白江式	漆町4群 漆町5群 漆町6群	様相1 様相2	6段階 御屋敷	Ⅵ段階	Ⅳ期 V期	三沢西原 （古）	（汐入）	大廓Ⅰ 大廓Ⅱ
					古府クルビ	漆町7群	様相3						
5古墳時代前期	廻間Ⅲ式			堤町Ⅱ	漆町8群	様相4				三沢西原 （新）	（小黒）	大廓Ⅲ
				高畠式	漆町9群	様相5						

大地域	相模湾		東京湾				北武蔵	北関東	東関東	東北
小地域	相模		南武蔵南部	朝光寺原式	南武蔵北部	房総	岩井・吉ヶ谷	上野	常陸	南部
文献	西川1993	立花2002	古屋2013	渡辺1995	比田井1999	大村2004	柿沼2014	若狭2007他	鈴木2005他	石川2004 福生2011
中期末	宮ノ台式		宮ノ台式	（受地だいやま）	宮ノ台式		（代正寺）			
0後期初頭	？	V－1	北川谷1期	朝光寺原Ⅰ式		久ヶ原1式	岩鼻式1期			和泉 能登
1後期前葉			北川谷2期	朝光寺原Ⅱ古式	弥生後期Ⅰ段階	久ヶ原2式	岩鼻式2期 岩鼻式3期	樽式1期	東中根式	天王山式
2後期中葉	相模1	V－2	北川谷3期古	朝光寺原Ⅱ新式	弥生後期Ⅱ段階	山田橋1式	吉ヶ谷1式古	樽式2期	十王台式1期	桜町Ⅰ （屋敷段階）
			北川谷3期新	朝光寺原Ⅲ式			吉ヶ谷1式新			
3後期後葉	相模2	V－3	北川谷4期古	朝光寺原Ⅳ式	弥生後期Ⅲ段階	山田橋2式古	吉ヶ谷2式古	樽式3期	十王台式2期	桜町Ⅱ
		V－4	北川谷4期新			山田橋2式新	吉ヶ谷2式新		十王台式3期	
4終末期〜古墳出現期	相模3		北川谷5期古		中台1式			古墳前期古段階	十王台式4期	
				古墳前期Ⅰ段階古	中台2式					桜町Ⅲ
	相模4		北川谷5期新	古墳前期Ⅰ段階新	草刈1式	吉ヶ谷系				
5古墳時代前期			北川谷6期	古墳前期Ⅱ段階	草刈2式			古墳前期中段階	十王台式5期	塩釜式
	相模5							新段階		

表2　関東地方の編年観（型式名と基準資料の遺跡名を示した）

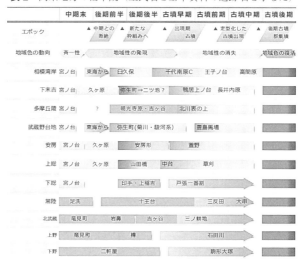

	中期末	後期前半	後期後半	古墳早期	古墳前期	古墳中期	古墳後期
エポック	▲中期との断絶	▲新たな枠組みへ		▲出現期古墳	▲定型化した古墳出現		後期古墳群集積
地域色の動向	斉一性	地域性の発現			地域性の消去		地域色の復活
相模湾岸	宮ノ台	東海から	臼久保	千代南原C		王子ノ台	高間原
下末吉	宮ノ台	久ヶ原	弥生町〜二ツ池?		鴨居上ノ台	長井内原	
多摩丘陵	宮ノ台	?	朝光寺原・古ヶ谷		北川表の上		
武蔵野台地	宮ノ台	東海から	弥生町(菊川・駿河系)		豊島馬場		
安房	宮ノ台	久ヶ原	安房形		萱野		
上総	宮ノ台	久ヶ原	山田橋	中台	草刈		
下総	宮ノ台	印手・上稲吉		戸張一番割			
常陸	足洗	十王台			三反田	大串	
北武蔵	竜見町	岩鼻	吉ヶ谷		三ノ耕地		
上野	竜見町	樽			石田川		
下野		二軒屋			駒形大塚		

前半における一定の許容範囲内，コンセンサスを備えているものと評価できる（表1）。併せて，筆者の理解に基づく，代表的な資料名などをまとめた表2も併載しておく。

本論では，古屋の着実な分析方法に基づく編年研究（2013）に軸足を置いた表1の表記に準拠して，以下の記述では「後期初頭」→「後期前葉」→「後期中葉」→「後期後葉」→「終末期〜古墳出現期」→「古墳時代前期」という段階区分の呼称を編年的な枠組みとして採用することとする。

このように既に近畿・東海・北陸・関東をはじめとした各地域の編年体系は出揃っていると判断するが，古墳時代への遷移をたどるうえで，大枠で確認しておきたいことは，廻間Ⅰ式・庄内式期古段階に併行する時期には，東京湾岸・相模湾岸地域で筆者が「臼久保・山田橋段階」（西川2007・2015cなど）と規定する変化が起動し始めており，これは南関東では「弥生終末期」の遷移にかけて惹起された事象であることは間違いない。

また50〜60m規模以下の低墳丘の初期墳墓群は，「終末期〜古墳出現期」の段階に次々と南関東各地の沿岸部を中心に出現している（西川2002）。これに一定期間をおいて大規模化・定型化した「高塚古墳の出現」は，どこまで遡及するのか，そして汎列島的に東方に拡散するのかが焦点となる。また，この段階は弥生後期後葉とは，また別の集団の再編・移動が惹起しつつあった。

このような「定型化した高塚古墳」の出現過程については，ある程度の時間的経過，段階的に出来した事象であり，そのタイムラグと，系統の質的なヒアタスがあることは確実視されることから，今のところ北條芳隆が提示し

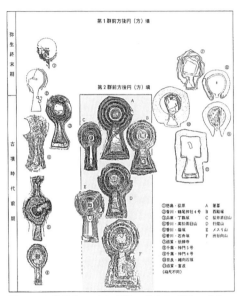

図36 北條芳隆の示す「第1群」と「第2群」の
前方後円墳モデル（北條2000より改図・転載）

た「第1群前方後円墳」と「第2群前方後円墳」の2系統の系列（北條2000）で把握するのが当面，穏当な解釈であると考える（図36）。またこの枠組みを援用した田中裕の「第1群前方後方墳」（田中2011）という把握も妥当な解釈と評価できる。

　一連の研究集会（古屋編2015，杉山編2020）などで，多方面から分析を加えてきたヒト・モノの移動・流通のなかでも，特に日本海側から，または東海から南関東沿岸部への器物の大量流入，それに前後して顕在化する集落の大再編による「集住現象」は，前記のとおり「後期中葉」に惹起し，「後期後葉」にピークを迎えると理解している（西川2015b）。

　この社会組織の何らかの変革，「集住による緊密」から「弛緩」ともいえるように転換が北條や田中裕が説く「第1群」の墳墓群の出現とが同時並行的に出来している。このような社会システムの変化を醸成した要因であったという理解が可能である。より大型化し広域な影響力を発揮するようになっていく首長層の登場，すなわち「第2群」の古墳群の出現は一定時間を経過した，この後に続く事象である。

　このような，弥生後期後半期の異常事態ともいえるような「集住」から，終末期〜古墳前期へ，その関係性の「弛緩」への転換は，何らかの物流ネットワークや集団関係の構造的なシステム転換との因果律を持ったであろうことが予想される。弥生後期後半に列島東部の社会集団が抱えていた器物や情報の導線の不安定化，または動脈硬化のような杜絶，そしてそれの再編への自助的な運動が社会集団関係の再編と結びついていた可能性が高いと考えている。

古墳時代の始まりとは，そんな地域社会の自発的な運動を想定している。

　小論は列島東部における古墳出現期〜前期にかけての地域間交流の転換様相について，内陸の交通のあり方を中心に，実際の資料の動向に基づき概観したい。威信財交易論などの理論的議論については念頭に置きつつも，その領域への深入りはしていないことを断っておく。

3. 「前野町式」再論

　このように年代的・編年的枠組みが整いつつある現今の研究情勢において，久しく俎上に上がらなくなり月日が経過した感がある「前野町式（期）」は注目すべき，かつ再考すべき事案である。誤解を恐れず，最大公約数的にいえば，およそ土器型式で「布留 0 式＞漆町 7 群＞廻間Ⅲ式古＞中台 2〜3 式・草刈 1 期」あたりの微妙な取り扱い…と換言できよう。

　前方後円墳（後方墳）が「第 1 群」から，「第 2 群」へとシフトすると思われる「終末期〜古墳出現期」→「古墳時代前期」への移行期において，このカギを握るのが「前野町式（あるいは前野町式期/前野町期）」と思われる。

　筆者が「前野町式期の存在意義」について論じた（西川 1983）のは 40 年も前のことであるし，この間に大村直もたびたび指弾してきたが（大村 2004 など），議論が深化することはなかった。しかし，ここへ来て安藤広道が弥生式土器の特質を残した地域型型式として「終末期の「日吉台式」の定立」を提唱（安藤 2019）している様に，その再吟味の必要性は，資料分析が詳細化してきた今だからこそ…の感が強い。このような資料動向を考え併せたとき，石川日出志が「再考・再評価」すべきと指摘する様に，その再検討を推進すべき秋である（石川 2021）。

　また古屋紀之によっても東京湾岸西岸の後期後半の小地域色が詳細に再検討（古屋 2015）されており，資料分析が精密化してきた今だからこそ，弥生時代的な文化事象の最終末期の様相として，かつ編年研究のカギとして，「前野町式（期）」の様相は，検討の俎上に載せるべき事項である（石橋・大賀・西川 2016 など）。

　ここでは前野町式（期）の分析については，子細には取り上げないが，重要な資料として，板橋区前野兎谷遺跡 3 地点（土屋ほか 2010）の一括資料を提示しておきたい（図37）。小型・特殊化した装飾壺や，口縁キザミを一

前野兎谷遺跡第3地点

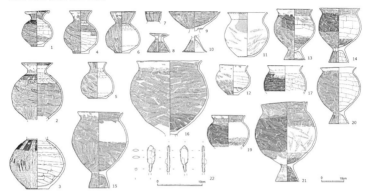

図37 前野町式（期）の最終末期の様相の一括資料（土屋ほか2010より改図・転載）

掃し，ヨコナデで画一化されたハケ台付甕の一群（キザミの甕が伴出しても構わないが…），小型精製土器群には小型丸底鉢が欠落している様相は，前野町式期の最末期の様相である特徴を示している。出土状態も一括廃棄の様相が保障された資料群である。なかでも注目されるのは，これらの土器群と一緒に柳葉形鉄鏃が伴出している点である。弥生時代後期の弥生型銅鏃が竪穴建物覆土から出土することは往々にして確認される事象ではあるが，弥生最終末期～古墳時代初期の竪穴建物から，大型化した定型的な矢鏃が伴出する事例は稀な事例である。この鉄鏃は遺存状態がきわめて不良ではあるが，形態は松本市弘法山古墳副葬鏃などに類似性が認められ，いわゆる副葬鏃としてのカテゴリーに含まれるものである。他にも副葬されている墳墓遺跡は複数あろう。当該の墳墓群の供献土器群に併行する編年的位置の可能性が高いと判断されよう。今後の当該期の基準資料として，比較・検証の対象として活用されることが望まれる。このような基準資料を定点として，前野町式期を再検討する必要を強調しておこう。

4. 関東の交通経路の基本枠組みについて

　関東地方の自然環境を俯瞰したとき，西側には脊梁山塊（上信越から伊豆半島先端まで連なる関東山地の地塊）がそびえ，東側には低平な標高の台地（常総台地・下末吉台地）が展開し，さらに中央部には広大な沖積低地（東京低地から利根川水系を遡上した関東低地）が展開している（図38）。

　これらを貫く大小の河川水系，鬼怒川・利根川・荒川水系，相模川・富士

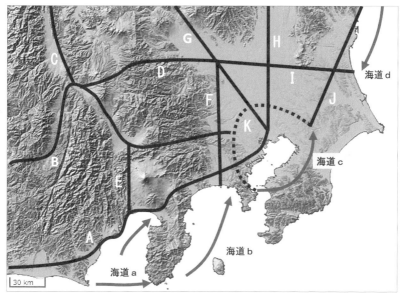

図38 関東圏の交通網の基本的枠組み

川の各水系は基本的に北から南へ流下し，多数の支流を合わせ太平洋に注ぐ。また常総には広大な「流れ海」である「香取の海」。その南西側には「内つ海」としての東京湾，そして西方社会との窓口として開いた相模湾・駿河湾が，それぞれ三浦半島と伊豆半島を脊梁とする地界を隔てて広がっている。基本的には西に高く，東に向かうほど低平の地勢が基本形である。

　関東への東西からのアクセスは，何らかのかたちで急峻な脊梁山脈の分水界（足柄・秩父・碓井・三国峠など）の峠越えを経ることになり，その下には「坂本」「坂下（酒折）」のような地名が各所で確認できる。

　また田中裕は，筆者が「利根川・鬼怒川ライン」（西川1995）と措定する境界線と南房総先端をつなぐ「房総‐日光分水界」に低平ながら舟では越えることのできない結界が存在するとし，「わずか（標高）30 m弱の分水嶺が，交通の障壁」（田中2023：p.275）となったとして，その文化的な"障壁"の存在を重視している。

　相模湾岸から南東北に繋がる海道cでは，難所である銚子沖に至る房総半島の外洋を避け，内水面をたどり北上することになる。どうしても常総台地の南西縁のいずこかで「丘を乗り越え」ないと先に進めない。各地で「船越」

や「打越」（おっこしとも発語される）と称されるような「障壁」が存在する。これは伊豆半島や三浦半島を横切る際も同様である。ここでは船から荷を降ろすか，それとも船を担いで陸路を進むかである。このような「接点」も列島各地に無数に存在する^(註1)。田中裕も指摘するように，当該期の交通ネットワークは，極力この荷の積み替えを避け，水域が続くルートを志向していた。

関東地方の地勢的環境の形成は，縄文海進以来，順次海退・沖積作用により進行してきたものである。特に流水域の睦化が進行したのが弥生〜古墳期である。海岸線は今とは同じでなく，大河川の下流域・河口域には砂丘・浜堤，潟湖の形成がまさに進行中であったことを忘れてはならない。

例えば神奈川県中央部の相模川水系では，河口部に向かって順次，砂丘列や自然堤防が形成途上であった。例えば，三角縁神獣鏡副葬古墳で著名な平塚市真土大塚山古墳はその最高位・最初期の砂丘列上に築造されている。その立地から当該期の港湾・海上交通に関わりが予想される前期古墳であるが，周辺環境は1世紀前の弥生時代後期ごろ，果たしてどの程度「陸化」していたか判然としない。かなり離水していたとしても，人跡が普遍的に拡大するのは，まだ先の時代のことだったと推定している。往事は眼前の低平地には，網目のような水脈が広がるような環境が展開していたと想定される。そのような環境のもとにランドマークとして高塚が視認されたはずである。

また，弥生時代後期前葉の東三河・西遠江の外来集団がアクセスした地点が，相模川左岸に集中しているのも，相模川の左岸側に関東山地から派生する丘陵地系（高座丘陵）が南側まで伸びていることと深く関わっていると推定される。そこは河口からの遡上と，内陸を下ってくる支流水系の交通の結節点だからであろう（図39）。

さらに河川域における運搬・移動は，「干満の差」（満潮時の遡上，干潮時の引き潮）を最大限に利用していたに違いない。可能な限り遡上した限界点と各支流の「交わるところ」がホットスポットとして物資集積地へと展開していく姿を重ね合わせることができる。相模川水系では，現在では相模大堰などの取水堰の建設により水位が管理されているが，かつては満潮時には海老名市南郊付近まで遡上が認められ，その北方の海老名市河原口坊中遺跡の地勢的特徴は，上流から下る支流諸河川の合流地点にも近く，この付近まで遡行すれば，安定かつ有利な交流拠点を確保できたと思われる。遠隔地の西

遠江系土器と南関東各地の土器
様相が混然一体となった遺跡の
特質も宜なるものとして理解で
きよう。このような海水域ルー
トが「行き着く先」と，内水面
の支流水系の「出口」的なポイ
ント，または陸上交通の交点に
結節する場所に後世の「河岸」
や「ミナト」として機能を持ち
続けるスポットが各所に認めら
れる。現今の河口域ではなく，
満潮時の遡上ポイントに注視す
べきである。陸上の通行と水界
面の通行のベクトルが「交わる」

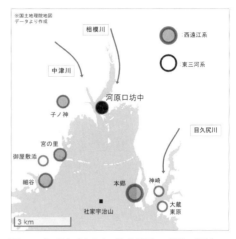

図 39 海老名市河原口坊中遺跡の環境（標高 20 m ラインを描画）

地点がホットスポットとなっていく「必然性」が感じられる。

　また，関東低地の東縁部からは，それぞれ那珂川－阿武隈川水系に代表さ
れる南東北へと繋がる多数の「地溝帯」を辿る南北の内水面を北上するルー
トが展開していることも忘れてはならない[註2]。

　さて，このような環境のもと，交通のネットワークじたい「そのもの」は，
時々の環境下で自然発生的に進行していったと考える。

　縄文時代～中近世まで通時的な考古資料の分布や歴史事象を念頭において
関東全体に展開した地域間を結節する基幹的な交通ルートをまとめたのが図
38 である。みごとに今日の鉄道網，高速道を含む基幹交通ルートをトレー
スする構図となってしまう。ちなみに図 38 は，特定の交通機関の軌道を示
したものではない。地域間を結節するイメージとしての「ベクトル」を描い
たものである。古くからの街道のような幹線路でも，高速道路・新幹線など
の高速交通も同様である。これらの結節関係の「構造」を想定していると理
解いただきたい。

　大地形としての地溝帯や平野・盆地，河川流路を結節する「基幹ネットワー
ク」は，地形とシンクロして自然発生的に永続しており，逆に現代の建築工
学に基づいた交通ルートの路線選定・決定が重要遺跡（官衙や寺院，有力古

墳など…）と往々として重なり合って発見されるのは，偶然ではなく，むしろ「最短コスト（労力）で最短距離を結節する」という「コスパ感」が働いている証左であると理解する。交通手段の革新，例えば新たな動力（風力・牛馬による運搬，化石燃料による駆動力など）の導入や，運河・トンネルの開削などによる変動は，もちろん些細なことではないが，巨視的には「最短距離を結節する」という原則が貫徹している。

　これは筆者が40年あまり，弥生・古墳時代の交流関係を視座の中心において考古遺跡や出土資料を検討してきた「結論的」な「理解」である。基本的な枠組みは1991年に示した論の趣旨のとおりである（西川 1991b）。

　このような「幹線ルートの普遍性」をもってして，古墳時代以降の国家形成期の「街道ルート」の前史とするのは「間違い」ではないが，『記紀』に記された伝承的な説話などと結びつけて，そのルートに政治的な進出などを遡及させ，その因果律を求めようとする「思考法」は，「原因と結果」が逆転しており，看過できない「誤り」であると私考する。

　例えば，今世紀初め，新たに発見された重要古墳のひとつである逗子市・葉山町長柄桜山古墳群が『記紀』に登場するヤマトタケル東征ルートに関連して築造されている…といった言説を耳にするたびに，筆者はこの「転倒した思考法」について否定的な意思表示をしてきた（西川 2013 ほか）。もともとの基幹的な交通ルートのひとつが三浦半島を横切り房総半島に繋がるものとして厳然と存在していたのであり，それは地政学的因果律である。それが「広く周知」されており，その「知見」が6〜8世紀の修史編纂事業のなかで，知識人たちから何らかのかたちで取り上げられたに過ぎないと理解すべきである。これが後世の政治権力による勢力伸長・交通網の整備と関係していたか，全く別次元の事柄であることは自明であろう。

　よって「イメージに過ぎない」等と断りつつも，ヤマトタケルなる「英雄」の説話が「何らかの歴史的事象に基づくもの」とか，その東征譚にも「何らかの歴史像が反映している」などの言説自体，それは考古資料とは無関係な事柄である。小論で説く「普遍的な交通ネットワークの存在」を以て，政治勢力の勢力伸長として「すり替えて」いくこと自体，原因と結果が転換した循環論である。なぜ，このような論理が巷間でまかり通っているのか。むしろ真剣に考えるべきで事柄は，その背後にある「東征史観」の方である^(註3)。

　まして走水におけるオトタチバナ媛の遭難説話を絡め, 地域勢力の「抵抗」
や「その超克」など…あまりの論理の飛躍である。むしろ弥生時代後期の東
京湾岸は, 土器様式的には一体感のある地域性を保持した領域（久ヶ原・山
田橋土器様式エリア）であり,「異世界」との結節点はより北方の「鬼怒川・
利根川ライン」であったことは, 考古資料から明確である（西川 2002）。
　古くからの自然発生的な「幹線交通路」の枠組みは, 縄文・弥生時代以来,
脈々と受け継がれており, それは海岸線から内水面を遡上し, または地溝帯
や峠道を往還する内陸ルートを結節するものであった。このベクトルは, 地
域社会を結節する連結ネットワークである。ヒト・モノの交流ルートはこの
ネットワークから醸成され, はるか後代の現代まで普遍性を有している。
　このような結節性の緊密化によってネットワークが幹線化していく姿態が
読み取れるのが弥生時代後期後半の列島東部の動態である。
　この間の長距離間の器物の往来に対し資料に基づいて解釈を進めるべきで
あり, 大賀克彦はこれを「連鎖なき長距離交易」と措定し, 個別的に対外交
易で獲得に成功したもの＝「威信財交易」の積み重ねの結果とするが, 論理
的な整合性をもったひとつの解釈である（大賀 2010）。この累積型の交通に
対し, 次段階の弥生終末期〜古墳出現期, 交通関係に大きな変革が惹起され
たことが重要である（西川 2016）。
　つまり『記紀』などの説話のストーリー性にまどわされて, 当該期の物流
の歴史性にそぐわない解釈を介在させようという思考法は, 解釈から遠ざか
り, かつ切断されている理解であり, 問題点が多すぎる。交通路のネットワー
ク, 結節点は地政学的に自然環境に律せられて「普遍性」を帯びており, 時
代による強弱・顕現現象こそが, 人文学的考究の対象の歴史事象のあり方で
あろう。

5. 山麓をめぐるモノとコト, 移動する人々　弥生後期

　関東山地をめぐる陸路を中心に具体的な考古資料をトレースする（図40）。
　まず弥生時代中〜後期を通じて, 継続的に中部高地系の土器のネットワー
クが常に緊密な通行を保持していることは, 周知の事実である。関東地方西
縁部の群馬県・埼玉県西部の竜見町式・樽式・岩鼻式などの土器型式は, い
ずれも長野県域の櫛描文土器の栗林式や箱清水式と, 通時的に緊密な関係性

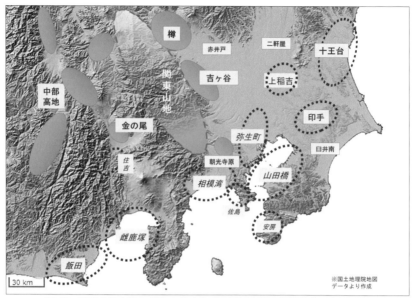

図40 関東山地を取り囲む中部高地系土器圏と弥生後期後葉の小地域圏

を持ち続けていた土器様式である。

　また弥生後期後葉，埼玉県の比企丘陵エリアに展開する吉ヶ谷式は，それ以前の櫛描文系の岩鼻式からドラスティックな変化を遂げた土器型式である。その縄文施文への転換は，南関東沿岸部との「文化的な接触」（情報）が起因している可能性が高いと推定しているが，深鉢形の甕形態の伝統を保持しつづけたこと，高杯（台付鉢）や細頸の壺形土器を基本的に組成しなかったことなど，やはり「中部高地系の遺伝子」を色濃く残した土器様式である。

　これに先行して南下，波及した朝光寺原式も，岩鼻式とは親縁的な土器型式で，横浜市北部の多摩丘陵エリアに拡散した。この土器型式は甲府盆地の金の尾式と無関係とは思えない。朝光寺原式と金の尾式は後期末には，相模地域（西半部）との関係性が強まり，交流域が山麓沿いに西遷するとされる（柿沼 2015）。また立花実は相模湾沿岸部で確認された大磯町馬場台遺跡資料の分析を通じ，弥生時代の相模中央部に希薄な中部高地系土器が，足柄・小田原地域に濃密に広がってくることを指摘（立花 2010）しており，ここには関東山地の周縁を取り巻く，換言すれば「山麓を離れない…」という「行動規範」が強く感じられる。

柿沼幹夫は関東山
地周縁の一体性を指
摘し，象徴的にでは
あるが中世以降の鎌
倉街道のルートに，
関東山麓東縁をたど
るネットワークの伝
統が継承されている
ことに着目してい
る（図41：石川ほか
2017）。

　注目されるのは，
これらの中部高地系
の要素を強く帯びる
諸土器様式を保持す
る遺跡群が，基本的
に沿岸部の集落（弥
生町・山田橋式系の

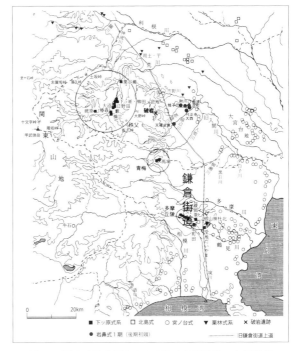

図41　関東山地東縁をめぐる弥生中期後半の土器様相
（石川ほか 2017／柿沼原図）

土器様式の集団）と接触しつつも，「丘陵」という地形面を異にした立地に
営まれていることである。関東山地東縁部から南に延びるやや高位の多摩丘
陵面の中部高地系（櫛描文系）と，より沿岸部の低位段丘面の下末吉台地面
に占地する弥生町・山田橋式系（縄文施文系）の集落群とは，集落内で両土
器型式が共伴することも多く，両集団の交流が緊密な関係だったのは確実で
あるが，基本的にその集落立地は排他的で，決して混淆することはない。

　吉ヶ谷式は朝光寺原式と混淆しつつ，横浜市南郊の保土ケ谷区や南区の
丘陵地にも広がっている。例えば横浜市保土ケ谷区上星川遺跡（高木ほか
1985）や明神台遺跡群（近野ほか2006）や，同市南区清水ヶ丘の丘陵地に
展開する遺跡群（岡田ほか1983 など）などは，高位段丘である多摩丘陵の
地形面を，まるで尾根を伝わるように南下している。「彼ら・彼女ら」は決
して低平な台地面には「降りて来ない」という性向を保持し続ける。この占
地に対する志向性は，神奈川県西部の大磯丘陵や足柄平野でも，前記の柿沼

や立花の指摘とも通底する。

　高燥な丘陵地への集落形成への「こだわり」（かつ小規模）は，当時の集団の環境への「嗜好性」なのか，それとも基幹とする生業（例えば畑作への偏重，または山林からの生産物や斜面地での生産に適した品目（繊維製品など）への志向性など…）に拠るのか，考古資料からは明らかにしえないが，関東山地の南東麓を取り巻くような「山麓人」としての面目を保っていることは確かである。また，どれだけ拡散しても，「中部高地」とのアイデンティティは共有され続けている。「尾根伝い」の交通ネットワークも保持され続けていたと理解したい。彼らの交通手段そのものを明らかにすることはできない。河川伝いの内水面通行を排除できないことを含みつつ，徒歩で尾根沿いを結ぶネットワークを頻繁に往来していたと思われる。

　山麓の櫛描文系の土器は，南関東沿岸部の弥生町・山田橋式系とは，折衷土器を生み出していない。浜田晋介は両型式の土器の壺と甕が補完的に様式内を横断している点を重視している（浜田 2015）。両集団の交流が頻繁に行われていたことは間違いない。櫛描文系の集団規模は巨大化，かつ集住化しないので，弥生後期中葉〜後葉（臼久保・山田橋段階）には，巨大化を遂げる沿岸部の集団と，社会的な上下関係を推定する向きもあろうが，丘陵上というニッチでの資源活用・生存戦略の違いを重視した方が穏当である[註4]。

　朝光寺原式や吉ヶ谷式系の集落で弥生町・山田橋式系の壺形土器がたびたび出土するのに対して，沿岸部の下末吉面の集落から朝光寺原式・吉ヶ谷式土器が出土することは極端に少ないのも特徴的である。その双方向的とは言い難い関係を文化的，経済的優劣に起因するという解釈を導き出すことも可能だが，交易などで搬出された交換産品の種目が違うと考えた方が合理的である。想像をたくましくすれば，沿岸部の集団からは，壺に収容したもの，例えばコメや酒などの低地起源の品目，逆の山麓からは壺に収容しない，例えば堅果・山菜類など山間の産物，または巻き取られた織布や遠隔地からもたらされた希少財などの器物の往来を考えたい。いずれにしても一方方向の関係性を想定しえないのであり，相互補完的な関係が南関東地方に現出していたことは間違いない。ただし，何らかの異なったライフスタイルを堅持していたのだろう。

　この関東各地の山麓に展開した諸集団が，中部高地との強く緊密なネット

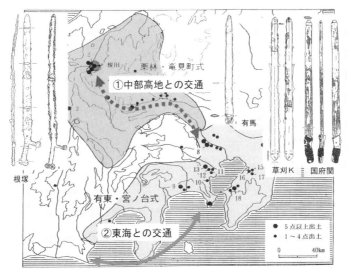

図42 弥生中期の石器流通をトレースした鉄製品の流通（馬場2001を改変）

ワークの伝統を保持し続ける事象に注目すると，これは弥生時中期後半以来の交易ネットワークの「伝統的な仕組み」を踏襲したものであることに気づく（図42）。

安藤広道は弥生時代中期後半，南関東の宮ノ台式土器を用いていた諸集団には，既に太形蛤刃石斧を補完するべく鉄斧が一定範囲で保有されていたと推定し，かつ使用していた石器類も大半は，長野県方面の石材（閃緑岩）に依存していたことから，すでに「生活を維持するための基本的な道具すらも他地域に依存」（安藤1997: p.23）していた社会と考え，物資の流通が隣接集落あるいは隣接地域同士を数珠状つなぐようなルートで行われていた可能性を指摘している。馬場伸一郎も弥生中期後半期の長野盆地の「榎田型石斧」の流通状況を検討し，中部高地から南関東に至る石器石材の供給ルートを想定している（馬場2001）。筆者は，この中期末以来の石器流通ルートが，後期の鉄剣などの流通ルートに受け継がれたと推定する。図42のように馬場の想定する「石器供給ルート」が，後期後葉になってもそのまま機能しており，日本海側から多数もたらされた鉄剣搬出に踏襲されていると理解されよう。つまり石から鉄へと素材が転換しても，「利器の流入ルート」は伝統的なネットワークが保持され，新たな供給源となった列島日本海側からの供給を承け，南関東地方に供給していたと解釈する。

1．経隈　2．門前　3．高津尾　4．草場第二　5．川部　6．川床　7．唐子台　8．西谷3号　9．楢築　10．津島
11．みそのお　12．青谷上寺地　13．妙楽寺　14．左坂1号下層　15．大風呂南1号　16．瓜生堂　17．小羽山30号
18．片山鳥越5号　19．白江梯川　20．西念・南新保　21．文殊堂　22．梵天　23．竹之内原1号　24．登呂　25．長崎
26．王子ノ台5号　27．真田・北金目　28．池子　29．三蔵台　30．草刈　31．国府関　32．新保　33．新保田中村館　34．有馬
35．空沢　36．天神　37．石川条里　38．根塚　39．八幡山

一木造り式把縁穿孔型、鹿角Y字式把・鉄剣の分布

1．那珂　2．頓田高見　3．川部　4．弘住3号　5．国司池の内　6．長迫2号　7．高橋仏師1号　8．平尾2号
9．井の端7号　10．愛久山1号　11．妙楽寺　12．内場山　13．今林8号　14．浅後谷南　15．有明8号
16．中山大塚　17．ホケノ山　18．高部32号　19．椿3号　20．神門4号　21．石揚2号

一木造り式多方向穿孔型、四枚合わせ式糸巻底辺型把・鉄剣の分布

図43 弥生後期（上）と古墳出現期（下）の鉄剣の流通（豊島2010を改変）

　それらを取持っていたのは，関東山地の周縁を取り囲むように展開する中部高地系（櫛描文系）の集団であり，彼らのネットワークであった。豊島直博（2010）や杉山和徳（2015ほか）が説くような鉄製品や鉄ヤリなどの流通がこのネットワークを上書きしている可能性は高い（図43の上の交通関係）。

　しかし，同時期のガラス玉のネットワークでは，また別の可能性もうかがわれる（図44）。ガラス玉も鉄製品と同様に関東山地を取り巻く弥生中期末以来の図42の交通①を踏襲している関係も見て取ることができるが，斎藤あやによれば，このような交易関係は「双方向性」を持っていたはずであり，単純化するのは困難であるとしている。より複雑な交易関係の存在が指摘されている（斎藤2015）。ここでは，海上交通を視野に入れた駿河湾をはじめとした東海との交通とのパラレルな関東圏への交通を押さえておくこととする。

　また，鈴木素行は茨城県北東部圏の十王台式の集団から，群馬県域の樽式や房総半島の山田橋式の集団との交通関係を「旅する十王台式」と銘打って，

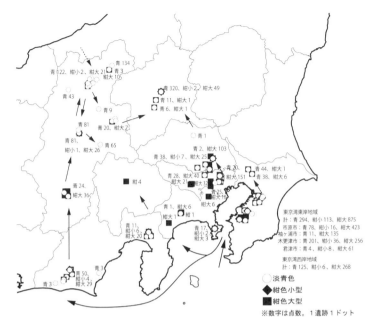

図44 関東地方のガラス玉の流通（斎藤2015より転載）

分析している（鈴木2013ほか）。両集団の「双方向的な関係」を論じており，
やり取りされた産品（鉄素材や織布など）まで想定している点は注目される。
　このような遠距離交通を含む交流の新展開は，南関東圏の地域社会に変動
をもたらしたと推定さ
れる。それが筆者が「臼
久保・山田橋段階」と
措定する社会情勢であ
る（西川2002など）。
とくに顕在化したのが
後期後葉であろう。こ
の時期には相模湾岸・
東京湾岸地域での複数
の拠点的な集落で爆発
的な「集住」が起象さ
れていた（図45）。こ

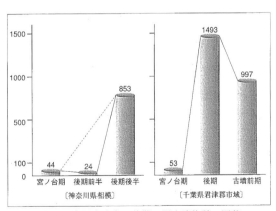

図45 南関東地方の後期の竪穴建物数の遷移
（石川2008より転載）

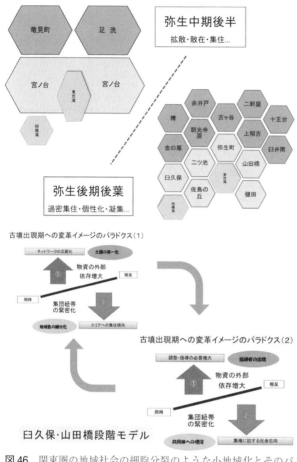

図46 関東圏の地域社会の細胞分裂のような小地域化とそのパラドックス構造のモデル

の人口増大，集住現象の惹起については安藤広道も同様の見解を述べている（安藤 2013）。筆者はさらに当該期の社会の解釈について，遠隔地からの物資の供給・依存がピークに達した段階と理解し，そこでは交流・物流の広域化，かたや地域色の極端な細分化が惹起していたと解釈している。

この段階は地域社会で「集権化」へと向かう力と，それを押し留めようとする「ある意味での停滞性」が「せめぎ合う段階」と解釈され，図46にモデル化して示したパラドックスな構造が出現していた。このような新たな段階に進もうとする力学と，反作用が同時にはたらいている構造（パラドックス）は，ある意味で「国家に抗する社会」（P. クラストル／渡辺訳 1987）の機動として理解可能である。外部依存による物流が極限まで高まった時，その新たなネットワークへの傾斜が進むなかで，人口集中，かつ空閑地への移住が「集住圧」を高め，そのような集団間のストレスを調整する機

能が集権に加重するなか，それを直線的には推進させない＝「押しとどめよ
うとする力学」とがせめぎ合っていたと考える（西川 2015c）。

　南関東沿岸部へと収束する物資の流通が新たなモノ・ヒトの動態がこれま
でとは異なる社会状況を惹起させ，新たな物流網が生成しつつあった。そこ
には，伝統的な中部高地経由の物流ネットワークが顕現している姿を読み取
ることができるし，またそれは水海面とも接するスポットに集積している姿
とも換言できる。

6. 山麓をめぐるネットワークの凋落　弥生後期終末期

　このような構造が弥生時代終末期になると抜本的に更新される。この間に
関東圏だけでなく列島全体で惹起された改変の実態は不明だが，後期後葉の
巨大化・集住・密集した集落の集団関係は弛緩し，集団の一部が南東北へ向
けて「浸出する」かのごとく，展開していく（西川 1995・2016 など）。

　集落遺跡は単純に縮小するわけではない。相模湾岸のように，古墳時代前
期にかけて明らかに人口圧が低減する地域もあるし，東京湾岸東岸など房総
半島では引き続き遺構数は堅調である地域もある。このような地域毎の動静
の違いは，図 45 のグラフの趨勢にも反映されている。いずれにしても古墳
出現期に南関東地方の集落構造は，大きな「再編」「更新」を蒙っているこ
とだけは確かである。

　豊島直博はこの間の経緯を次のように分析する。弥生時代終末期（庄内期）
には鹿角 Y 字式把鉄剣が急激に減少する事象について，「手に取らない限り
分からない忠実」な千葉県茂原市の国府関遺跡例の木製剣の存在などを参照
し，「東日本において鉄剣の入手が困難になるという事態が発生したと考え
たい。終末期には日本海側を経由する鉄剣流入ルートが機能しなくなった」
（豊島 2010：p.42）と考える。その背景として鉄刀主体の北陸・山陰と鉄剣
主体の丹後・但馬の資料分布の偏在性から，両地域の「足並みの乱れ」を想
定し，その円滑な流通が崩壊したのではないかと推定する。この流通の梗塞
状態を一新したのが，一木造り式多方向穿孔鉄剣や四枚合わせ式糸巻底辺型
鉄剣の流通に現れるような新たなネットワークの出現であり，これらが瀬戸
内から近畿北部に偏し，北陸・日本海側に希薄化すること，またこれらが房
総半島に集中して分布する点に着目する。これらの房総半島の資料群が木更

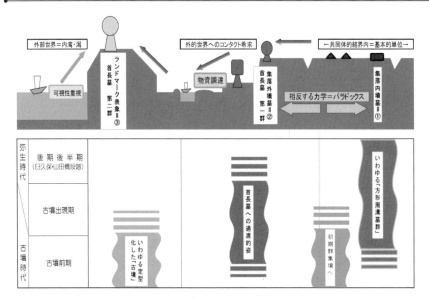

地域社会の紐帯と外的つながりという視点でみた古墳出現期のモデル

図47 地域社会と外部世界とのつながりという視点でみた古墳出現期モデル（西川 2013）

津市高部 32 号，市原市神門 4 号墳などの，前述の「第 1 群前方後円（方）墳」
（北條 2000）であり，中間の東海・東山道ルートには皆無であるとし，今ま
での流通システムから近畿・瀬戸内経由のネットワークへと更新されたとす
る（図 43 下）。

　この弥生時代終末期～古墳出現期にかけての流通システムの途絶と更新プ
ロセスが何故おこったのか，豊島の解釈だけで全てを説明できるとも思わな
いが，いずれにしても，何らかの物流ネットワークの転換と集団関係の刷新
が惹起されたことは間違いない。この時期の社会的再編が近畿地方に求心性
が出現する契機となったと理解できよう。そして，この「梗塞状態」を乗り
越えた関東地方では，それまでの「密集化・集住への志向性」は止まり，逆
に集団関係が弛緩し，流動化現象が惹起されつつあった。同時に伝統的な土
器地域色もいっせいに退色し，土器文様が消失し斉一化が達成される。

　この段階が前述の第 1 群前方後円（方）墳などの出現期に当該するのであ
り，時間的整合性もある。この遷移的状況は古墳時代前期，定型化した大型
古墳の出現（第 2 群前方後円（方）墳）をもって再度，更新される。前方後
円墳の分布と絡め列島西部との関係性が刷新され，定型化した前方後円墳の

成立時に,流通ネットワークの在り方が大きく再編されたことが類推される。筆者は地域の交易拠点における前方後円（方）墳の大型化のあり方を重視しており,そのランドマーク性,視認性が初期古墳の「最大の機能」と予想している（図47；西川2013ほか）。

　南関東地方の沿岸部の弥生後期後葉の後半期（臼久保・山田橋段階）を通じて達成された「集住・過密」状態に対する評価は難しいが,竪穴建物などの配列など集落内の構造を分析する限り,ヒエラルキー構造を指し示すような遺構・遺物は顕在化していない。このような状態は,基本的に集権化へ「踏みとどまった状態」であると解釈可能である。むしろ極端な集住や集落規模の膨張は「社会の混迷」や「無秩序な迷走」を強く感じさせている。

　弥生後期の集団関係の変化がいかにして古墳出現のプロセスに進んで行くのかという「解釈」については「さておく」としても,弥生時代中期後半以来,継続的に機能してきた関東山地の周りを辿り,集落間を数珠つなぎに連結していた交易ネットワークが機能しなくなるような事態,それを抜本的に刷新するような社会情勢が出来したことは確実である。それは水系をたどり,峡谷を伝わり,峠を越え,山麓をなぞるように移動する中部高地経由のネットワークが主役の座から後退したものだった。山麓人の「黄金時代」が凋落へあゆみ始めた時ともいえるかもしれない。

7. 東海系の拡散とは？　東海系のトレース再考　古墳出現期①

　ここまで述べてきたとおり,弥生時代後半期は徐々に各地の個別集団が,生活必要材や身の回りの服飾品（時には愚にもつかないモノも含めて…筆者は考古資料として残らないような有機質の器物も大量に流通していたと推定している）に対する外部依存が高まってゆき,その欲求が上昇した時代であったようだ。

　かたや関東地方の土器様相は弥生後期後葉〜終末期,大半の土器から文様が消失し斉一化するいっぽう装飾は壺に収斂・特殊化し「繁縟化」,または最後まで地域の伝統的文様に固執し,即座には「無文化」はしない。交通の頻繁化と正比例し土器の地域色は希薄化・広域化するのではなく,むしろ反作用として小地域色が発露する現実がある。この小地域色の領域性は,後の律令制下の郡領域と概ね相似的である。基層的な単位集団として,通底した

集塊性を保持しているためと考えている。

　このように土器の小地域色が顕現化するのは，決して各集団が孤立的に情報ネットワークから途絶していたからではなく，むしろ外部集団とのネットワークが緊密化すればするほど地縁的なアイデンティティの発露が必然化していった帰結と考える（図46）。前述のとおり筆者はこれを「臼久保・山田橋段階のパラドックス」モデルとして解釈している。Ⅴ様式期終末期〜庄内式最古段階の併行期，廻間式Ⅰの古段階に併行する時期（わずかに先行する可能性もある…これが庄内・廻間式期併行期の画期とリンクする変化なのか，それとも埒外のことであったのかは未検証につき言及できない）と考えるのが穏当と考える^(註5)。

　しかし，その集住・巨大化がターニングポイントを迎えた古墳出現期になると，他地域の型式的な特徴が明白な外来系土器の遠隔地交流が盛んになるのと同時に小地域色は収斂し，急速な斉一化が進展する（西川2015bほか）。

　このテーマに関するシンポジウム，書籍・図録などは枚挙の暇がない。『大交流』（岡安ほか2014など）と呼ぶにふさわしい外来系土器が列島を行き交うとされる。なかでも東海系土器の拡散・移動は，その主役の座を占めているといえよう。赤塚次郎が「東海系のトレース」として，Ｓ字甕を代表とする東海系土器の拡散（赤塚1990・1992ほか）として論じて以来，その東方拡大は移住論，または「狗奴国」論などと絡められ，喧しく取り上げられてきた。しかし肝心の資料そのものの「実相」について論じられることが少ないのが実情である。

　特にＳ字甕については，その特質から小片でも識別可能なことなどもあり，出土すると「漠然」と「東海（西部）起源」の「外来系土器」とされる。地域の土器型式の系統を引き継がないという点では「外来系」という把握は正しいかもしれないが，「東海（西部）起源」という概念は何を指し示しているのか吟味されているとは思えない。

　問題はそれが東海西部の「何らかの影響力」のもとに「拡散」したかのような評価へとアプリオリに「置換」されていることである。それらの「影響力」とは，文化的なモノなのか，それともヒトの移動によるものなのか…いずれにしても「東海系」いう括り方は「漠然」としたものに過ぎないし，それ以上でも，それ以下でもない。

　S字甕そのものについても，原田幹が列島東部に存在する「S字甕の諸類型」について細かい類別の必要性を説いたのは30年も前のこと（原田1994）であり，筆者も地域毎のS字甕の系譜の違いを指摘（西川1994）したが，その後に深化が進んではいないのは残念なことである。

　まずは大別を試みて，議論の前提とする。列島東部沿岸部の集落遺跡で在地土器様相に混在して存在するS字甕などの東海系土器と，北関東地域の石田川式や本庄・小玉地域など埼玉県北西部の東海系土器のあり方には大きな乖離があるにもかかわらず，「東海系として一括」されているのが問題の根底である。

　ここでは，その主因が文化的伝播や搬入など多様な来歴を想定されるものとして，関東南西部の沿岸部（いわゆる南関東）の在り方を「外来系Ⅰ」とし，主要因が「集団移動」であり，それにより惹起された地域集団との交流が背景として想定される関東北西部（石田川や本庄・児玉地域などの埼玉県北部）の外来系土器の在り方を「外来系Ⅱ」と規定しておくこととする。

　南関東の東京湾岸などでの「外来系Ⅰ」では，集落遺跡の甕の大半をS字甕などの東海系土器が占めることはない。そもそも台付甕という煮炊形態自体が「東海系」なのではあるが…。これに対して，埼玉県北西部や群馬県低地部の石田川式では，S字甕が主体として組成される土器様式となり，またその在地化も継続的に惹起されていく。これは「外来系Ⅱ」の背景にある主要因が「ヒトの集団的移動」を介在した拡散だからである。

　このような「単純化」には異論もあろうが，多種多様な要因が背後に考えられる「外来系Ⅰ」と，確実に人的な「移動」，特に一定数の集団的移動が背後に考えられる「外来系Ⅱ」とを峻別せずに議論している弊害の方が大きいと私考する。

　群馬県域の石田川式土器を使用する集団については，論者によって論旨に多少の異動はあるとはいえ，既に「何らかの集団移動」が存在していたという前提は議論をまたないと理解される（田口2002，若狭・深澤2005）。

　ちなみに筆者は，かねてより弥生時代後期に相模湾岸への外来集団が人的移動を伴って関与してきた（西川2002ほか）と推定してきたが，その「あり方」は「外来系Ⅱ」であろう。ここでの論議に関して，弥生終末期〜古墳出現期にも人口圧の低いエリアへ同様の集団移動が，惹起していたのである。この

時期の集団移動として，南関東から東関東－南東北への拡散があり，これに
併行して引き起こされていたのが駿河湾岸〜甲府盆地起源の関東山地東方へ
の集団移動である。このような「外来系Ⅱ」として現出する土器の拡散現象
の背景には集団関係の弛緩が引き起こす，広域な地域への「浸出」として理
解している。

　古墳出現期における南関東沿岸地域における「集団関係の弛緩」が引き
起こした南東北への人々の「浸出」現象については，別稿（西川 2016 など）
で詳論しており，ここでは詳論しない。小論では，この事象と同時進行で進
んでいた東海東部，そしてその甲府盆地経由での「集団の浸出」について論
じていこう。

　さて，廻間遺跡の報告書が刊行された 1990 年代から 30 年以上を経た今日
でも当時の掲載図がくり返し転載され，巷間では東海系土器が伊勢湾沿岸
や濃尾平野を発信地として，移住や土器移動が行われ，さらに南東北にも
「広く拡散」したという「解釈」が喧伝され続けている（図 48）。それは東

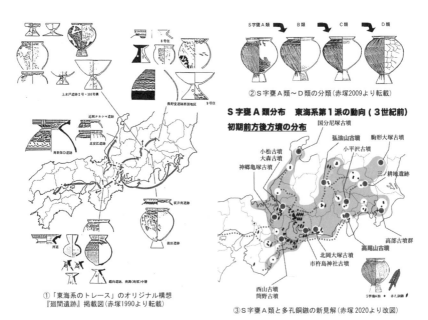

図 48　『廻間遺跡』刊行（1990）以来，変わらない「東海系のトレース」の基本構想

日本各地の「東海系土器」の圧倒的な拡散として，たびたび図49に代表されるような図として，翻意・読み解かれて流布され，あたかも後代の「東海道」と「東山道」のルートを辿るネットワークにより拡散したかのように広く知らしめられている。はたして「原東海

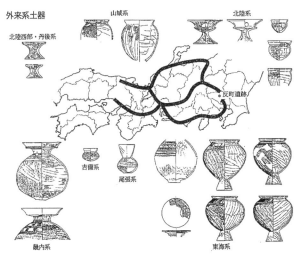

図49 繰り返される「東海系のトレース」の構造
（赤塚ほか2010より転載）

道」や「原東山道」は弥生時代には，既に西方からの文物の主伝導ルートとして，幹線化していたのであろうか。むろん前述のとおり，地政学的な原理にもとづく交通ネットワークの起源ははるかに古く遡ることは言うまでもないのであり，小論の目的は図49に代表されるネットワークの「解釈図」を誤謬であるなどと断ずるものではない。どのネットワークも「伝統的な交通網」として繋がっていたのである。小論の論旨は，核心の「甲府盆地」がすっぽり抜けていることへの再検討の必要性を喚起することである。

　まず，このような「ある意味で素朴」な解釈・理解は，20世紀代までの資料状況による「枠組み」であり，その後の資料状況とは合致しているとは言いがたい。赤塚の「東海系のトレース」という説得力ある，かつ理解しやすい「魅力」も作用し，あたかも濃尾平野から発出した「集団移動」が太平洋沿岸と内陸部を「トレース」して拡散したかのような理解に結実している側面も拭いがたい。もちろん，濃尾平野からの東海派遣将軍説のような「直接的な集団移動」を力説する学説も「なりをひそめている」のも事実ではあるが[注6]。

　問題はむしろ，東日本の研究者側にある。どこの集団が，どのような交通

ネットワークをたどって拡散しているのか？という検討を経ずに，S字甕が出土すると「東海系」という文脈で語られることに終始し，そこで「思考が停止」しているかのようだ。かたや赤塚自身の「解釈」を示したモデル図も，現在では細部にわたり新資料に基づきブラッシュアップされており（図48③），細部については，1990年代の①とはおよそ異なった構図になっている点も注目されよう。新資料を駆使しつつアップデートされ続け，変幻自在ともいえるような更新をとげている。このように，赤塚の「東海系のトレース」という直裁的，かつ核心をついた視点，これを列島東部における実際の資料に基づきバージョンアップしていく作業こそ肝要と思われる。列島東部の現今の資料状況に即して，「東海系のトレース」を再考していく必要がある。

　まず，1990年代以降の赤塚の論理構成は，列島各地の出土資料のプロットに基づいており実証性が担保されているとはいえ，それ以前にも東海系土器の拡散については，大参義一をはじめとした膨大な研究史の蓄積があり，既に「原東海道」や「原東山道」といった前提が通底した地盤として存在したことは否めない（大参1968など）。そこではヤマト政権の勢力拡大と東海勢力の関係性，特にヤマトタケル説話などの地下水脈がベースに存在し，それが有形無形の影響力を発揮していたことも推測に難くない。しかし，この点においては『記紀』のストーリー性を「参照」にして立論することは，本末転倒の論理構成と考えていることは，すでに前節で述べたとおりである。

　この間の東海系文物の移動論に関しては，田口一郎の画期的な論考（田口1972など）を嚆矢として，数多くの論考で取り上げられており，膨大な学史の蓄積がある。また石田川式土器の成立に関して，外部からの開発集団の関与が確実なのは，木製農具研究（樋上2010など）からもアプローチされ，その確度は高まっている。

　しかし，その経路は未検証のままである。赤塚の論考が出された当時はまだ資料数の濃密や多寡については論ずることができるような資料状況ではなかった。先験的な推論によるルートをたどる理論構成となっていたことは「動かしがたい事実」である。それを受け容れた関東の研究者側でも，検証する資料は十分とはいえなかった。

　しかし，その後の資料の分析は，20世紀後半期に想定されたルートを補強する事例の増加には向かっていない。東海道沿岸部でも中部高地でも，こ

のトレースを補強するような資料は恵まれていない。例えば東海からの移住
集団が神坂峠や碓氷峠などをたどって，大規模に移動してきた…という状況
を示す遺跡を提示することはできない。

　ただし，「集団移動論」には，幾多の考古学的な「資料解釈の制約」が介
在している。例えば，どの程度の資料的多さ（占有率や変移度）ならば「ヒ
トが移動した」と認定可能なのか。どのような交通手段で，または一気に大
量のヒトが移動したのか，それとも継続的に頻繁に往来した結果なのか，ま
してや器物だけ動いて，伝達形式で他地域のモノ・コトが伝播している可能
性など…きりがない。これについても多様な議論が費やされてきた（比田井
2004，安藤 2008，立花 2012，大村 2015 など）。

　例えば東海道筋の某所から，一定数の「集団」が準構造船で構成されるよ
うな「船団」（もちろん陸路の移動でもよいが…）で，沿岸部をところどころ「寄
港」しつつも，ほとんど上陸せず（顕著な考古遺物の痕跡を残さず），東京
湾岸→利根川・荒川水系を通過，北関東の「空閑地」（開発余地のある空間）
に向かって一気に通過し，「移動」したと仮定…これを考古資料で実証的に
検証できるかといえば困難だろう。このような空間移動は，数日だろうか，
それとも数か月かかるだろうか。もし，短期間に移動が完結していたとして，
考古資料は「この状況を語れる」だろうか，否定的にならざるを得ない。

　このような状況を想定，または論議すること自体，無意味とは思わないが，
あまり意味のあることとも思わない。北関東における「石田川集団の形成」
のような一定規模の変革をもたらした事象の「前史の痕跡」が，東海道沿岸
部の集落遺跡で「考古学的痕跡」を残していない可能性は，極めて低いと考
える。かたや相模湾岸や東京湾岸の弥生後期終末〜古墳出現期の集落遺跡で
は，たとえ状況証拠的でも挙げることができない「事実」を重視するならば，
やはり関東地方北部の群馬県域の石田川式に代表されるような東海色濃厚な
土器様相をもたらした「集団関与」は，相模湾岸〜東京湾へと沿岸部をトレー
スし，関東平野中央部の利根川・荒川水系を遡上するルートが「メイン」で
あると想定することは難しい。

　もちろん，相模湾岸・東京湾湾岸地域において，地域の土器様相に一定数
の「東海系土器」の「参入」は確認することはできる。ただし，その遺跡の「総
体」が東海地方の土器様相を「そのまま」に移植したような遺跡は見出され

ていない。現実には当該期の相模湾岸〜東京湾岸部の集落遺跡の状況は，前述のとおり「過剰な密集・集住」の姿態が出来しており，西方から新来の集団的な移動を受け容れるような「余地」は残されていなかったと考えるのが穏当であろう。

　筆者は，南関東各地で低地遺跡の調査が進展すれば，東海（といっても駿河湾岸の集団…）からの「集団移住」の「中継地」にふさわしい集落遺跡が発見され，このような経由地から水系を遡上し，埼玉県北部や群馬県低地部の東海系集団などの「母胎となる集団」が定着したと措定される資料を探し求めてきた…しかし，未だに確認できていない。

　相模川水域の低地部では，この30年あまり高速道路開発などで低地部の調査，あるいは試掘調査などが進展されてきたが，東海系土器が過半を占めるような古墳出現期の集落遺跡は未発見である。東京湾岸でも同様である。武蔵野台地の東縁部や，その段丘崖下の低地部における集落遺跡の発掘例の増加は増えてはいるが，時期的にも資料の様相からも「石田川集団」など新開地への開発集団の母胎となった構造を読みとることはできていない。

　東京都北区豊島馬場遺跡（小林・中島1995ほか）などの東京低地エリアの集落遺跡群は，時期的には有力な存在だが，ここが広範な関東平野北半の集団の発信源とは言いがたい資料状況である。それは年代的な先後関係，かつ出土土器の型式的特徴からも確実であろう。つまり，豊島馬場遺跡のような東京低地のいくつかの集落遺跡を経由した集団移動＝「外来系Ⅱ」が存在した形跡を確認するのは困難である。もちろん，これは石田川式などの北関東地域の東海系集団と，同時展開していた東京低地とのヒト・モノの交流の存在を排除するものではないことは言うまでもない。

　ただし，そこには他地域の外来集団が「関与」「介在」できるような「余地」（文字どおり開発・開村の余地があるスペース）が存在したとは考えられない。

　もちろん，前述のように一足飛びに「通過」してしまえば，立論可能であるが，それは考古学の議論では果たせない領域であろう[註7]。

　今のところ，最も有力視されるのは，駿河湾岸から甲府盆地を経由して，関東西麓山地を東遷したベクトルである。

8. 内陸を拡散し，峠を越えた開発集団　古墳出現期②

　関東北西部への外来系集団の移動を伴った開発の動きについて，もちろん多様な経路が想定可能であるし，前記のとおり「考古資料」として痕跡を「辿れない可能性」すらある。逆に巷間で常識化している解釈＝「東京湾岸から利根川・荒川水系を辿り遡上した」という想定も確たる考古資料の「裏付け」があるわけではないことは，前述のとおりである。

　ここでは開発集団が，駿河湾岸から富士川などの水系を辿り，甲府盆地を経由し，関東山地を東方へ乗り越えて「浸出」した可能性を指摘する。

　キーワードは「雁坂峠」である。この峠道を越える「秩父往還」は武蔵と甲斐を結ぶメインルートであり，甲府盆地と埼玉県北西部を最短で結ぶ幹線で，古来，東西を結ぶ要路であった。しかし，なぜか弥生～古墳時代のネットワーク論の俎上には上がらないルートである。たしかに峠道は 2000 m 級の峻路であり，モータリゼーションの到来とともに，近時（1998 年）に「雁坂トンネル」が開鑿されるまでは「影が薄い存在」となってしまっていたようだ。また，資料的な裏付けは未だ十分とは言い難い。前世紀末から今世紀にかけての甲府盆地の弥生～古墳時代の資料拡充は目覚ましいものがあり，中山誠二や小林健二による編年研究や遺跡群研究は長足の進歩を遂げてきた（中山 1986，小林 1998・2000 など）。また，今世紀になって埼玉県北西部の大規模開発が明らかにしてきた諸遺跡の多大な調査成果も蓄積されてきた。しかし，その県北西部に濃密に分布する外来系土器の様相が，決して河口部の東京湾岸から上流へと段階的に遡上，トレースする様相ではない実態を浮かび上がらせてきた。しかし研究の趨勢は「東海系の外来集団は南関東沿岸部から利根川・荒川水系を遡上した」という解釈のままである。筆者はこのような研究趨勢を「甲府盆地 行き止まり論」と考える。本当に甲府盆地は「行き止まり」なのであろうか。弥生時代までの活発な交流と対照的な状況であり，違和感を抱かざるを得ない。

　甲府盆地における弥生時代終末期の外来集団の関与については，前記の中山や小林らの研究などにより，中部高地系と駿河湾系の人的な関与が早くから説かれてきた。中部高地系の関係性については，近年では小山岳夫らによる新たな分析も進んでいる（小山 2020 など）。それは中部高地系集団の関与が若干先行し，駿河湾岸からの関与は終末期～古墳前期にかけて顕在化する

大塚遺跡 A－4号住

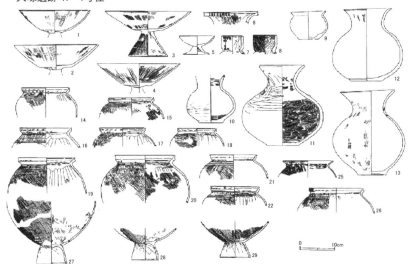

図50 南アルプス市大塚遺跡 出土土器（一部／新津1997より改図・転載）

と要約することができる。

　特に駿河湾岸からの関与については，やや先行する甲西町（現南アルプス市）住吉遺跡などに代表される時期（後期後葉～終末期）には顕著でなかった新たな土器様相が古墳時代初期・大廓式期へと展開する間，S字甕などの組成率が急激に上昇し，明確化してくる。この時期，既に東海西部系の土器は大廓式の基本組成に組み込まれており，これをもって東海西部地域からの「搬入品」とは言い難い。基本的に発信地は駿河湾岸地域であり，その土器様相が甲府盆地に参入してくると考えるのが穏当であろう（渡井2000）。

　この駿河湾岸集団の展開期は，基本的に沼津市北郊の愛鷹山南麓の集団が再編成されていった時期と符合する時期である（池谷ほか2010など）。愛鷹山南麓の集落群の消長と，駿河湾岸的な様相の甲府盆地へのさらなる展開について，直接的な個別資料を提示することは難しいが，時期的に符合する事象であり，何らかの因果関係を想定できると考える。この大転換期はちょうど沼津市高尾山古墳（池谷ほか2012，小崎ほか2021など）の造営期とも相前後する時期であることも留意すべき事柄である。

　このような資料状況のなか，甲府盆地における東海系土器のあり方について注目される資料が中巨摩郡八田村野牛島所在（現南アルプス市）の大塚遺

跡（新津 1997）である（図 50）[註8]。

　本遺跡は甲府盆地内の低地西縁に位置する小規模集落であり，富士川右岸支流の御勅使川水系の形成する扇状地の扇端部に位置し，南アルプス山麓から搬出される大量の河川堆積物に厚く覆われたエリアの一角に位置している。現状では御勅使川右岸の段丘崖に接した平坦地に占地するが，長年にわたる洪水と治水事業により幾たびも流路が変わっており，遺跡形成時は全く異なった景観であった可能性が高い。御勅使川周辺の自然地理的な検討に詳しく立ち入る余力はないが，往時は盆地中央部に展開していた低湿地の南西端部の縁辺地に位置するスポットであったと推定される（図 51）。このような観点に立つと，盆地縁辺部には，さらに大深度に未発見の遺跡が存在する可能性が残されている。

　大塚遺跡の土器様相は，Ｓ字甕Ａ類の形態を残す甕類に示されるように古墳出現期でもやや古相の土器様相である。報告者の新津健によると，ある程度，時間幅をもちつつも短期間に営まれた遺跡であるとされ，赤塚編年の廻間Ⅱ式からⅢ式期に位置付けるのが穏当としている。

　筆者が注目するのは，本遺跡出土資料にＳ字甕のＢ類・Ｃ類への継続的な「変遷」がまったく辿れない点である。図示したＡ-4 号住の様相は，報告者をはじめとして大方の研究者が指摘するように在地化し，やや変容したＡ類Ｓ字甕の特徴を有する資料であり，東海西部の編年的な位置をそのままスライドできないものの，甲府盆地におけるＳ字甕受容期の最初期の事例として位置づけることが可能

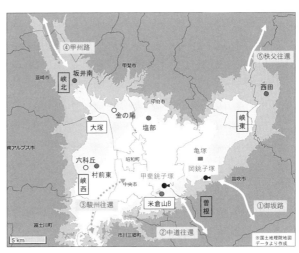

図 51　甲府盆地低地部をめぐる遺跡群の消長（西川作成）

である。

　大塚遺跡の示す様相は，外部からの移住者による開拓・入植のような状況を示している可能性が高いと考えられる。私見では，甲府盆地のいずこかに，より「移住そのもの」の様相を呈する集落遺跡の発見される可能性が高いと考えている。それは相模湾岸で綾瀬市神崎遺跡（小滝・村上 1992）や厚木市御屋敷添遺跡（西川ほか 1998）のように，「移住者のムラ」として再評価すべき資料群である。

　また，大塚遺跡の形成について，報告者は盆地西縁部を南流する富士川水系に展開する弥生時代終末期から古墳時代前期の遺跡総体の消長で理解する必要を説いている。その見解に私見を加えて解釈を進めたい。具体的には，北方 8 km ほどに位置する韮崎市坂井南遺跡群（山下ほか 1997 など），北東方約 5 km の敷島町（現甲斐市）金の尾遺跡（末木 1987），その東方の甲府市塩部遺跡群（小野 1996，佐々木 2005）が注目される。また富士川水系を下った南方 3 km の至近距離に位置する櫛形町十五所遺跡（米田 1999）・村前A遺跡（三田村 1999）・六科丘遺跡（清水 1985），甲西町住吉遺跡（新津ほか 1981）などを対象とする（いずれも現南アルプス市）。

　まず，坂井南遺跡は北方に位置するが，釜無川（富士川の上流部）左岸の韮崎市七里岩台地上に展開する大規模な集落遺跡である。大塚遺跡に後続する古墳時代前期に巨大な拠点集落となり，さらに上流部にも後続する遺跡群が展開する。少数ではあるが，A類系S字甕が出土しているので，その成立期は大塚遺跡と同時期か，直後に遡ると思われる。

　また盆地北縁には，弥生後期の中部高地系の土器を伴う集落遺跡として著名な敷島町（現甲斐市）金の尾遺跡，その東方エリアには近畿系のタタキ甕などを出土した甲府市塩部遺跡も存在している[註9]。このエリアも弥生時代後期から中部高地系の外来集団が関与し，古墳時代前期へと継続的に人口増が認められる地域である。古墳出現期には東海系・北陸系・近畿系の多様な土器様相が確認できるエリアである（大蔦ほか 2004 など）。大塚遺跡と類似したA類系S字甕も点々と出土しているのが注目される。

　いっぽう大塚遺跡から下った御勅使川が釜無川と合流し富士川となるエリア右岸，櫛形の扇状地先端部には，十五所・村前東A遺跡など拠点的な集落遺跡が展開している。その西側の段丘部南縁の先端部には駿河湾側からの東

海系土器の移入で注目され，時期的にはやや先行する櫛形町住吉遺跡や甲西町六科丘遺跡も存在する。住吉遺跡ではS字甕などの東海西部系の組成以前の駿河湾岸との交流の姿態をうかがい知ることができる。村前東A遺跡を代表とする集落遺跡では在地化したC類系S字甕が豊富に出土しているが，A類系S字甕も点在する。

　このような地域圏の全体像を通して，ヒトの移入・集落遺跡の展開をみることが肝要であろう（図51）。この間に甲府盆地の中央低地部の堆積の進行による陸化が進展していたものと考えられ，未開発地に対する多方面からの物流・移住が活性化，さらに古墳出現期から前期にかけてはより一層の開発・入植が展開したことが想定される。

　盆地南西部の村前東A遺跡や，盆地北西部の高燥な台地先端部に展開した坂井南遺跡は，古墳時代前期後半にかけて継続的に営まれ，かつ規模の大きな拠点的集落である。これら遺跡では駿河湾岸系の伝統的な土器様式の特徴を残す土器群とS字甕など東海起源の新来の土器様相がミックスした様相を呈しており，ある程度（少なくとも編年的に数段階を検討可能な程度）の継続性をもった集落遺跡である。盆地北縁部の甲府市に市郊部の塩部遺跡，金の尾遺跡でも同様の状況を看取できる。

　注目されるのは，これらの拠点的な集落遺跡で大塚遺跡と類似した特徴を持つ，やや変容したA類系S字甕が点々と出土している点である。

　また盆地内低地部ではないが，古墳前期の有力墳である甲斐銚子塚古墳や天神山古墳の造営される曽根丘陵エリア，なかでも甲府盆地最古級の古墳のひとつと想定される小平沢古墳の存在する米倉山の南麓に展開する米倉山B遺跡（坂本1999）でも，やはりA類系S字甕と北陸系・東海系土器などが搬出している（図52）。それらも大塚遺跡と同様に濃尾平野のA類S字甕そのものではなく，やや変容を経たものである。

　またS字甕C類，ないしはその在地型（甲斐型）の定着期には，甲府盆地の低地部縁辺部，さらには「峡北」とされる塩山市や勝沼市などの盆地北東部へも拡散・定着が進んでいることも指摘できる。「峡北」と呼ばれる盆地北東部には，今のところA類系S字甕を伴う明確な事例を管見ながら挙げることができない。塩山市西田遺跡群（坂本1997など）に典型例が認められるように，古墳時代前期になり，顕著な集落域の展開が認められている。こ

米倉山B遺跡 8号住居

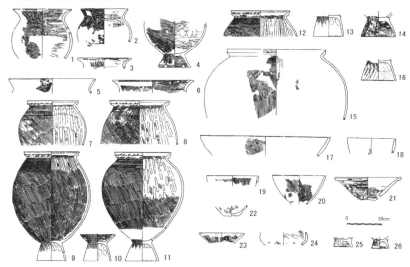

図 52　甲府市米倉山 B 遺跡 出土土器 （一部／坂本 1999 より改図・転載）

のように，盆地縁辺部でも継続的に東海系集団の浸出が認められるが，雁坂峠を越えた展開はそれ以前にさかのぼるのは確実である。これらの開発は盆地内と並行して進捗していたと推定されよう。

　以上のような土器様相から，大半はC類系S字甕でありつつも，A類系S字甕をわずかながら伴出する拠点的集落である村前東A遺跡や坂井南遺跡などの遺跡群と，A類系S字甕のみのモノトーンな様相で，短期的に営まれたとされる大塚遺跡の対照的な姿相を確認することが可能である。

　大塚遺跡のようなA類系S字甕のみで構成される集落は，甲府盆地以南，おそらく前代から継続する駿河湾岸などの太平洋沿岸地域からの入植とも言えるような集団移住の姿を示している事例であり，村前東A遺跡や坂井南遺跡など拠点的な集落は，このような移植に続いて惹起された拡散・定着・発展の様相を示している姿と想定できよう。つまり大塚遺跡のような小規模集落を起点として，韮崎市七里岩台地などへの展開が進行していったと考えるのが穏当だ。

　古墳時代初頭期のパイオニアとも判断される大塚遺跡などの事例，その故地の候補地としては，富士南麓の水系を下った駿河湾岸や浮島沼エリア，すなわち沼津市域周辺の低地部エリアである可能性が濃厚であるが，A類系S

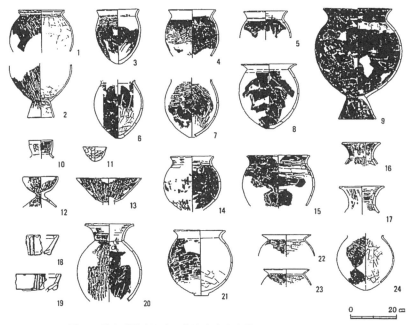

図53　駿東郡清水町恵ヶ後遺跡 出土土器（渡井 2010 より転載）

字甕のみで構成されるような事例は未発見である。しかし，静岡県駿東郡清水町恵ヶ後遺跡（渡井 2010）では，近畿系土器など豊富な外来系土器を伴ってA類系S字甕（図52-1・2）が伴出して確認されており，遡源はこういった駿河湾地域の低地部であったことの証左と考えられる。富士市や富士宮市などの富士川水系だけではなく，愛鷹山地を越えて，御殿場から富士山東麓をたどる中道ルートも有力なネットワークであると思われる。このような中部高地と駿河・相模などとを結節するネットワークは既に弥生時代後期中葉には顕在化し，ヒト・モノの往来が頻繁化していたことは前述のとおりである。

　このような駿河湾岸から，甲府盆地内へと広がるヒトの拡散・開発の進展と並行し，さらなる開発余地のある盆地北東部，さらには秩父・寄居方面へと伸長していったと考えられる。

　甲府盆地で展開した新開地への展開・浸出の実態を鑑みると，高峻な峠道・雁坂越えの東側に展開する新天地・埼玉県北西部の人口希薄な低地エリアに無関心だったとは考えられない。盆地内で新開地へ展開する動きは，より東

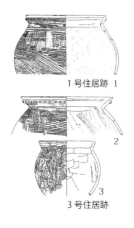

北本市八重塚遺跡の
古相のS字系甕

1号住居跡 1

2

3

3号住居跡

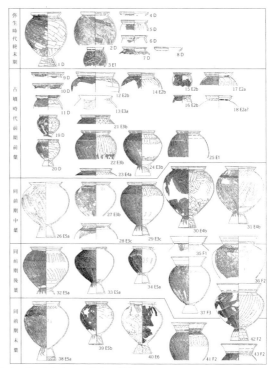

図54 埼玉県北西部本庄・児玉地域のS字甕の様相（松本2022より転載）

方へ，関東北西部へも同時併行的に推進されていった。確認したい点は，甲府盆地内の遺跡群の爆発的な増大を経た段階になって秩父山地を越えて浸出したのではなく，それは甲府盆地内での開発の進行とパラレルに進んだ現象とみなすことができる点である。

　かたや発掘調査の進展により，資料が爆発的に増大している本庄・児玉地域をはじめとする埼玉県北部域のS字甕をはじめとした東海系土器の様相を点検すると，遺跡ごとに多様な様相を看取することができ，一様ではない。

　しかし，当該地域における松本完による土器様相に関する詳細な検討を参照すると，この地域における古段階の東海系土器の中には，甲府盆地のA類系S字甕に類似した資料が散見される（松本2022：図54左側）。

　これらと同様の形式的特徴を備えた古相を呈するA類系S字甕を顕著に有する南関東沿岸部に見いだせないのは，前述とおりである。もちろん，下流の東京湾岸からのネットワークによる交流も存在するのであり，その経路で

もたらされたモノ・コトも存在したのは間違いない（栗岡 2011，柳沼 2013
など）。本論の趣旨は，これを否定するものではない。また前段階から引き
続き，吉ヶ谷式系集団も古墳出現期を迎えるころには，集落規模や墓域の拡
大など集団関係が多様化している。

　筆者が説く「新天地・埼玉県北西部の人口希薄エリア」との評価に対し，県
北西部には先行する弥生後期集団が割拠・占拠していたという批判もあるだ
ろう。ただし，これは群馬県地域の樽式系集団と石田川式系集団をめぐる議
論と同様で，どちらかいっぽうという問題ではないと考える。そもそも居住
地に対する選択肢も，可耕地に対する志向性も異なっていたと推定されよう。

まとめにかえて　物流・交通と古墳時代の開始論

　ここまで，古墳時代開始期の列島東部の動向を中心に交通と集団関係につ
いて述べてきた。収束に向かって要点を箇条書きとしておこう。

① 古墳時代の編年的研究は，一定の到達点に達しつつある。しかし古墳・
　埴輪編年などとのズレや併行関係のチェックなどについて立ち遅れてい
　ると考えられる。北條芳隆や田中裕が措定する「第 1 群前方後円（方）墳」
　（定型化以前の墳墓群）と「第 2 群前方後円（方）墳」＝（定型化した
　大型墳墓）への遷移とその時期的位置づけなど重要な論点にもかかわら
　ず，検討が不十分である。この点に関しては，土器の編年研究の視点では，
　前野町式期併行期の検討がむしろ「今日的課題」であることを指摘した。

② 弥生時代後期後半期の集団関係について，関東山地をめぐり結節してい
　たモノ・コトのネットワークについて分析を加えた。弥生中期後半から
　伝統をひく中部高地系の山麓人ともいえるような集団の足跡を追い，彼
　らの躍動が弥生後期後半の南関東沿岸地域の弥生町・山田橋系土器をも
　つ集団の物流関係を突き動かしていたと結論づけた。

③ このような弥生時代後期の社会関係の変革は，南関東沿岸部では極端な
　集住集落を出現させていった。南関東の沿岸部で次々と出現した集落群，
　その無秩序で集塊的な独特の社会環境が何をもって出来したのか，その
　理由を明確にしがたいが，弥生時代を通じた生活必要財に対する外部依
　存体質とその交易に関する必然性が関わっていた可能性が高い。それを
　希求する社会情勢の昂揚は，新時代への傾斜を強めつつも，伝統的な地

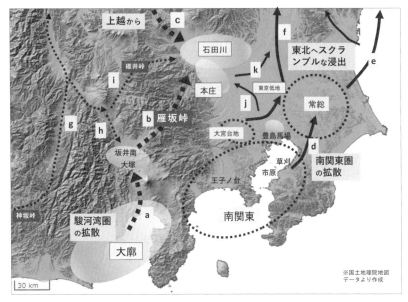

図 55 関東地方の弥生終末期～古墳出現期の小地域圏の再編と解体

　　域社会を維持し続けようという「国家に抗する」構造を保ち続けていた
　　と理解され，パラドックスな構造を帯びていた。
④弥生終末期～古墳出現期には，その集団関係の緊縛状態がピークを越え
　　弛緩する過程へと向かう。次なるステージでは，集団関係の弛緩と新天
　　地への浸出現象が展開する。このような南関東沿岸部の集団関係の再編
　　と前後して，駿河湾岸から甲府盆地を経て，関東地方北西部に展開した
　　「雁坂峠越え」のネットワーク，新開地への浸出現象について新たな提
　　案を進めた。この段階が，「第１群前方後円（方）墳」が各所で出現す
　　る転換期であり，地域社会が集権，階層化に大きく舵を切った段階であ
　　る。おそらく弥生時代後期を通じて保ち続けてきた物流・交易のネット
　　ワークの大きな転換が契機の一つとして想定可能であろう。
⑤関東地方の北西部の石田川式に代表される新開地への展開は，飽和状態
　　に至った東海東部の駿河湾岸地域から甲府盆地を経て埼玉北西部，群馬
　　県低地部への拡大，同時期には房総半島の東京湾岸沿岸部からは南東北
　　へと同様の浸出が展開していた。この背後にはさらなる広域ネットワー
　　クの結節を象徴するような定型化した大型古墳の出現に関わっているよ

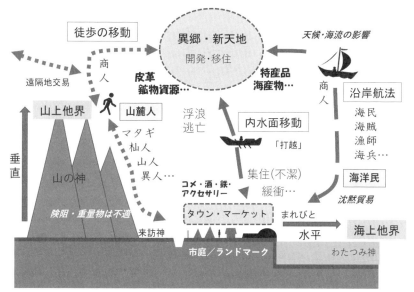

図56 移動と山麓・内水面・海洋をめぐる世界（西川 2023 作成）

　うだ。「第2群前方後円（方）墳」の築造が進められる段階が該当する。
　このような更新を続けていた弥生時代後期〜古墳時代の列島東部の地域社
会の変転は，単に列島西部の社会構造の波及では説明しきれないのである。
西からの器物の供給，かつ新情報の伝播と併行し，列島東方社会の自律的な
運動の帰結した側面を強調したい。最後に小論の水上交通と内陸交通にかか
る理解を図示したものを掲載しておくこととする（図55・56）。

〔註〕

1) 既に筆者は，新潟県胎内市城の山古墳の分析を通じ，同古墳の立地環境が信濃川河口地
　域に流れ落ちる毛細血管のような水脈を伝って結ばれた「内水面」の最北端，まさにそ
　れ以上舟運ではたどれないスポット＝「陸揚げ地点」に位置すること，その「ランドマー
　ク」として機能していた「北縁の古墳」として意義を論じている（西川 2016）。また能
　登半島を横切る交通ネットワークについても論じたことがある（西川 2010）。

2) 常陸太田市梵天山古墳はこのネットワークの南端のポイント，かたや名取市雷電山古墳
　は，この北端の河口ポイントを占地する古墳であり，列島東部の筆頭クラスの規模を有
　するのも宜なるかなという環境をとらえている。

3) 伝承の史跡地を訪問する趣味の方むけの「娯楽書」ならいざ知らず，文献史学の古代史
　研究者の編集する概説書などで頻繁に見かけることが多いのが現実である。
　ヤマトタケルに何らかの歴史的ロマンを追い求める思考や英雄時代論，さらに「古代のヒー
　ロー」というイメージ論は尊重するが，考古資料と結びつけ，無自覚に「東征史観」を
　結びつけていることに対しては，明確に否定したい。わが国の歴史・考古学界がいまだ「皇
　国史観」から完全に自由になっていないことに「無自覚」なだけではないか？と危惧し

ている。和製オリエンタリズムの最たるモノである。

三浦半島の走水神社を訪れると，地域に根ざした穏やかな社叢のなかにたたずむ長閑さに包まれた神社であることを感ずることができる。しかし，境内のかたすみに，先の大戦中に皇族や軍人が訪問したことを顕彰する記念碑が建ち並んでいることに驚かされる。なかには皇族の女性たちが，オトタチバナ姫の「献身的・自己犠牲的」な「行為」を理想化・称揚した詩歌もある。これを見るとき，そのジェンダー性・差別性について，歴史に関わる者なら看過できないものであるはずだ。本当に「これは過去のモノ」なのであろうか？

4) 埼玉県西部の吉ヶ谷式の本貫地の比企丘陵エリアでは，吉ヶ谷式の最末期に集団規模が巨大化し，かつ沖積地開発へシフトしている。それが古墳時代への過渡期にあたる時期なのは示唆的である。

5) また，このような南関東の弥生終末期の「臼久保・山田橋段階」の激変について，寺沢薫は既に近畿地方に「求心性が顕現した段階」の列島各地に惹起された出来事の一端として「想定」しているのかもしれない（寺沢 2018 など）。しかし，筆者はこのような変動は近畿地方から波及して来たムーブメントとは考えていないことは繰り返し述べてきたとおりである（西川 2015c ほか）。

6) 東海系土器と東海将軍説（高橋 1986 など多数）については，学史的に古く遡り，既に東海系土器の東方拡散と不可分の関係として取り扱われてきた。研究の初期段階の三渡俊一郎による論考において，既に S 字甕の東方拡散とヤマトタケル東征ルートとの因果律の言及（三渡 1975）がされている。また大参義一による S 字甕の古典的，かつ基本文献である論考「弥生式土器から土師器へ」（大参 1968）でも，東海勢力の東方伸長という論旨で構成されていることは注目される。前述のとおり，この問題は「東征史観」と不可分のマターであることは注意を要する。

ただし後代のヤマト政権が地方勢力と婚姻関係を介在させ，「皇子」などを「派遣」（流浪）したこと，子女の血縁を介在させて姻籍関係にあったこと，また地方勢力も望んでいたことについては，むしろ肯定的な見解をもっている。前記の私見とは異なるのでは…と意外に思うかもしれないが，考古資料からの「東征に言及」するという論理構成に対して批判的なのであり，ヤマト政権が地域勢力と，どのよう関係性を有し，また血縁性を活用していたかは別問題である。むしろ各地の口碑に残る「長者伝説」や「貴種流浪譚」などを考慮した時，地域勢力がヤマトの貴種性に何を期待していたかをうかがい知ることができよう。

7) ただし，今後も発見されない…とは限らない。その時には潔く自説を修正したい。しかし後述するとおり，甲府盆地経由のネットワークについての論理構成まで，撤回する必要はないと確信している。パラレルなベクトルは想定可能である。やはりメイン経路は，甲府盆地経由であると資料状況が語っていると考える。

8) 大塚遺跡の資料については，2020 年 8 月に山梨県立埋蔵文化財文化財センターにて，小論執筆のために改めて資料群全体について詳細に観察する機会を得た。報告書掲載資料以外の全破片資料も含めて熟覧したが，小論で取り上げたように「A 類系の S 字甕」以外の形態，具体的には「薄甕化した B 類や C 類系の S 字甕」の資料は一片も確認することはできなかった。報告書掲載の「A 類系 S 字甕」は「薄甕」化した S 字甕 C 類などと容易に峻別可能であり，S 字甕全個体中の「薄甕系」と「それ以外」のカウントを資料調査の目的として，胴部破片を含め，その占有率を調査したが，「薄甕系の S 字甕」の破片を視認できなかった。つまり実測不能だった未掲載資料の破片群も含めて，典型的な S 字甕らしい「薄甕」は限りなく 0％に近い数値を示すことになろう。よってグラ

フ化は断念した。筆者は大塚遺跡を営んだ住人は，B類・C類系の「薄甕系のS字甕」の成立以前の甕形土器の製作技術を携えた集団であり，B類・C類系の「薄甕」系のS字甕そのものを「知らなかった可能性が高い」と判断している。この点は近隣でA類系S字甕を出土している甲府市米倉山B遺跡，南アルプス市村前東A遺跡，韮崎市坂井南遺跡などと大きく異なる点である。それらの遺跡では，A類系S甕も出土しているが，C類段階の典型的なS字甕の出土が普遍的であり，一定期間の変遷が予想される。これに対し，大塚遺跡の資料群は総じて酷似した胎土構成であり，極めて均一的な様相を呈している。その土器様相も特殊であり，画一的で独特の茶褐色の胎土の様相は，単一的なヒトの「移植」によって小規模な集団規模のムラが開村された可能性が高いと考える。ただし管見による限り，本遺跡と類似した土器様相を呈する資料群は未確認である。

報告書の説くように，大塚遺跡は集落規模は小規模，かつ短期間に営まれた可能性が高いが，未調査の周辺エリアに先行する時期の集落域が展開している可能性は捨てきれない。もっとダイレクトの「移住者」を想定できるようなピュアな土器様相を呈する「未知の集落」が埋もれている可能性が高い。私見では，甲府盆地のいずれかにより他地域からの「移住そのもの」の様相を呈する集落遺跡の発見の可能性が高いと考えている。それは相模湾岸で綾瀬市神崎遺跡（小滝・村上1992）や厚木市御屋敷添遺跡（西川ほか1998）のような集落の展開と同様の現象と認識することができよう。

なお資料観察に際しては，山梨県立埋蔵文化財センターの一之瀬敬一氏より多大なご高配を受けることができた。また資料調査に同行した北條芳隆氏からも示唆に富む意見を得ることができた。併せて感謝します。

9）塩部遺跡においては，駿河湾系土器から在地化した土器群に加え，甲府盆地で在地化した地元のS字甕も数多く出土しており，総じて外来形土器の目立つ遺跡ではあるが，それが近畿地方からの搬出された土器であるかは別次元の問題である。むしろ東海某所から東海系土器と共にもたらされた土器と想定するのが穏当と考えている。

〔文献〕

赤熊浩一ほか2010『反町遺跡Ⅱ』埼玉県埋蔵文化財調査事業団報告書 第380集 埼玉県埋蔵文化財調査事業団

赤塚次郎1990『廻間遺跡』愛知県埋蔵文化財センター調査報告書 第10集 愛知県埋蔵文化財センター

赤塚次郎1992「東海系のトレース－3・4世紀の伊勢湾沿岸地域－」『古代文化』第44巻第6号 pp.349–377 古代学協会

赤塚次郎1997「山梨県韮崎市坂井南遺跡の東海系文化から」『坂井南遺跡Ⅲ』 pp.117–122 韮崎市教育委員会

赤塚次郎2009『幻の王国・狗奴国を旅する 卑弥呼に抗った謎の国へ』風媒社

赤塚次郎2020「弘法山古墳と斧鉞の路」『弘法山古墳講演会 要旨』松本市教育委員会

甘粕 健ほか編1994『東日本の古墳の出現』山川出版

網野善彦2000「「日本」とは何か」『日本の歴史』第00巻，講談社

安藤広道1997「南関東地方石器～鉄器移行期に関する一考察」『横浜市歴史博物館紀要』第2号 pp.1–32 横浜市歴史博物館

安藤広道2008「「移住」「移動」と社会の変化」『弥生時代の考古学』8 pp.58–73 同成社

安藤広道2013「南関東地方における弥生時代後期の超大型集落遺跡について」『弥生時代政治社会構造論』柳田康雄古稀記念論文集 pp.259–273 雄山閣

安藤広道2019「日吉台遺跡群出土の弥生式土器について」『日吉台遺跡群発掘調査報告書

2006 年度～2014 年度の調査成果』pp.174–186　慶應義塾大学文学部民族学考古学研究室

池谷信之ほか 2010『八兵衛洞遺跡（第 3 次）』沼津市文化財調査報告書 99　沼津市教育委員会

池谷信之ほか 2012『高尾山古墳発掘調査報告書』沼津市文化財調査報告書 104　沼津市教育委員会

石川日出志 2008『「弥生時代」の発見・弥生町遺跡』シリーズ「遺跡を学ぶ」050　新泉社

石川日出志 2021「板橋界隈の〈弥生時代から古墳時代へ〉を探る」『令和 3 年度企画展 再発見！いたばしの遺跡－いたばしの弥生時代・古墳時代－』pp.48–51　板橋区立郷土資料館

石川安司ほか 2017「ときがわ町破岩遺跡－関東地方西部域 弥生時代中期末葉の遺跡・遺物の一事例－」『埼玉考古』第 52 号　埼玉考古会

石野博信編 2015『邪馬台国時代の関東　ヤマト・東海からの「東征」と「移住」はあったのか』青垣出版

石橋　宏・大賀克彦・西川修一 2016「つくば市面野井古墳群の再検討」『東生』第 5 号pp.129–158　東日本古墳確立期土器検討会

石村　智 2008「威信財交換と儀礼」『弥生時代の考古学』7　pp.127–139　同成社

伊丹　徹・大島慎一・立花　実 2002「相模地域」『弥生土器の様式と編年－東海編－』pp.701–843　木耳社

一之瀬敬一 2018「集落動態から見る甲府盆地の古墳出現前後」『研究紀要』34　pp.41–56山梨県立考古博物館・山梨県埋蔵文化財センター

大賀克彦 2010「ルリを纏った貴人－連鎖なき遠距離交易と「首長」の誕生－」『小羽山墳墓群の研究 越地方における弥生時代墳丘墓の研究－研究編－』pp.231–254　福井市立郷土歴史博物館・小羽山墳墓群研究会

大蔦正之ほか 2004『金の尾遺跡Ⅳ』敷島町文化財調査報告書 第 24 集　敷島町教育委員会

大場磐雄ほか 1975『武蔵伊興遺跡』伊興遺跡調査団

大参義一 1968「弥生式土器から土師器へ－東海地方西部の場合－」『名古屋大学文学部研究論集』47 史学 16　pp.65–98　名古屋大学文学部

大村　直 2004「前野町式土器の過去と現在」『特別展 杉原荘介と前野町遺跡－考古学の基礎を固めた巨人－』pp.110–113　板橋区郷土資料館

大村　直 2010a「周辺地域における集団秩序と統合過程－弥生時代中期から古墳時代前期の千葉県市原市域を中心に－」『考古学研究』第 56 巻第 4 号 pp.37–55

大村　直 2010b「土器の移動と移住」『房総の考古学 史館終刊記念』pp.117–132　六一書房

大村　直 2015「土器の移動が証明するもの－物流ネットワーク論批判－」『列島東部における弥生後期の変革－久ヶ原・弥生町期の現在と未来－』考古学リーダー 24　pp.395–410六一書房

大村　直ほか 2009『市原市南中台遺跡・荒久遺跡A地点 上総国分寺台遺跡調査報告ⅩⅩ』市原市埋蔵文化財調査センター調査報告書第 10 集　市原市教育委員会

岡田威夫ほか 1983『横浜市道高速 2 号線埋蔵文化財発掘調査報告書』（No.6 遺跡－Ⅲ No.9遺跡－Ⅱ）』横浜市道高速 2 号線埋蔵文化財発掘調査団

岡安雅彦ほか 2014『大交流時代－鹿乗川流域遺跡群と古墳出現前夜の土器交流－』安城市歴史博物館

小野正文 1996『塩部遺跡』山梨県埋蔵文化財センター調査報告書 123　山梨県教育委員会

柿沼幹夫 2015「吉ヶ谷式・吉ヶ谷系土器の移動」『ゆくもの くるもの－北関東の後期弥生文化－』第 24 回特別展図録　pp.30–38　かみつけの博物館

櫛原功一 2020「山梨県笛吹市亀甲塚古墳の研究－ 2017・2019 年度の調査成果－」『帝京大

学文化財研究所報告』第 19 集 pp.324–346　帝京大学文化財研究所

クラストル, ピエール／著 渡辺公三／訳 1987『国家に抗する社会 政治人類学研究』叢書言語の政治 2　風の薔薇

クラストル, ピエール 2003『暴力の考古学−未開社会における戦争−』現代企画社

栗岡　潤 2011「荒川流域出土の大廓式土器について」『研究紀要』第 25 号 pp.123–138　埼玉県埋蔵文化財調査事業団

小崎　晋ほか 2021『高尾山古墳追加調査報告書』沼津市文化財調査報告書 123　沼津市教育委員会

小滝　勉・村上吉正 1992「神崎遺跡発掘調査報告書」『綾瀬市埋蔵文化財調査報告』2　綾瀬市教育委員会

小茄子川歩 2021「インダス文明と「亜周辺」における社会進化−バッファ・都市・文明・国家−」『社会進化の比較考古学−都市・権力・国家−』季刊考古学・別冊 35　pp.35–54　雄山閣

小林健二 1998「山梨県出土の東海系土器−波及と定着と変容−」『山梨県考古学協会会誌』第 10 号　pp.15–39　山梨県考古学協会

小林健二 2000「六科丘から村前東へ〜甲斐における古式土師器・補考〜」『山梨県考古学協会会誌』第 11 号 pp.111–118　山梨県考古学協会

小林三郎・中島広顕 1995『豊島馬場遺跡』北区教育委員会

小山岳夫 2020「岩村田式と金の尾式移動の意味」『佐久考古学通信』№ 119　pp.13–20　佐久考古学会

斎藤あや 2015「玉類の流通と変化の画期，財との関係」『列島東部における弥生後期の変革−久ヶ原・弥生町期の現在と未来−』考古学リーダー 24　pp.145–150　六一書房

坂本和俊 2015「集落遺跡が語る東松山の 3〜4 世紀の社会」『市制 60 周年記念シンポジウム三角縁神獣鏡と 3〜4 世紀の東松山 発表要旨資料』pp.42–51　東松山市教育委員会

坂本美夫 1997『西田遺跡調査報告書』山梨県埋蔵文化財センター調査報告書第 138 集　山梨県埋蔵文化財センター

坂本美夫 1999『米倉山 B 遺跡』山梨県埋蔵文化財センター報告 163 集　山梨県教育委員会

佐々木満 2005『塩部遺跡Ⅱ』甲府市文化財調査報告書 30　甲府市教育委員会

清水　博ほか 1985『六科丘遺跡』櫛形町文化財調査報告№ 3　櫛形町教育委員会

末木健 1987『金の尾遺跡・無名墳（きつね塚）』山梨県埋蔵文化財センター調査報告第 25 集　山梨県教育委員会

杉山和徳 2015「日本列島における鉄剣の出現とその系譜」『考古学研究』第 61 巻第 4 号 pp.45–61　考古学研究会

杉山和徳編 2020『弥生時代の東西交流−広域的な連動性を考える−』考古学リーダー 27　六一書房

スコット, ジェームズ・C 2019『反穀物の人類史 国家誕生のディープヒストリー』みすず書房

鈴木素行 2013「旅する「十王台式」−弥生時代終末の久慈川・那珂川流域−」『ひたちなか埋文だより』第 38 号 pp.1–4　ひたちなか市埋蔵文化財調査センター

鈴木素行 2015「コメント トラヴェラー」『列島東部における弥生後期の変革−久ヶ原・弥生町期の現在と未来−』考古学リーダー 24　pp.93–99　六一書房

鈴木素行 2016「ウェスト・バイ・サウスウェスト」『佐久考古学通信』№ 115　pp.6–9　佐久考古学会

瀬川拓郎 2012「続縄文・擦文文化と古墳文化」『古墳時代の考古学』7　pp.103–118　同成社

高木宏和ほか 1985『釜台町上星川遺跡』相武考古学研究所

高杉博章ほか 1989『下鶴間甲一号遺跡－Ⅲ・Ⅳ区の出土遺物－』下鶴間甲一号遺跡

高瀬克範 2004「「非文明」の作法－日本列島東北部の先史時代研究から－」『日本考古学』第 18 号，『日本考古学』第 18 号 pp.149–158　日本考古学協会

高橋一夫 1986「関東地方の前方後方墳」『月刊考古学ジャーナル』269　ニューサイエンス社

田口一郎 1972「塚原遺跡－古式土師器を出土する一遺跡－」『いぶき』第 6・7 号　本庄高校考古学部

田口一郎 2002「東海系（東海諸地域）土器の拡散－その様相をさぐる　東海系土器の末裔たち」『東海学が歴史を変える　第 9 回春日井シンポジウム　弥生から伊勢平氏まで』pp.45–52　五月書房

田嶋明人 1986『漆町遺跡』Ⅰ　石川県立埋蔵文化財センター

立花　実 2002「土器の地域差とその意味－相模の後期弥生土器の可能性－」『日々の考古学』pp.179–196　東海大学考古学研究室

立花　実 2010「神奈川県西部地域における弥生時代後期の土器様相と中部高地型櫛描文土器」『中部高地南部における櫛描文土器の拡散』資料集 pp.57–76　山梨県考古学協会

立花　実 2012「遠隔地からの移住と融合」『古墳時代の考古学』7　pp.13–28　同成社

田中　裕 2005「国家形成期における水上交通志向の村落群－千葉県印旛沼西部地域を例として－」『海と考古学』pp.331–353　六一書房

田中　裕 2011「前方後方墳の歴史性」『古墳時代の考古学』3　pp.18–33　同成社

田中　裕 2023『古代国家形成期の社会と交通』同成社

谷口　榮 2016『江戸東京の下町と考古学 地域考古学のすすめ』雄山閣

近野正幸ほか 2006「明神台遺跡・明神台北遺跡－明神台団地建替事業に伴う発掘調査－」『かながわ考古学財団調査報告』192　かながわ考古学財団

辻田淳一郎 2012「古墳文化の多元性と一元性」『古墳時代の考古学』7　pp.44–56　同成社

土屋健作ほか 2010『前野兎谷遺跡 第 3 地点発掘調査報告書－前野町五丁目 27 番地点－』共和開発株式会社

土屋了介編 2014『久ヶ原・弥生町期の現在－相模湾／東京湾の弥生後期の様相－』西相模考古学研究会記念シンポジウム 資料集　西相模考古学研究会

寺沢　薫 2018『弥生時代国家形成史論』弥生時代政治史研究　吉川弘文館

豊島直博 2010『鉄製武器の流通と初期国家形成』塙書房

長滝歳康ほか 2005『南志渡川遺跡 志渡川古墳 志渡川遺跡』美里町遺跡発掘調査報告書第 16 集　美里町教育委員会

中山誠二 1986「甲府盆地における古墳出現期の土器様相」『山梨考古学論集』Ⅰ　山梨県考古学協会

新津　健ほか 1981『住吉遺跡 弥生時代集落址の調査』郷土史読本 1　甲西町教育委員会

新津　健 1997『大塚遺跡』山梨県埋蔵文化財センター調査報告書 第 137 集　山梨県教育委員会

西川修一 1983「南関東における弥生～古墳時代土器研究史－その変遷と問題点－」『古代』第 75・76 号 pp.123–140　早稲田大学考古学会

西川修一 1991a「相模後期弥生社会の研究」『古代探叢』Ⅲ　pp.249–273　早稲田大学出版部

西川修一 1991b「弥生の路・古墳の路－神奈川の場合－」『古代』第 92 号 pp.263–289　早稲田大学考古学会

西川修一 1994「三浦半島におけるＳ字甕の諸形態について」『庄内式土器研究』Ⅴ　pp.82–88　庄内式土器研究会

西川修一 1995「東・北関東と南関東−南関東圏の拡大−」『古代探叢Ⅳ−滝口宏先生追悼論集−』pp.175–208　早稲田大学出版部

西川修一 2002「南関東における古墳出現過程の評価」『月刊 文化財』第 470 号 pp.14–19　第一法規出版

西川修一 2007「相模の首長墓系列」『相模と武蔵の古墳』季刊考古学 別冊 15　pp.37–48　雄山閣

西川修一 2010「古墳出現期の文物ネットワークについて−越中・能登と相模湾岸の比較−」『西相模考古』第 19 号 pp.81–94　西相模考古学研究会

西川修一 2011「土師器の編年 ⑤ 関東」『古墳時代の考古学』1　pp.109–122　同成社

西川修一 2013「列島東部の古墳出現に関する視角−高塚古墳の出現は発展・進歩か−」『西相模考古』第 22 号 pp.137–144　西相模考古学研究会

西川修一 2015a「洞穴遺跡にみる海洋民の様相」『海浜型前方後円墳の時代』pp.110–138　同成社

西川修一 2015b「弥生時代は「激動」の時代か−考古資料の解釈と現代世相の関係−」『みずほ別冊 2』弥生研究の交差点（クロスロード）−池田保信さん還暦記念−　pp.201–214　大和弥生文化の会

西川修一 2015c「2・3 世紀のサガミの集落と古墳」『邪馬台国時代の関東　ヤマト・東海からの「東征」と「移住」はあったのか』pp.57–111　青垣出版

西川修一 2016「列島北縁の古墳時代前期のネットワーク」『城の山古墳発掘調査報告書（4〜9 次調査）』胎内市埋蔵文化財調査報告書第 26 集　pp.455–473　胎内市教育委員会

西川修一ほか 1998『御屋敷添遺跡 第 3 地点（№ 1）第 4 地点（№ 2）第 5 地点（№ 44）高森・一ノ崎遺跡（№ 37）高森・窪谷遺跡（№ 3）』かながわ考古学財団調査報告 33　かながわ考古学財団

馬場伸一郎 2001「南関東弥生中期の地域社会（上・下）」『古代文化』53–5・6　pp.18–28／pp.17–25　古代学協会

浜田晋介 2015「朝光寺原式土器からみる集団構成論メモ」『列島東部における弥生後期の変革−久ヶ原・弥生町期の現在と未来−』考古学リーダー 24　pp.47–53

早野浩二 2011「土師器の編年 ④東海」『古墳時代の考古学』1　pp.95–108　同成社

原田信男 2002「ヤマト中心史観を越えて」『あらたな歴史へ』いくつもの日本Ⅱ　pp.1–30　岩波書店

原田　幹 1994「Ｓ字甕の拡散からみた東海系土器の動向」『庄内式土器研究』Ⅴ−庄内式併行期の土器生産とその動き−「関東における庄内式併行期の土器の移動」pp.67–79　庄内式土器研究会

樋上　昇 2010『木製品から考える地域社会』雄山閣

比古井克仁 2004『古墳出現期の土器交流とその原理』雄山閣

日高　慎 2002「水界民と港を統括する首長−常陸鏡塚古墳とその周辺地域の理解をめぐって−」『専修考古学』第 9 号 pp.31–45　専修大学考古学会

福田アジオ 2002「柳田国男−民俗学の頽廃を悲しむ」『日本の民俗学者−人と学問』神奈川大学評論ブックレット 21　pp.4–15　御茶の水書房

古屋紀之 2013「横浜市都筑区北川谷遺跡群における弥生時代後期〜古墳時代前期の土器編年」『横浜市歴史博物館 紀要』第 17 号 pp.1–30　横浜市ふるさと歴史財団

古屋紀之 2015「南武蔵地域における弥生時代後期の小地域圏とその動態」『列島東部にお

ける弥生後期の変革－久ヶ原・弥生町期の現在と未来－」考古学リーダー 24　pp.19–35
　六一書房

古屋紀之編 2015『列島東部における弥生後期の変革－久ヶ原・弥生町期の現在と未来－』
　考古学リーダー 24　六一書房

北條芳隆 2000「前方後円墳と倭王権」『古墳時代像を見なおす－成立過程と社会変革－』青
　木書店

北條芳隆ほか 2021『社会進化の比較考古学－都市・権力・国家－』季刊考古学・別冊 35
　雄山閣

松木武彦 2022「東アジアの古墳と墳丘のかたち」角川選書シリーズ 地域の古代史　pp.59–
　93　KADOKAWA

松島栄治ほか 1963『石田川－石田川遺跡調査報告－』「石田川」刊行会

松本　完 2022「児玉地域における古墳時代前期の土器様相（上）－女堀川・旧赤根川流域
　の古墳時代前期の土器の分析を中心として一」『調査研究報告』第 1 号 pp.1–20　本庄早
　稲田の杜ミュージアム

三田村美彦 1999『村前東 A 遺跡』山梨県埋蔵文化財センター報告第 157 集　山梨県教育委
　員会

三渡俊一郎 1975「S 字状口縁台付甕形土器出土の遺跡分布に関する私見」『古代学研究』第
　76 号 pp.11–18

森原明廣ほか 2008『国指定史跡銚子塚古墳附丸山塚古墳』山梨県埋蔵文化財センター調査
　報告書第 253 集　山梨県埋蔵文化財センター

柳沼賢治 2013「大廓式土器の広がり－駿河以東について－」『シンポジウム 駿河における
　前期古墳の再検討－高尾山古墳の評価と位置づけを目指して－』静岡県考古学会

柳田国男 1910『遠野物語』新潮文庫 10580（2016 年版）　新潮社

柳田国男 1926『山の人生』角川文庫 17788（2013 年版）　角川学芸出版

山折哲雄 2014『これを語りて日本人を戦慄せしめよ 柳田国男が言いたかったこと』新潮選
　書　新潮社

山下孝司ほか 1997『坂井南遺跡Ⅲ』韮崎市教育委員会

山本　靖 2005『北島遺跡Ⅹ』埼玉県埋蔵文化財調査報告書第 302 集　埼玉県埋蔵文化財調
　査事業団

米田明訓 1999『十五所遺跡』山梨県埋蔵文化財センター調査報告第 158 集　山梨県教育委
　員会

若狭　徹 2012「耕地開発と集団関係の再編」『古墳時代の考古学』7　pp.29–43　同成社

若狭　徹 2021『古墳時代東国の地域経営』吉川弘文館

若狭　徹・深澤敦仁 2005「北関東西部における古墳出現期の社会」『新潟県における高地性
　集落の解体と古墳の出現』第 1 分冊

若松良一 2019「古墳時代の舟運－海部を表現した人物埴輪の出土をめぐって－」『月刊考古
　学ジャーナル』731　p.1　ニューサイエンス社

渡井英誉 2000「芙蓉の甕－富士もしくは岳南地域のS字甕を考える－」『静岡県考古学研究』
　No.32　pp.57–71　静岡県考古学研究会

渡井英誉 2010「駿河における古墳出現期の様相－辻畑古墳の年代を考える－」『東海地方に
　おける古墳出現期の諸相－辻畑古墳出現の背景を考える－』pp.5–15　第 15 回考古学研
　究会東海例会事務局

（西川修一）

⑤ 武蔵地域における古墳時代の陸上交通網

はじめに

　日本の古代国家は支配領域を五畿七道に区分し，都と地方を結ぶ幹線道路（官道）を敷設したほか，郡家とその周辺地域など諸地域間も伝路などの交通路で結ぶなど，交通網を整備した。これらの交通網は情報伝達や人の移動，物資の運搬，軍事などさまざまな目的で利用された。古墳時代においても，古代の交通制度の前提となるような，各地域を結ぶ道路網や交通機能が存在していたと想定されているが（中村 2000，市 2016 など），古墳時代の道路遺構は発掘調査事例が非常に少ないため，考古学の観点からでは交通路の復元は明らかにしにくい。

　これは，のちの武蔵国の範囲となる現在の埼玉県・東京都・神奈川県の一部の地域（註1）（以下，武蔵地域と呼称）でも同様であり，河川交通はある程度想定されているものの陸上交通路の復元はあまり行われていない。

　そこで，本稿では先行研究に導かれながら古墳時代後期・終末期（飛鳥時代）にあたる 6〜7 世紀（註2）の有力古墳の分布，横穴式石室，須恵器の運搬経路などの観点から，武蔵地域の陸上交通網について検討を試みたい。

1. 官道「東山道武蔵路」

　古墳時代における武蔵地域の陸上交通網を検討する際，重要となるのが 7 世紀後半に敷設されたと考えられている官道の東山道武蔵路である。そのため，まずは東山道武蔵路の経路にかんして先行研究を整理する。

　東山道武蔵路の概要　武蔵国は当初，東山道に所属していたため上野国内を走行する東山道駅路から分岐して武蔵国府（現東京都府中市内）へ向かう官道が存在した。この官道にかんする記事は，『続日本紀』神護景雲 2 年（768）3 月乙巳朔条や『続日本紀』宝亀 2 年（771）10 月己卯条などが有名であるが，官道自体の名称は記されていない。そのため学術上，便宜的に「東山道武蔵路」と呼称することが多い（註3）。

　東山道武蔵路は，上野国内を走行する東山道駅路から分岐し，武蔵国府に至るまでに 5 か所の駅家が存在していたと考えられており（木下 1990，木本

1992，中村 1996 など），総距離は約 73 km である。発掘調査によって発見され
た東山道武蔵路に比定される道路遺構は，台地上の場合は一般的に両側に側
溝をもち，側溝間の幅は 10〜12 m の規模を測る直線的な道路である（図57）。
駅路の敷設時期については，埼玉県所沢市東の上遺跡における発掘調査で側
溝内から出土した静岡県湖西市湖西窯跡群の須恵器蓋杯の編年的位置づけに
より，7 世紀後半となることは確実である。武蔵国府の成立期は，7 世紀末
から 8 世紀初頭と考えられているため（江口 2014），武蔵国府が整備される以
前から駅路が存在していたことになる。これは，後述するように東山道武蔵
路は東山道駅路と武蔵国府を結ぶためだけの機能ではなかったことの傍証と
なる。

　宝亀 2 年に，武蔵国は東山道から東海道へ所属替えとなったため，東山道
武蔵路は官道としての役割を終える。しかし，発掘調査の成果によると 8 世
紀後半以降も道路としての役割が維持されており，これは『続日本紀』天長
10 年（833）5 月丁酉条に多磨・入間郡界に悲田処を設置したことが記され
ていることからも整合的である。さらに，木本雅康は東山道武蔵路の経路は
古代から中世にかけて使われ続けた武蔵国を縦断する重要な道であったと評
価している（木本 2015）。

　東山道武蔵路の経路　東山道武蔵路の経路については，歴史地理学の観点
から研究を行った木下良・木本雅康・中村太一（木下 1990，木本 1992，中
村 1996），考古資料を用いた酒井清治や井上尚明の研究が代表的であり（酒
井 1993，井上 1993）（図58），2000 年以降では江口桂による整理や（江口
2004），川越市立博物館の企画展示に詳しい（川越市立博物館 2015）。また，
発掘調査によって東山道武蔵路に比定される道路遺構が府中市や隣接する国
分寺市をはじめ，近隣地域でも発見されているほか，埼玉県内では東の上遺
跡（根本 2002 など）や川越市宮廻館跡（富元 2005），坂戸台地上に位置す
る坂戸市町東遺跡・馬場遺跡（藤野 2015 など）でも確認されている。さらに，
群馬県太田市新野脇屋遺跡群においても東山道武蔵路に比定される道路遺構
が発見されており，東山道駅路から分岐して現在の刀水橋方面に向かって走
行することが判明した。これにより，武蔵国府から坂戸台地北部までの経路
ならびに，東山道駅路から利根川の渡河点付近までの経路はほぼ確定したと
いえる（図59）。

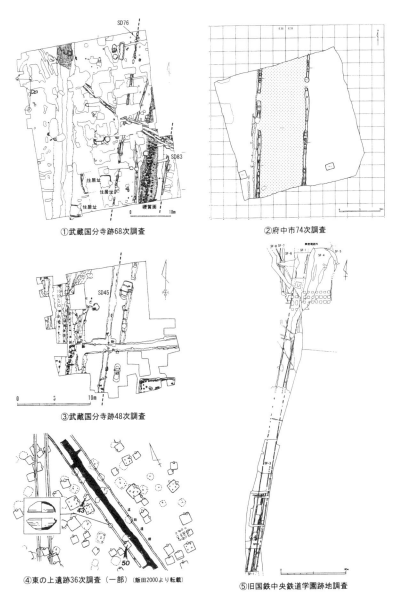

①武蔵国分寺跡68次調査

②府中市74次調査

③武蔵国分寺跡48次調査

④東の上遺跡36次調査（一部）（飯田2000より転載）

⑤旧国鉄中央鉄道学園跡地調査

図57　東山道武蔵路の発掘調査事例（湯瀬2014）

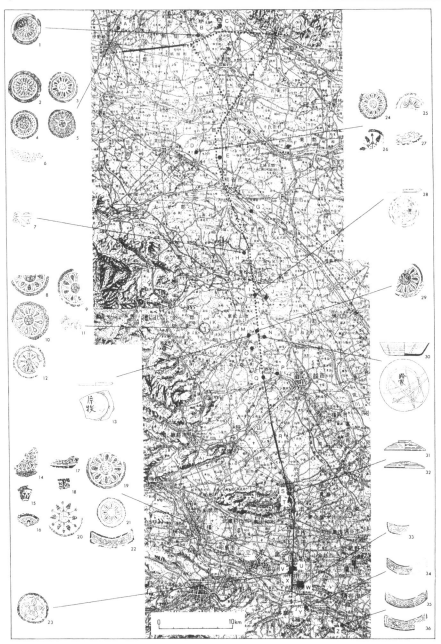

図 58　東山道武蔵路の推定ルート（酒井 1993）

図 59　東山道武蔵路（筆者作成，地形は土地分類図を参考）

1：旧鉄道学園跡地
　　　（泉井地区）
2：東の上遺跡
3：宮廻館跡・町東遺跡
4：馬場遺跡
5：新野脇屋遺跡群
A：武蔵国府
B：西吉見条里Ⅱ遺跡
C：天神前C遺跡

山地
丘陵
台地

0　　　　　　　1/500000　　　　　10km

東海道武蔵路　武蔵国府以南では，武蔵国府と東海道を結ぶ駅路が存在した可能性が考えられており（酒井 1993，中村 1996 など），こちらも史料に名称の記載がないことから便宜的に「東海道武蔵路」と呼称する場合もある。

　以上のことから，武蔵国を縦断する駅路は上野国－武蔵国－相模国（東山道駅路－東海道駅路）を結ぶ連絡路の機能も果たしていたことになる。武蔵国府から東海道までの経路については明らかとなっていないが，多摩川を渡河し多摩丘陵を越える経路（木下 1995，湯瀬 2014，野田 2015），高座郡家から相模国分寺を通過し多摩丘陵に入り分倍河原方面から武蔵国府に至る経路などが想定されている（荒井 2015）。

　研究課題　これまでの研究により，古代には東山道駅路と東海道駅路を結ぶ武蔵国を縦断するような官道が走行し，東山道武蔵路については武蔵国が東海道に編入された宝亀 2 年以降も交通路として機能していたことが明らかとなっている。東山道武蔵路についての検討課題は複数あり，入間郡と比企郡の郡界である越辺川付近から利根川に至るまでの経路や，埼玉県吉見町西吉見条里Ⅱ遺跡や天神前C遺跡で発見された道路遺構（弓 2008）の評価などがあげられる。とくに，この道路遺構（西吉見古代道路跡）は東山道武蔵路から分岐する可能性があり，北東方面の延長線上には埼玉古墳群が位置するため（永井 2011），この道路遺構が東山道武蔵路ではなかったとしても重要な交通路として機能していたと考えられる。また，武蔵国府から上野国（東山道駅路）に向かう経路は複数の選択肢が存在したと考えられるが，なぜこの経路が官道として採用されたのかという点についても解明されていない。

　さらに，古墳時代の武蔵地域にはどのような交通路が存在していたのか，東山道武蔵路のような縦断する陸上交通路が存在していたのか，などを多角的な視点から研究する必要がある。なお，古墳時代の道路遺構は近畿地方などでは発掘調査によって複数事例発見されているが，今回対象とする武蔵地域では古墳時代に構築された道路遺構の発見は今のところない。関東地方においても，道路遺構の発見事例は榛名山の噴火にともなうテフラで埋没した群馬県渋川市黒井峯遺跡や西組遺跡，金井東裏遺跡，金井下新田遺跡などの集落内に位置する，明確な掘り込みを有さない凹地や硬化面としての「道」などに限定され，側溝をもつ古代の官道のような構造物としての道路遺構が古墳時代の武蔵地域に存在したかは不明である。

2. 古墳の築造と交通路

(1) 研究の視点

　古墳が築造された場所，あるいは有力古墳に埋葬された人物の支配権が交通の要衝や交易網などと有機的に関係することは，古くから指摘されている（小林 1957，岩崎 1984 など）。また，茨城県霞ヶ浦北部の沿岸に 6 世紀の大型古墳が多く築造された要因として，当地域が常陸各地にくわえて東北・近畿地方を結ぶ交通の要衝であり，畿内政権や畿内豪族にとって重要な地域であったと評価する白石太一郎の研究がある（白石 1991）。さらに新納泉は，大規模な前方後円墳の立地は主要な交通路と深い関係があることから，物資の流通経路と富を掌握した有力者がこのような大規模な古墳を築造したと述べる（新納 2005）。このほかにも，有力古墳の立地や副葬品などの観点から交通路の成立時期や背景について，さまざまな地域を対象に積極的な研究が行われている。

　有力古墳の築造と交通路　西日本では，最終段階の前方後円墳の立地に着目した広瀬和雄の研究があげられる。広瀬は，6 世紀末から 7 世紀初頭にかけて中央政権の意思が強く作用し，水運と陸運の交通の要衝に有力な首長が意図的に配置されたと指摘した（広瀬 2013）。さらに山陽道の成立については，その背景に対新羅政策が大きくかかわっているとし，7 世紀初頭頃に河川交通と海上交通のネットワークにくわえて，既往の陸路を整備しながら広域路としての「山陽道」が建設されたと述べる。

　播磨国揖保郡を分析対象とした岸本道昭は，後期前方後円墳の分布は後代の里領域と対応せず，官道である山陽道や美作道と関連している様相も認められないことを導き出した（岸本 2013）。また，岸本は有力古墳と官道の関係について，7 世紀後半に単独で築造された有力古墳の被葬者のなかには，里長＝駅長＝寺院檀越と想定される人物が存在した可能性が高いと主張する（図 60）。

　菱田哲郎は，山陽道・山陰道・南海道などの地域において，6 世紀後半の大型横穴式石室墳が古代の官道沿いに立地していることから，基幹となる交通路の整備が 6 世紀代に遡る可能性があると評価する（菱田 2019・2020）（図 61）。また菱田は，崇峻紀の駅使が新羅遠征軍への伝達を目的にしていたことなど

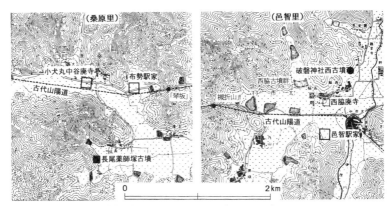

図60 播磨国揖保郡における山陽道周辺の景観（岸本 2013）

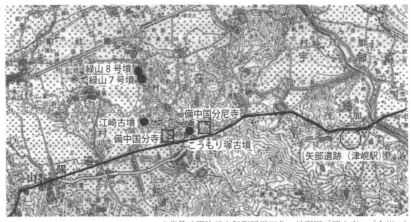

（背景は明治三十年測図五万分一地形図「岡山市」・「金川」）

図61 備中地域の大型横穴式石室墳と山陽道（菱田 2020）

をもとに，6世紀後半における交通機能は軍事機能と直接的に関係していた
と考え，広瀬と同様の見解を示している（菱田 2020）。このほか，山陰道の
地域では東西出雲における6世紀末の首長墓である島根県出雲市上塩冶築山
古墳と同県松江市東淵寺古墳が，山陰道駅路の推定地に隣接した場所に築造
されているという指摘もある（池淵 2018）。

　古墳からみた東山道・東海道の成立　つぎに，東山道や東海道地域での研

究を取り上げる。東海地方では，鈴木一有によって（A）古墳時代前期の三角縁神獣鏡，中期の帯金式甲冑，後期のf字形鏡板付轡・剣菱形杏葉など倭王権との関連を示す器物の分布域，（B）6世紀前半に出現する畿内系の横穴式石室の伝播経路，などを研究対象として交通路の検討が行われた。その結果，古墳時代にはすでに近江−美濃−尾張−信濃を繋ぐ内陸部の経路(原東山道)と，伊勢−渥美半島(東三河)−遠江−駿河を繋ぐ海浜部の経路(原東海道)が並存していたことが明らかとなった(鈴木2007)（図62）。

関東地方では，松尾昌彦が馬具副葬古墳の分布に着目し，その分布に著しい偏りが認められることを見出した（松尾2002）（図63）。馬具副葬古墳が多く分布する地域は，千葉県域では東京湾東岸から印旛沼東岸を経て利根川下流域の香取郡域，北関東では群馬県安中市から伊勢崎市を経て栃木県下都

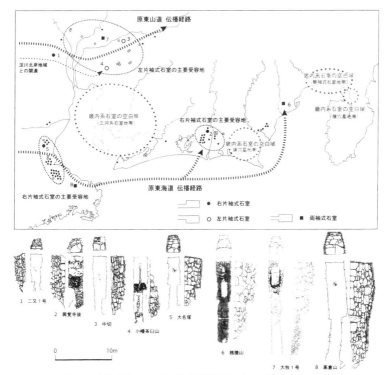

図62　東海地方における畿内系横穴式石室の展開（鈴木2019）

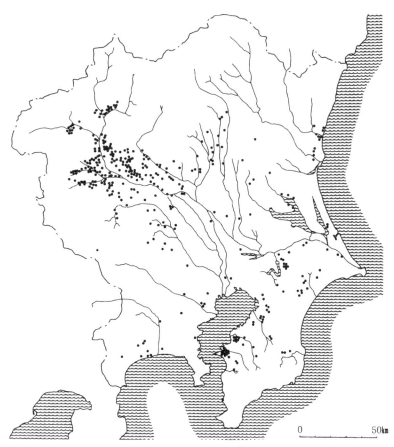

図63　関東地方における馬具副葬古墳（松尾 2002）

賀郡に至る地域であり，それらがのちの東山道や東海道の駅路の位置と類似することから，このような中央と地方を結ぶ政治的交通路の形成は遅くとも6世紀に遡る可能性を指摘した。一方，埼玉県域の馬具副葬古墳は相対的に少なく，東山道本路に近い北武蔵地域に集中し南武蔵には疎らである理由として，中央からの直接的なルートに面していなかったためと言及する。

　また右島和夫は，上野・下野・北武蔵の地域と長野県の伊那谷の地域における有力古墳の築造動向や，馬匹生産の開始などに着目し，5世紀後半には

近畿地方と東国とを結ぶ恒常的なルートが成立し，その背景にヤマト政権の深い関与が存在していたと指摘した（右島 2008）。右島は，このルートを「古東山道ルート」と呼称し，内陸の遠距離間を結ぶ直接的なルートの成立要因として馬の登場を重要視している。

(2) 武蔵地域における後・終末期古墳の築造動向

　有力古墳の築造と交通路にかんする研究をふまえ，武蔵地域における6・7世紀の有力古墳の築造動向について検討してみたい。なお，「有力古墳」の定義は研究者や対象地域によってさまざまであるが，6世紀では墳丘全長60 m以上の前方後円墳を大型前方後円墳として扱うのが関東地方では一般的である。また，千葉県内の動向を検討した田中裕は墳丘全長30 m以上の前方後円墳を首長墓としてみなし（田中 2010），山田俊輔も50 m以下の前方後円墳は在地集団が主な担い手となって築造し，それ以上の規模は諸集団の共同によって築造されたものと言及している（山田 2022）。

　武蔵地域については，このような墳丘規模の分析ができていないため明確な基準を設けることができないが，30～50 m程度の前方後円墳が比較的多く認められる。このため，今回は便宜的に前方後円墳では墳丘全長60 m以上，7世紀の円墳・方墳であれば直径もしくは一辺が40 m以上の古墳を「大型」として扱うが，上円下方墳においてはこの限りではない。なお，古墳の編年的位置づけについては先行研究（秋元 2005，江口 2005，黒済 2005，横澤 2005，池上 2010，太田 2010，加部 2010，柏木 2015，志村 2015，関 2015，中村 2015，日高 2010）を参考にした。

　6世紀後半の大型前方後円墳の築造動向（図64）　6世紀後半（前方後円墳集成編年 10 期）の前方後円墳の築造動向の特徴としては，埼玉県行田市埼玉古墳群とその周辺に墳丘全長 100 m を超える大型前方後円墳の築造がもっとも多くなる点が指摘されている（太田 2010 など）。その一方で，それ以外の地域では前方後円墳の大型化の傾向は低調であり，埼玉県熊谷市とうかん山古墳（74 m）や坂戸市胴山古墳（67 m）などが最大規模となり，築造数も限定的である。

　東山道武蔵路との位置関係では，先述したとうかん山古墳や胴山古墳などは東山道武蔵路の経路と近い位置に立地しているともみなすことができる。

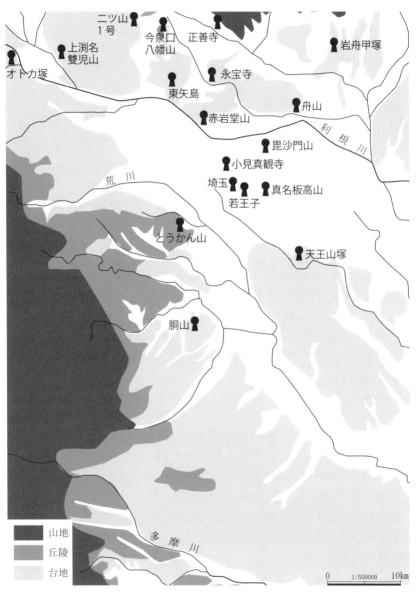

二ツ山
1号

上渕名
雙児山

オトカ塚

今泉口
八幡山

正善寺

岩舟甲塚

永宝寺

東矢島

赤岩堂山

舟山

利根川

毘沙門山

小見真観寺

荒 川

埼玉
若王子

真名板高山

とうかん山

天王山塚

胴山

山地
丘陵
台地

0   1/500000   10km

多 摩 川

図64 6世紀後半の大型前方後円墳（筆者作成）

多摩川流域では，東京都大田区多摩川台1号墳や観音塚古墳などの前方後円墳が下流域に築造されるものの，いずれも墳丘全長40m程度であり大田区庵谷古墳は墳丘全長60m級の前方後円墳の可能性も指摘されるが（大田区教育委員会1993），東山道武蔵路とは近い位置関係にない。また，7世紀に有力古墳が築造される多摩川中流域では中小円墳の築造は認められるが，6世紀の段階では前方後円墳は築造されないという特徴がある。

　なお，前方後円墳の立地と東山道駅路の関係をみると，太田市今泉口八幡山古墳（56m）や同市二ツ山1号墳（74m）などが駅路の近くに位置している。また，先述した東山道武蔵路が発見された新野脇屋遺跡群の周辺には，墳丘全長100m級の大型前方後円墳が4基（東矢島観音山古墳・割地山古墳・九合村57号墳・九合村60号墳）築造された東矢島古墳群が位置している。

　このように，6世紀後半に築造された大型前方後円墳の一部は，のちの東山道武蔵路や東山道駅路の付近に位置する場合もあるが，必ずしも一致するわけではない。そのため，大型前方後円墳の立地とのちの官道の経路との関係性については，積極的に評価することは難しい。

　7世紀の大型古墳の築造動向（図65）　前方後円墳の築造が停止すると，有力古墳の墳形には円墳・方墳・八角形墳・上円下方墳などが採用されるようになる。有力古墳の築造動向の特徴として，(A) 6世紀後半から継続して有力古墳が築造される地域，(B)7世紀になり有力古墳が築造される地域，(C)有力古墳の築造が認められない地域，などに分類することが可能である。ただし，(C)の地域でものちの榛沢郡や幡羅郡に相当する地域では，7世紀前半の集落が集中する傾向にあるという田中広明の指摘がある（田中2004）。このような現象の背景には，埼玉古墳群やその周辺の有力者が支配した領域との関係も想定されている（田中前掲）。

　(A)の地域は，埼玉古墳群やその周辺地域のほか入間地域北部などがあげられる。埼玉古墳群やその周辺地域は，先行研究において大きく注目されていた地域であるが，入間地域北部でも南北9km，東西7kmの範囲に大型円墳4基（石神神社古墳・土屋神社古墳・勝呂神社古墳・小堤山神社古墳），大型方墳2基（新山2号墳・鶴ヶ丘稲荷神社古墳）が築造されていることは注意が必要である。この地域では，6世紀後半の大型前方後円墳は胴山古墳のみであったが，7世紀になり大型円墳・方墳が多く築造されているという

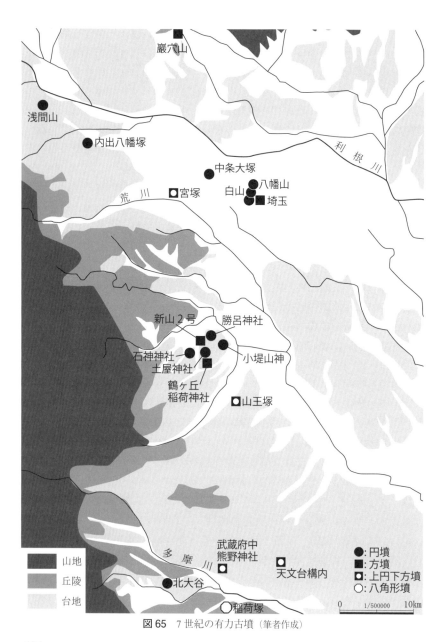

巌穴山

浅間山

内出八幡塚

中条大塚

宮塚

白山　八幡山

埼玉

新山2号　勝呂神社

石神神社

土屋神社

小堤山神

鶴ヶ丘
稲荷神社

山王塚

武蔵府中
熊野神社

天文台構内

北大谷

稲荷塚

荒　川

利　根　川

多　摩　川

山地
丘陵
台地

●：円墳
■：方墳
◙：上円下方墳
○：八角形墳

0　　1/500000　　10km

図65　7世紀の有力古墳（筆者作成）

ことは，狭い範囲に多数の拮抗した有力勢力が存在していたことを示しているのであろう（藤野 2020a）。

（B）の地域としては多摩川中流域のほか，上円下方墳としては最大規模の川越市山王塚古墳が築造された入間川右岸地域，40 m以下であるが埼玉県小川町穴八幡古墳（方・32 m）が築造された槻川左岸地域などもあげられるが，多摩川中流域のように複数の有力古墳が築造されたわけではない。

上記の有力古墳が築造された場所と東山道武蔵路の経路を比較すると，府中市武蔵府中熊野神社古墳や山王塚古墳，勝呂神社古墳などは近い位置にあり，黒済和彦が指摘するように上円下方墳である熊谷市宮塚古墳も東山道武蔵路の推定経路に近い位置にあたる（黒済 2005）。また，小野本敦は武蔵地域における主要古墳の分布から水路を中心に展開する後期古墳，陸路を中心に展開する終末期古墳という異なるあり方を指摘している（小野本 2008）。

このように，武蔵地域における7世紀の有力古墳の立地は，陸上交通路との関係を強く見出すこともできるが，より注目すべきは「埼玉」「入間」「多摩」の各地域に大型の有力古墳が複数築造されている点ではないだろうか。かねてより大型前方後円墳が築造されていた，入間地域北部と埼玉古墳群周辺には陸上交通路が存在しており，その経路を踏襲し敷設されたのが西吉見古代道路跡とも考えることができる。しかし，この点については推測の域を出ないため，今後具体的な考古資料を用いて検討する必要がある。

（3）横穴式石室からみた東山道武蔵路の成立基盤

関東地方の横穴式石室は，小地域や階層によって形式が異なるのが特徴である。武蔵地域では，この地域色をもつ横穴式石室の分布をもとに，のちの東山道武蔵路をはじめとした陸上交通路を復元する試みが行われている。

小林孝秀は，横穴式石室の特徴から東毛－北武蔵－南武蔵における地域間のつながりを説いた（小林 2014）。その根拠として，7世紀前半に位置づけられる群馬県の東毛地域における複室構造の横穴式石室の特徴が利根川右岸の北武蔵地域の石室構造と類似する点，北武蔵・南武蔵地域では6世紀後半以降，7世紀代においても複室構造の横穴式石室が展開している点などをあげている。さらに，このような地域間のつながりが，のちの東山道武蔵路成立の基盤となった可能性を指摘し，この交流網の性格は「在地の交流網」と

位置づけるが，その背景にヤマト政権による東海道経路の掌握への対抗を想定している。

神奈川県川崎市第六天古墳の横穴式石室を検討した草野潤平は，構築時期をTK209型式期，実年代を7世紀前半に位置づけ，複室構造の横穴式石室や緑泥片岩の箱形石棺という特徴から，石室の構築に際して北武蔵地域と密接な関係があったことを指摘している（草野2006）。また，7世紀前半以降における南武蔵地域の無袖形石室は古東海道ルートを介して，胴張りをもつ複室構造の横穴式石室は北武蔵地域との関係で採用されたとし（図66），のちの東海道や東山道武蔵路に相当する経路との関係を強く意識している（草野2016）。このほか古間果那子によると，南武蔵の横穴式石室は石室構築集団の移動による直接的な伝播と，情報の伝達による伝播に分けることができ，前者の場合は被葬者集団がアクセスしやすい既存の物流網によるところが大きいと解釈している（古間2022）。

多摩川流域の古墳と東山道武蔵路の関係について考察した小野本敦は，凝灰質砂岩切石を用いた胴張りをもつ複室構造の横穴式石室の古墳（武蔵府中熊野神社古墳・稲荷塚古墳・臼井塚古墳）は，東山道武蔵路に近接した場所に築造されていることから（図67），駅路を視野に入れた立地を指向したと評価する（小野本2008）。

このように，横穴式石室の構造をもとに地域間関係を復元することは有効と考えられ，小林・草野・古間ともその地域間関係は既存の交通網を介して行われていたことを積極的に評価する。さらに小林・草野は，その交通路を基盤として古代の官道が成立したと指摘し，多摩川流域の場合については，駅路の経路と有力古墳の築造場所に有機的な関係があることを小野本は見出している。

なお，胴張りをもつ複室構造の横穴式石室の展開をもとにした，比企地域と多摩地域の関係性については異論ないが，先に述べたように6世紀後半から7世紀中頃にかけて有力古墳が分布するのは，比企地域ではなく入間地域である。有力古墳の築造が入間地域より低調な比企地域の方が，周辺地域への横穴式石室の影響力が強いという現象の評価については今後の検討課題となろう。

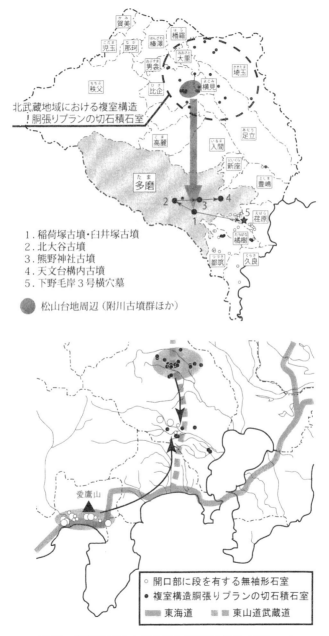

1. 稲荷塚古墳・臼井塚古墳
2. 北大谷古墳
3. 熊野神社古墳
4. 天文台構内古墳
5. 下野毛岸3号横穴墓

● 松山台地周辺（附川古墳群ほか）

○ 開口部に段を有する無袖形石室
● 複室構造胴張りプランの切石積石室
▬ 東海道　▬ ▬ 東山道武蔵道

図66　南武蔵地域における横穴式石室の伝播（草野 2016）

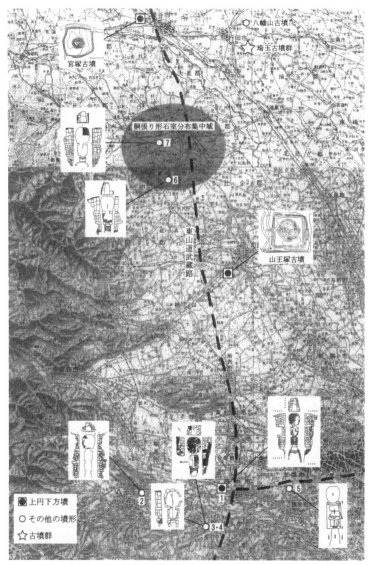

図67　終末期古墳と駅路（小野本 2008）

3. 須恵器からみた人の移動と交通網

(1) 武蔵地域を中心とした物資の運搬にかんする研究

これまでの数多くの研究から，6世紀後半の関東地方では埼玉県鴻巣市生出塚埴輪窯跡産などの埴輪や，横穴式石室に使用する石室石材，石棺石材などの古墳構築資材，有段口縁杯や比企型杯と呼称される土師器などが旧国の領域を越えて，広域に分布することが明らかとなっている（田中1989・1991，糸川1997，松尾1998・2002，太田2002，白井2008など）。このうち，6世紀における古墳構築資材の移動と首長間関係にかんするこれまでの議論については，内山敏行によって整理されているので（内山2012），詳細はそちらを参照されたい（図68）。古墳構築資材や土器以外では，動物遺存体を研究対象として河川を介した交易の存在を明らかにした赤熊浩一の研究がある。赤熊は，熊谷市下田遺跡第80号溝跡の覆土中に形成された7世紀初頭に位置づけられる貝塚に，海に生息する貝類や魚類・イルカなどの動物遺存体が確認できることから，これらの海産物は儀礼や祭祀の際に河川を介した交易によって入手されたものと述べる（赤熊2006）。

上記の研究で扱われた，東京湾岸地域の古墳から出土する生出塚埴輪窯跡産埴輪，千葉県木更津市金鈴塚古墳で用いられた荒川上流域などで産出される緑泥片岩で製作された石棺，埼玉古墳群の将軍山古墳の石室石材として使用された房総半島で産出される房州石などは，一般的に河川を介して運搬されたと考えられている。このため，6世紀においては河川による交通が積極的に評価される傾向にあり，陸路を想定した交通網については先述した横穴式石室の研究以外では少ない。しかし，5世紀から本格的に開始される馬匹生産とそれに伴う移動・輸送手段としての馬，経路としての陸上交通は重視すべきであり（右島2008，諫早2012），武蔵地域における古墳時代の交通路・手段を考えるうえでも重要な視点となろう。ただし，松尾昌彦が明らかにしたように武蔵地域では馬具副葬古墳は隣接する地域に比べ少ない傾向にあることは（松尾2002），注意が必要である。

(2) 須恵器の運搬・製作技術の移動と交通路

古墳時代の交通路を復元する際，これまで須恵器はあまり取り上げられてこなかった。関東地方から出土する5世紀代の須恵器について酒井清治は，

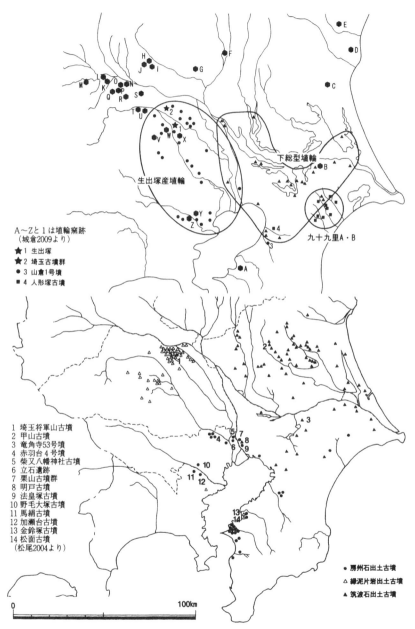

A～Zと1は埴輪窯跡
（城倉2009より）
★ 1 生出塚
★ 2 埼玉古墳群
● 3 山倉1号墳
■ 4 人形塚古墳

生出塚産埴輪

下総型埴輪

九十九里A・B

1 埼玉将軍山古墳
2 甲山古墳
3 竜角寺53号墳
4 赤羽台4号墳
5 柴又八幡神社古墳
6 立石遺跡
7 栗山古墳群
8 明戸古墳
9 法皇塚古墳
10 野毛大塚古墳
11 馬絹古墳
12 加瀬台古墳
13 金鈴塚古墳
14 松面古墳
（松尾2004より）

● 房州石出土古墳
△ 緑泥片岩出土古墳
▲ 筑波石出土古墳

0　　　　　　　　　　100km

図68　埴輪・埴輪窯の分布と古墳使用石材（内山2012）

大部分が近畿地方や東海地方の製品であり，搬入経路は東海道や東山道が想定され，このうち高崎・児玉周辺は東山道ルートで搬入されたと指摘している（酒井1984）。埼玉県内の先行研究としては，大谷徹による寄居町末野窯跡群（以下，末野窯）の供給圏にかんする研究があげられる。大谷は生産地と消費地の位置関係から，末野窯で生産された製品は河川交通や陸上交通によって運搬されたと想定し，6世紀後半に築造された美里町白石古墳群出土の大甕は，山越ルートによって人担や馬によって運搬されたと想定する（大谷2006）。このほか，皆野町大堺3号墳から出土した上野産須恵器についても，陸路による山越ルートで運搬されたものと述べる（大谷前掲）。

　以下では，肉眼観察によって生産地を特定することが可能な消費地出土須恵器のうち，陸上交通路を用いて運搬された可能性が考えらえる事例に着目して検討を行う。

　南比企窯跡群産須恵器　南比企窯跡群（以下，南比企窯）は，埼玉県東松山市や鳩山町を中心に広域に展開するが，古墳時代の窯場は岩殿丘陵東端に築かれていたことが発掘調査で明らかとなっている。南比企窯産須恵器の胎土の特徴は，白色針状物質（海綿骨針化石）を含む点であり肉眼観察でも確認できることから，消費地出土資料においても比較的認識しやすい。

　古墳時代における南比企窯産須恵器の供給圏については，検討課題も多いが注目される事例として，埼玉地域の加須市（旧騎西町）小沼耕地遺跡があげられる。小沼耕地遺跡は，埼玉古墳群の南東約8km，南比企窯からは直線距離で北東約15kmに位置する遺跡である。6世紀後半に築造された第1号墳（前方後円墳・39m）は，すでに墳丘が削平されていたものの周溝が検出されており，周溝覆土中から須恵器杯身・甑・瓶類・中甕・大甕などが出土した。出土した須恵器のすべては，破片の状態であるため第1号墳に伴うものかは断定できないが，大甕片（図69-1・2）の胎土中に白色針状物質が認められるため南比企窯産と考えられる。この須恵器大甕は破片のため時期は特定しにくいが，6世紀に位置づけても問題ない資料である。なお，杯身は胎土中に白色針状物質は認められないものの，胎土の特徴は南比企窯の製品と類似しているため南比企窯産の可能性がある。

　末野窯跡群産須恵器　荒川上流域の左岸を中心に展開する末野窯は，三波川帯を構成する変成岩類が分布する地域に位置している。そのため，末野窯

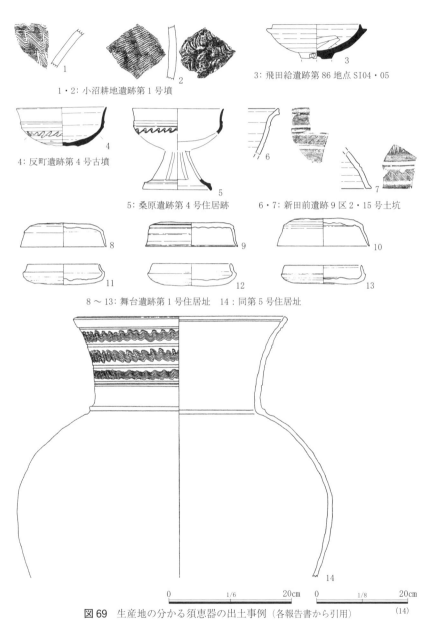

1・2：小沼耕地遺跡第 1 号墳

3：飛田給遺跡第 86 地点 SI04・05

4：反町遺跡第 4 号古墳

5：桑原遺跡第 4 号住居跡

6・7：新田前遺跡 9 区 2・15 号土坑

8〜13：舞台遺跡第 1 号住居址　14：同第 5 号住居址

| 0 | 1/6 | 20cm | 0 | 1/8 | 20cm |

図 69　生産地の分かる須恵器の出土事例（各報告書から引用）

(14)

産須恵器の胎土中には結晶片岩が含まれるのが特徴で，それ以外に大粒の長石の含有が認められる製品もある[註4]。埼玉県内の末野窯産須恵器の供給圏については，先述した大谷徹の研究に詳しいが（大谷前掲），生産地から遠距離に位置した遺跡での出土事例としては，多摩川左岸の立川段丘縁辺に立地する東京都調布市飛田給遺跡第86地点があげられる。

　末野窯産須恵器は，竪穴建物跡であるSI04・05の床面付近から出土した有蓋高杯であり（図69–3），胎土中には，結晶片岩・大粒の長石・角閃石・凝灰岩粒などが含まれている[註5]。この資料は，口唇部は欠損しているが立ち上がりは短く直立気味になると考えられ，脚部も欠損しているものの透かしが三方向に穿たれていることが確認できるため，6世紀末頃（TK209型式期を中心とする時期）に位置づけられる。飛田給遺跡と末野窯は直線距離で約56 km離れており，古墳時代の末野窯産須恵器のなかではもっとも遠方から出土した事例となろう。また飛田給遺跡は，のちに造営される武蔵国府と近距離の位置に立地している点も，運搬経路を考えるうえで注目される。

　藤岡産須恵器　群馬県南西部に位置する藤岡地域では，古墳時代に位置づけられる須恵器窯の発見はないが，胎土中に結晶片岩と白色針状物質の両者を含有するという，藤岡地域で生産された埴輪と胎土の特徴が一致する須恵器が，群馬・埼玉県内から一定量出土していることが確認されている（藤野2019）。このため，これらの胎土の特徴をもつ須恵器を便宜的に藤岡産須恵器と呼称している。5世紀後半から6世紀後半の藤岡産須恵器の供給圏は，時期によって大きく異なる特徴をもつがおもに群馬県南西部の藤岡地域や鏑川流域，埼玉県北西部の児玉地域が恒常的な分布圏であったと捉えられる。

　一方，5世紀後半から6世紀前半においては，荒川以南の東松山市反町遺跡（図69-4）や坂戸市桑原遺跡（図69-5），同市新田前遺跡（図69-6・7）から1個体ずつと出土量は少ないが，藤岡産の無蓋高杯や高杯形器台などが出土しており注目される。また，これらの遺跡と藤岡地域は直線距離で約40 km離れており，当時は近隣の南比企窯においても須恵器生産が行われていたと考えられるため（藤野2019），これらの遺跡から藤岡産須恵器が出土していることは当時の人の往来を考えるうえで重要な事象となる。

　金山丘陵窯跡群産須恵器　太田市金山丘陵窯跡群（以下，金山窯）は，6世紀後半になると活発に須恵器生産を行うようになり，菅ノ沢窯跡群では窯

跡 7 基が発見されるなど，古墳時代の須恵器窯の発見事例が少ない関東地方においては重要な位置を占める。金山窯産須恵器は，胎土に特徴的な鉱物等を含まないため断定することは難しいが，利根川右岸の行田市酒巻古墳群や埼玉古墳群の鉄砲山古墳などからも，大甕をはじめとする金山窯産須恵器の出土が認められる（藤野 2020b・2022）。

須恵器生産技術の移動　以上のような，須恵器の運搬にくわえて，陸上交通路を使用した可能性のある須恵器製作者（集団）の移動についても興味深い事例がある。南比企窯と同じく岩殿丘陵東端に立地する舞台遺跡では，第 1・5 号住居址から 6 世紀後半に位置づけられる焼成不良の須恵器杯蓋・杯身・高杯・提瓶・中甕・大甕などが，土師器とともに床面よりやや上の位置から出土している。南比企窯では，これらの須恵器と同時期の窯は発見されていないものの，出土した須恵器の胎土中には白色針状物質の含有が認められることから，この地域で生産されたことは確実である。

出土した須恵器のうち，口縁部が外へ開く杯蓋（図 69-8～10）・受け部の短い杯身（図 69-11～13）・口縁部と胴部の接合部に補強帯と呼ばれる突帯を有する甕（図 69-14）などは，いわゆる「北関東型須恵器」の特徴であり（酒井 1991，藤野 2019 など），群馬県内で生産された須恵器に技術系譜が求められる。このため，これらの須恵器を生産する際に群馬－南比企窯間において須恵器製作者（集団）の移動があったと考えられる。

須恵器の運搬経路と運搬方法　以上の事例から，須恵器の運搬経路や技術移転にともなう須恵器製作者（集団）の移動経路について検討を試みる（図70）[註6]。小沼耕地遺跡の事例では，南比企窯との位置関係から河川ではなく陸上交通路を主体として運搬したと考えられ，比企・入間地域で出土する藤岡産須恵器についても児玉地域から南下する陸上交通路で運搬された可能性も否定できない。ただし，当時の河川の流路は現在と大きく異なっていたようであり，熊谷市妻沼から蛇行して埼玉古墳群の西側を通り吉見町方面に至る流路が存在していたことが指摘されている（清水 2015 など）。この流路を参考にすると，河川を利用して藤岡産須恵器が運搬された可能性もあるため，やはり運搬経路を特定することは困難である。飛田給遺跡の場合は，末野窯から荒川を介して東京湾に入りそこから多摩川を遡上する経路も想定されるが，先述した横穴式石室での議論を参考にすれば，比企・入間地域を経て南下すると

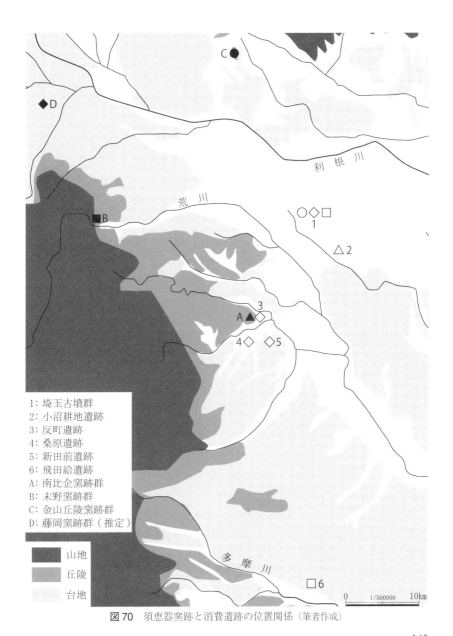

1: 埼玉古墳群
2: 小沼耕地遺跡
3: 反町遺跡
4: 桑原遺跡
5: 新田前遺跡
6: 飛田給遺跡
A: 南比企窯跡群
B: 末野窯跡群
C: 金山丘陵窯跡群
D: 藤岡窯跡群（推定）

山地
丘陵
台地

0　1/500000　10km

図70　須恵器窯跡と消費遺跡の位置関係（筆者作成）

いう陸上交通路が利用されていた可能性も大いに考えられる。また，金山窯から埼玉古墳群方面へは河川を利用した水上交通と陸上交通路を併用して須恵器を運搬していたと想定される。

　なお，南比企窯から小沼耕地遺跡までは，陸上交通路で大甕などが運搬された可能性を指摘したが，大甕の運搬方法には馬や牛などの利用も考えられるほかに，人による運搬も想定できる。木村泰彦は，『伴大納言絵詞』に描かれた籠状の容器の上に大甕を載せ縦横に紐で固定したものを背負う人物や，このような運搬方法が中国の民俗事例でも確認できる点などから，人による大甕の運搬も存在していた可能性を指摘している（木村 2019）。

　このように，あくまで可能性の範疇ではあるが南比企窯−埼玉地域，藤岡窯−比企・入間地域，末野窯−（比企・入間地域）−多摩地域，金山窯−埼玉地域などの地域が陸上交通路で結ばれていたことを須恵器の分布から明らかにすることができた。

　ここまで，陸上交通路を用いた須恵器の運搬の可能性を提示するために出土事例を選択して述べてきたが，もちろん河川を介して運搬されたと判断できる事例も複数認められる。例えば，中川低地や東京低地に位置する埼玉県宮代町道仏遺跡や千葉県流山市加村台遺跡K地点などの集落遺跡では，群馬県内の諸窯で生産されたと考えられる6世紀代の須恵器が比較的多く出土しており，いずれも河川を介して運搬された可能性がある。

　なお，荒井秀規が整理したように，古代の史料には「貨幣・商品などが経済界や市場で移転される」という意味としての「流通」の用語の使用は認められない（荒井 2006）。須恵器が人を介して移動する現象の説明として，「供給」「貢納」「交易」「贈与」「分配」「再分配」「移住に伴う移動」などの言葉を用いることも可能である。モノの移動の説明として，「流通」で括るのではなくその背景を考えなければいけないが，困難なことも多い。

　遠隔地で生産された須恵器が古墳から出土する現象について，喪葬儀礼への参加や関与，被葬者の生前の社会的役割や他集団との接点を示したものと解釈することも可能である（藤野 2020b・2022・2023）。また，飛田給遺跡のように集落から1点のみ遠隔地で生産された須恵器が出土することについては，人の移住に伴う移動や交易の結果とも判断できるが，出土する器種によっても意味が異なる可能性もあり，今後も多面的な検討が必要である。

4. 武蔵地域における古墳時代の陸上交通網

　武蔵国府と東山道駅路を結ぶ東山道武蔵路の敷設は，当然のことながら国家事業であったことは間違いない。ここで検討課題となるのが，（A）東山道武蔵路の前身となるような陸上交通路が存在していたのか，（B）東山道武蔵路はなぜこの経路が選択されたのか，などの点である。

　本稿では先行研究をもとに，有力古墳の分布，横穴式石室の構造的特徴とその分布，生産地が分かる須恵器の分布などの観点から，古墳時代における武蔵地域の陸上交通網について検討を行ってきた。以下では，これまでの検討を整理する。

　有力古墳の分布と交通路　6世紀後半の大型前方後円墳の分布状況からは，陸上交通路を積極的に復元することは困難であったが，7世紀の有力古墳は「埼玉」「入間」「多摩」に集中する傾向が認められた。入間・多摩地域では，のちの東山道武蔵路に近い位置に立地する有力古墳も認められ，3基の上円下方墳の立地も東山道武蔵路の経路との関係性も考えられる（黒済2005，小野本2008）。ただし，古墳の分布だけではこれらの地域間を結ぶ陸上交通路が存在していたと断定することは難しい。

　東毛－埼玉　埼玉古墳群をはじめ，周辺の古墳からも金山窯産須恵器が出土している点から，この地域を結ぶ水上・陸上交通路の存在を想定することができる。また，小林孝秀による横穴式石室の研究から7世紀前半でも，この地域間の結びつきが存在していたことが分かる（小林2014）。

　埼玉－比企　この地域間の交通路の存在は，埼玉地域の小沼耕地遺跡から6世紀代に位置づけられる南比企窯産の須恵器大甕が出土している点から指摘できるが，河川を利用した可能性もあり陸上交通路が存在していたとは断言できない。しかし，7世紀の有力古墳の分布や西吉見古代道路跡の存在を勘案すると，西吉見古代道路跡の前身となるような陸上交通路が存在していた可能性は大いに考えられる。

　比企－多摩　飛田給遺跡から1点ではあるものの，6世紀末頃に位置づけられる末野窯産須恵器が出土していることから，比企・入間地域を経由して南下する陸上交通路の存在が想定できる。また，胴張りをもつ複室構造の横穴式石室の研究から，6世紀後半から7世紀前半頃には比企地域と多摩地域を結ぶ陸上交通路が存在していたと考えられる（草野2006・2016，小野本

2008，小林 2014 など）。

東山道武蔵路との関連性　このように，古墳時代後・終末期の6・7世紀頃には，それぞれの地域を結ぶ交通路が存在していたことは確実視され，それが東山道武蔵路を敷設する際に踏襲された可能性は考えてよい。ただし，東毛地域と多摩地域を直接的に結びつける考古資料や，それらの移動に伴う陸上交通路については，現段階では明らかにすることができない。そのため，この時期に存在していたそれぞれの地域間を結ぶ交通網を結合したのが東山道武蔵路であったと評価することも可能である。東山道武蔵路の敷設は国家政策であったが，その経路については新規に開拓されたものではなく，既存の地域間交通網を利用している点が特徴であり，経路の選択についても地域に委ねられていた可能性がある。なお，比企地域と埼玉地域のつながりは確認できるが，のちの東山道武蔵路の経路となる熊谷市妻沼周辺地域とのつながりは今回の検討からは明らかにし得なかったため，さらなる検討が必要である。

おわりに

　古墳時代には，陸上交通路と水上交通路が存在していたことが考古資料の研究から明らかとなっているものの，遺構として道路が検出されることは少ない。また，関東平野の場合は山間部と比べて，地形的な特徴により陸上交通路を復元することは困難である。今回，武蔵地域の陸上交通網について考古資料を用いて復元する試みを行ったが，当時の人びとの移動経路について復元するのは難しい。東山道武蔵路の経路については，交通の利便性や交通機能の維持を目的として低地を避けた台地志向という要因，幅約12mの直線道路を敷設するという条件などについても，経路の選択としては重要であったと考えられる。

　モノは人を介して移動する。そのような視点をもとに，今後も古墳時代の陸上交通網について多面的に検討する必要がある。

〔註〕
1）武蔵地域の地形は，おおむね東・北側が低地，西側に台地・丘陵・山地が位置しており，荒川や利根川は北から南に流れ，多摩川のほか荒川にそそぐ入間川水系の河川は西から東へ流れるという特徴をもつ。
2）古墳時代の時期区分や暦年代については，さまざまな意見がある。本稿では，古墳時代

中期を4世紀末頃から5世紀，後期をおおむね6世紀から7世紀初頭，終末期（飛鳥時代）を7世紀前半から末とし，本書の読者層を鑑みて，あえて暦年代で記述する。

3) 『万葉集』3378番には，「入間道」とあることから東山道「入間道」という名称で呼称する考えもある（宮瀧2002など）。

4) 末野窯産須恵器のうち，奈良・平安時代の製品には結晶片岩を含む製品が多いが，古墳時代の製品には結晶片岩の含有が認められないものも多く，注意が必要である。

5) これらの含有物のほか，ごくわずかに白色針状物質のような針状物質が確認できるため，後述する藤岡産須恵器の可能性もあるが，藤岡産須恵器にはほとんど有蓋高坏が認められないという特徴があるため，現段階では末野窯産須恵器と判断している。

6) なお，須恵器が生産地から消費地まで人を介して移動する過程のなかで，別の場所や人を経由することも大いに考えられるが，考古学の観点から明らかにすることは今回の事例では難しい。そのため，生産地もしくはその周辺から消費地もしくはその周辺まで直接的に人とともに移動したと仮定する。

〔文献〕

青木　敬2009「多摩地域における7世紀の古墳－書評・小野本敦「流通路から見た武蔵の後・終末期古墳」－」『東京考古』27　pp.77-88　東京考古談話会
赤熊浩一2006「古墳時代の河川交易－下田町遺跡へ貝を運んだ道－」『研究紀要』第21号pp.91-108　財団法人埼玉県埋蔵文化財調査事業団
秋元陽光2005「栃木県における前方後円墳以降と古墳の終末」『前方後円墳以後と古墳の終末』pp.81-100　第10回東北・関東前方後円墳研究会大会実行委員会
荒井健治2015「多摩川中流域の沖積地開発と河川利用」『日本古代の運河と水上交通』pp.325-343　八木書店
荒井秀規2006「文献から見た土器の流通－商品としての須恵器－」『古代武蔵国の須恵器流通と地域社会』埼玉考古別冊9　pp.125-134　埼玉考古学会
池上　悟2010「東京都」『前方後円墳の終焉』pp.166-181　雄山閣
池淵俊一2018「プレ出雲国の成立－東西出雲の統合－」『古墳は語る　古代出雲誕生』pp.97-100　島根県立古代出雲歴史博物館
諫早直人2012「馬匹生産の開始と交通網の再編」『内外の交流と時代の潮流』古墳時代の考古学7　pp.170-182　同成社
糸川道行1997「房総の有段口縁坏・比企型坏」『古代』第104号pp.92-115　早稲田大学考古学会
市　大樹2016「律令制下の交通制度」『日本古代の交通・流通・情報』pp.2-30　吉川弘文館
井上尚明1993「北武蔵の古代交通路について－集落を結ぶ道・主要生活道の復元」『研究紀要』第10号pp.259-276　財団法人埼玉県埋蔵文化財調査事業団
井上尚明2007「さきたまの津を探る」『埼玉県立史跡の博物館紀要』創刊号　pp.31-42
岩崎卓也1984「後期古墳の築かれるころ」『土曜考古』第9号pp.1-16　土曜考古学研究会
内山敏行2012「関東」『古墳時代研究の現状と課題　上』pp.205-226　同成社
江口　桂2004「武蔵国」『日本古代道路事典』pp.95-105　八木書店
江口　桂2005「前方後円墳以後と古墳の終末－東京都－」『前方後円墳以後と古墳の終末』pp.137-154　第10回東北・関東前方後円墳研究会大会実行委員会
江口　桂2014『古代武蔵国府の成立と展開』同成社
大田区教育委員会1993『大田区の文化財』第29集

太田博之 2002「埴輪の生産と流通−生出塚埴輪窯製品の広域流通をめぐって−」『季刊考古学』第 79 号 pp.41–45　雄山閣

太田博之 2010「埼玉県」『前方後円墳の終焉』pp.120–137　雄山閣

大谷　徹 2006「古墳時代における末野窯跡群の生産と流通」『埼玉の考古学Ⅱ』pp.405–420　六一書房

小野本敦 2008「流通路から見た武蔵の後・終末期古墳」『東京考古』26　pp.15–26　東京考古談話会

柏木善治 2015「相模・南武蔵地域の古墳編年」『地域編年から考える−部分から全体へ−』pp.3–23　東北・関東前方後円墳研究会第 20 回大会実行委員会

加部二生 2010「群馬県」『前方後円墳の終焉』pp.98–115　雄山閣

川越市立博物館 2015『第 41 回企画展　古代入間郡の役所と道』

岸本道昭 2013「7 世紀の地域社会と領域支配−播磨国揖保郡の古墳と寺院, 郡里の成立−」『国立歴史民俗博物館研究報告』第 179 集 pp.73–112　国立歴史民俗博物館

木下　良 1990「上野・下野両国と武蔵国における古代東山道駅伝路の再検討」『栃木史学』第 4 号 pp.1–42　國學院大學栃木短期大學史学会

木下　良 1995「打越山道路遺構の起源を武蔵・相模間の古代駅路に考えて」『打越山遺跡』多摩市埋蔵文化財調査報告 28　pp.33–39　多摩市遺跡調査会

木本雅康 1992「宝亀 2 年以前の東山道武蔵路について」『古代交通研究』創刊号 pp.1–49　古代交通研究会

木本雅康 2015「その後の東山道武蔵路」『第 41 回企画展　古代入間郡の役所と道』pp.79–85　川越市立博物館

木村泰彦 2019「長岡京の甕据付建物について」『官衙・集落と大甕』第 22 回古代官衙・集落研究会報告書 pp.107–121　クバプロ

草野潤平 2006「複室構造胴張り形切石石室の動態−武蔵府中熊野神社古墳の位置付けをめぐって−」『東京考古』24　pp.55–73　東京考古談話会

草野潤平 2016『東国古墳の終焉と横穴式石室』雄山閣

黒済和彦 2005「埼玉県における前方後円墳以後と古墳の終末」『前方後円墳以後と古墳の終末』pp.117–136　第 10 回東北・関東前方後円墳研究会大会実行委員会

黒済玉恵 2022「古代武蔵国多磨・入間郡の境界領域と開発」『律令国家の理念と実像』pp.321–355　八木書店

小林孝秀 2014『横穴式石室と東国社会の原像』雄山閣

小林行雄 1957「初期大和政権の勢力圏」『史林』第 40 巻第 4 号 pp.1–25　史学研究会

埼玉県教育委員会 1974『田木山・弁天山・舞台・宿ヶ谷戸・附川』埼玉県遺跡発掘調査報告書第 5 集

財団法人埼玉県埋蔵文化財調査事業団 1991『小沼耕地遺跡』埼玉県埋蔵文化財調査事業団報告書第 100 集

財団法人埼玉県埋蔵文化財調査事業団 1992『桑原遺跡』埼玉県埋蔵文化財調査事業団報告書第 121 集

財団法人埼玉県埋蔵文化財調査事業団 2012『反町遺跡Ⅲ』埼玉県埋蔵文化財調査事業団報告書第 393 集

酒井清治 1984「関東地方」『日本陶磁の源流』pp.33–47　柏書房

酒井清治 1991「須恵器の編年　関東」『古墳時代の研究』6　pp.207–216　雄山閣

酒井清治 1993「武蔵国内の東山道について−特に古代遺跡との関連から−」『国立歴史民俗博物館研究報告』第 50 集 pp.165–193　国立歴史民俗博物館

坂戸市教育委員会 2013『中原遺跡 3・4 区／大穴遺跡 4 区／新田前遺跡 9 区』

清水康守 2015「地理と古環境」『熊谷市史 資料編 1 考古』pp.3–18　熊谷市

志村　哲 2015「群馬県の古墳編年」『地域編年から考える－部分から全体へ－』pp.75–93　東北・関東前方後円墳研究会第 20 回大会実行委員会

白井久美子 2008「古墳文化に見る古代東国の原像」『古墳時代の実像』pp.158–213　吉川弘文館

白石太一郎 1991「常陸の後期・終末期古墳と風土記建評記事」『国立歴史民俗博物館研究報告』第 35 集 pp.131–159　国立歴史民俗博物館

鈴木一有 2007「東海の横穴式石室における分布と伝播」『研究集会近畿の横穴式石室』pp.269–280　横穴式石室研究会

鈴木一有 2019「東海地方における古墳時代後期の地域社会」『賤機山古墳と東国首長』季刊考古学別冊 30　pp.79–93　雄山閣

関　義則 2015「北武蔵地域の古墳編年」『地域編年から考える－部分から全体へ－』pp.25–42　東北・関東前方後円墳研究会第 20 回大会実行委員会

田中広明 1989「緑泥片岩を運んだ道－変容する在地首長層と労働力差発圏－」『土曜考古』第 14 号 pp.83–112　土曜考古学会

田中広明 1991「古墳時代後期の土師器生産と集落への供給－有段口縁坏の展開と在地社会の動態－」『埼玉考古学論集』pp.635–665　財団法人埼玉県埋蔵文化財調査事業団

田中広明 2004「それからのさきたま」『幸魂』pp.185–203　北武蔵古代文化研究会

田中　裕 2010「千葉県」『前方後円墳の終焉』pp.142–159　雄山閣

調布市教育委員会・調布市遺跡調査会　2003『調布市の遺跡調査－第 4 集－』調布市埋蔵文化財調査報告 65

富元久美子 2005「まとめ」『八幡前・若宮遺跡（第 1 次調査）』川越市遺跡調査会調査報告書第 31 集 pp.181–220　川越市教育委員会・川越市遺跡調査会

永井智教 2011「埼玉県内の古代道路跡－特に県北部の様相について－」『山国の古代交通』古代交通研究第 16 回大会資料 pp.21–30　古代交通研究会

中村太一 1996『日本古代国家と計画道路』吉川弘文館

中村太一 2000『日本の古代道路を探す』平凡社

中村享史 2015「栃木県域の古墳編年」『地域編年から考える－部分から全体へ－』pp.107–117　東北・関東前方後円墳研究会第 20 回大会実行委員会

新納　泉 2005「経済モデルからみた前方後円墳の分布」『考古学研究』第 52 巻第 1 号 pp.34–53　考古学研究会

根本　靖 2002「東山道武蔵路と交通施設」『坂東の古代官衙と人々の交流』埼玉考古別冊 6 pp.22–29　埼玉考古学会

野田憲一郎 2015「武蔵国府における東山道武蔵路について」『シンポジウム・国分寺市東山道遺跡発掘 20 周年　東山道武蔵路調査の最前線－多摩郡から入間郡まで－』pp.20–27　国分寺・名水と歴史的景観を守る会

菱田哲郎 2019「考古学からみた 6,7 世紀の王権と地域社会」『賤機山古墳と東国首長』季刊考古学別冊 30　pp.102–109　雄山閣

菱田哲郎 2020「大型横穴式石室と交通」『横穴式石室の研究』pp.431–443　同成社

日高　慎 2010「茨城県玉里古墳群にみる古墳時代後期首長墓系列」『考古学は何を語れるか』pp.263–274　同志社大学考古学シリーズ刊行会

日高　慎 2019「古墳時代の輸送手段にみる交流の諸相」『月刊考古学ジャーナル』731 pp.3–4　ニューサイエンス社

広瀬和雄 2012「多摩川流域の後・終末期古墳」『国立歴史民俗博物館研究報告』第 170 集 pp19–65　国立歴史民俗博物館

広瀬和雄 2013「終末期古墳の歴史的意義」『国立歴史民俗博物館研究報告』第 179 集 pp.11–71　国立歴史民俗博物館

藤野一之 2009「北関東型須恵器の成立と展開」『群馬・金山丘陵窯跡群Ⅱ』pp.262–281　駒澤大学考古学研究室

藤野一之 2015「坂戸市における東山道武蔵路の発掘調査」『シンポジウム・国分寺市東山道遺跡発掘 20 周年　東山道武蔵路調査の最前線－多摩郡から入間郡まで－』pp.40–45　国分寺・名水と歴史的景観を守る会

藤野一之 2019『古墳時代の須恵器と地域社会』六一書房

藤野一之 2020a「入間地域北部の古墳築造動向と山王塚古墳」『川越市立博物館紀要』第 2 号 pp.85–94　川越市立博物館

藤野一之 2020b「鉄砲山古墳の葬送儀礼と須恵器」『鉄砲山古墳を掘る』pp.23–28　埼玉県立さきたま史跡の博物館

藤野一之 2022「古墳出土須恵器の生産地とその意味」『人・墓・社会』pp.51–56　雄山閣

藤野一之 2023「関東地方における後期前方後円墳の土器配置」『駒澤考古』第 48 号 pp.85–102　駒澤大学考古学研究室

古間果那子 2022「南武蔵における横穴式石室からみた人と情報の移動」『駿台史学』第 175 号 pp.89–121　駿台史学会

松尾昌彦 1998「千葉県松戸市栗山古墳群の提起する問題－古墳時代後期の地域間交流をめぐって－」『専修考古学』第 7 号 pp.67–77　専修大学考古学会

松尾昌彦 2002『古墳時代東国政治史論』雄山閣

右島和夫 2008「古墳時代における畿内と東国－5 世紀後半における古東山道ルートの成立とその背景－」『研究紀要』第 13 集 pp.27–56　財団法人由良大和古代文化研究協会

宮瀧交二 2002「埼玉県における郡家研究の現状と課題」『坂東の古代官衙と人々の交流』pp.1–6　埼玉考古学会

山田俊輔 2022「関東の後期大型前方後円墳について」『考古学論攷Ⅲ』pp.335–346　千葉大学考古学研究室

湯瀬禎彦 2014「東山道武蔵路を地形環境から探る－狭山丘陵南部から多摩丘陵北部を対象に－」『東京考古』32　pp.1–26　東京考古談話会

弓　明義 2008「西吉見条里遺跡の古代道路跡とその周辺」『アヅマの国の道路と景観』古代交通研究会第 14 回大会資料集 pp.1–9　古代交通研究会

横澤真一 2005「群馬県における前方後円墳の消滅と古墳の終末」『前方後円墳以後と古墳の終末』pp.101–116　第 10 回東北・関東前方後円墳研究会大会実行委員会

（藤野一之）

Ⅲ．道具を用いた交通・流通

6 修羅による流通

はじめに

「修羅」という名称が運搬具のことを指すとされたのは，室町時代の末期，天文元年（1532）に編纂された『塵添壒嚢抄』という，現在で言うところの百科事典の記載による。古代インドの神話が仏教に取り入れられ，帝釈天に戦いを挑んだ阿修羅についての仏典故事をもとにした呼称である。すなわち大石＝帝釈天を動かすことができるのは，戦いを挑んだ阿修羅であるとする。『塵添壒嚢抄』には修羅の解説として「石引物」のことであること，前述の故事が記されている（黒田 1999）。

「修羅」については，このほかにも中世から近世のさまざまな記述の中で，運搬具において「修羅」という呼称が用いられている。ただし，中・近世の絵画資料に見ることができる「修羅」と言う名称は，運搬に関わるさまざまな構造のものに使用されている。弘化2年（1845）の『木曽式伐木運材図絵』には，材木を上流から下流へ流すための滑り台構造による材木の運搬を，「シュラ」と呼称している。

有史以来，日本列島のみならず世界中の，各時代のさまざまな場面において，石材などの重量物を運搬する場面があったことは想像に難くない。エジプトのピラミットやオベリスク，メソポタミアの宮殿，イギリスのストーンヘンジ，メキシコのテオティワカンの太陽のピラミッドやチチェン・イッツァのカスティーリョなど世界中に巨大な石材を用いた構造物が知られている。メソポタミアのニネヴェのセンナケリブ王の宮殿から出土したレリーフには巨大な「雄牛巨像運搬レリーフ」に大勢の人々が巨大な石像をソリに乗せて運ぶ様子が描かれている。

日本列島でも，本稿のテーマである古墳の造営に伴う石棺，石室構築材，古代以降の寺院建築における心礎をはじめとする基礎構造，近世城郭の石垣の石材など，さまざまな重量物が運搬されたことが知られている。

本書は，「古墳時代の交通と流通」について，さまざまな輸送手段における交流の諸相を取り上げている。本稿では，古墳時代の物資の運搬・流通について，「修羅」の出土事例や道路遺構などを通して考えて行きたい。

1. 古墳時代の「修羅」出現

　大阪府藤井寺市にある仲津山古墳〔仲津姫陵古墳〕の南約50mにある段丘面を一段降りたところに位置する三ツ塚と呼ばれた東西方向に並んだ3基の方墳がある。国府台地と呼ばれる洪積段丘の東側の段丘崖には，古市古墳群に埴輪を供給した土師ノ里窯跡が並んでいるが，その南側の助太山古墳・八島塚古墳・中山塚古墳と呼称される方墳がある。この3基の古墳のうち，八島塚古墳と中山塚古墳は周濠を共有した大きな濠の中に並んで造営されたことが調査から明らかである。このうちの八島塚古墳と中山塚古墳の間部分の昭和53年（1978）の発掘調査において，大小の修羅とされる木製品が2点，テコ棒と呼称される長い棒1本が寄り添うように出土した（高島1999；図71）。

(1) 出土状況（図72，図73）

　修羅は，両古墳間の濠底にさらに掘り込まれた，東西規模は不明ながら南北10.9m，深さ0.6〜1.0m規模の大型土坑から出土している。出土状況は，南北方向に大修羅が，それに寄り添うようにテコ棒が出土している。二股に分かれた脚部先端（尾部）には，それと直交〔東西方向〕するように小修羅の一部が重なった状態で置かれていた。周濠埋土は，最下層が暗褐色から安茶褐色の粘質の腐植土層で，濠底に掘り込まれた土坑埋土は，濠底部分直上

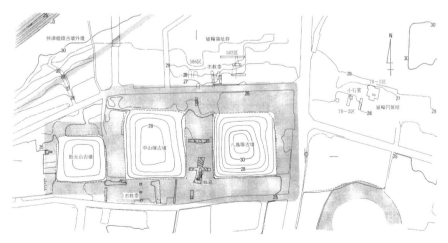

図71　藤井寺市三ツ塚古墳と周濠，修羅出土位置（高島1999）

図 72　修羅の出土状況（画像：大阪府教育委員会提供）

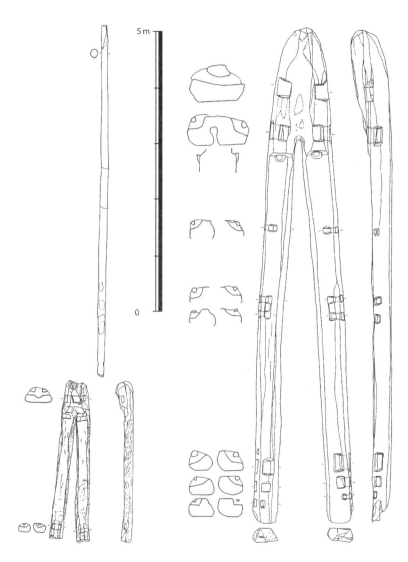

5m

0

図73 大修羅・小修羅・テコ棒実測図（大阪府立近つ飛鳥博物館 1999）

に堆積したこの腐植土層と同一層とされ，濠掘削後及び土坑掘削後の堆積環境の中で最初期に堆積したものである。こうしたことから，修羅やテコ棒は古墳の濠掘削後の早い時期に据えられたものと考えられている。

(2) 大修羅（図73右側）

大修羅は，堅い材木として施設財や器具材に用いられるアカガシ亜属の二股に分かれた一木の部材が用いられている。全長8.75m，最大幅1.85m，厚さ0.65mを測り，総重量は3t以上とされている。脚部内側に表皮を残す以外はきわめて丁寧に平滑に加工されている。形状は，船の舳先のように反りあがった頭部から，二股の脚部の上面は平坦に加工されている。

頭部には横に貫通する穴が，脚部には上面から側面外側に貫通する穴が3ヶ所にまとまって穿たれ，左右に貫通する穴と左右1対の上面から側面外側に抜ける穴が穿たれている。頭部から脚部への変化は，段を削り出して脚部上面を平坦に加工している。段の下面は脚部平坦面を深さ5cmほど半円形に掘り込んでいる。半円形に掘り込んだ脚部の穴は，頭部と脚部を区画する段を基準に1つ目の穴までが約1.2m，1つ目と2つ目の中央部の穴までが1.2m，2つ目と3つ目の尾部の穴までが2.4mと規則的に配置されている。各部位の穴数は，1つ目左右各1，2つ目左右各2，3つ目左右各3と規則的に増加している。頭部の左右に貫通する穴は，先端部側にカーブする形状を呈しており側面には強い擦れ跡が残る。先端方向への強い牽引による擦れと推定されている。

(3) 小修羅（図73左下）

小修羅は，同様に二股に分かれたコナラ属クヌギの一木造りで，全長2.82m，最大幅0.73m，厚さ0.26mを測る。全体の形状は大修羅と似たものであるが，全体的に造りが粗く，簡素なものである。頭部には，上面と左右両面に貫通した穴が穿たれている。脚部末端には中央部をブリッジ状に残し左右に貫通した穴が両脚に穿たれている。

(4) テコ棒（図73左上）

テコ棒は，大修羅同様にアカガシ亜属の木材で，一端が向かい合うようにマイナスドライバーのように平らなくさび状に加工されている。長さ6.24m，直径0.2m弱の長い棒状のものである。先端部以外には目立った加工痕

跡はなく，樹皮がそのまま残った状態である。テコの原理を利用して運搬の
補助的な役割を果たす道具と考えられている。

(5) 修羅の年代

修羅が出土した八島塚古墳と中山塚古墳，助太山古墳の三ツ塚は，古市古
墳群が築かれている国府台地の土師ノ里駅南側の仲津山古墳の南側 50 m の
段丘面を降りたところにある。先述のように，この三ツ塚北側の段丘崖には，
古墳時代中期から後期の埴輪窯が確認されている。また，現在東側には道明
寺と道明寺天満宮が所在しているが，ここから南側には 7 世紀中頃から後半

図74　三ツ塚古墳出土の円筒埴輪（画像：大阪府立近つ飛鳥博物館）

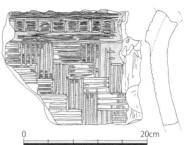

図75　三ツ塚古墳出土家形埴輪片（写真提供：大阪府立近つ飛鳥博物館）

と考えられる土師寺が発掘調査で確認されている。これに関して，道明寺天満宮の入口の石段から80ｍほど南に行った場所に土師寺の塔の礎石と考えられる大石が置かれている。なかでも最も大きな石は塔の心礎とされ直径0.9ｍ，深さ0.1ｍの円形の彫り込みがある大石がみられる。

　修羅が出土した三ツ塚古墳については，八島塚古墳と中山塚古墳の墳丘部分が，宮内庁によって墳丘部分は仲姫陵（仲姫陵古墳）の陪冢として「仲姫皇后陵ろ号陪冢（八島塚）」及び「仲姫皇后陵い号陪冢（中山塚）」として管理されている。修羅が出土した周濠部分は，管理外の民間の所有である。また助太山古墳は，国指定されている。こうしたことから，三ツ塚古墳については現段階では調査の可能性は低く，修羅の出土状況を巡る考古学的な進展はあまり期待できない状況である。こうした複雑な歴史的環境のなかではあるが，修羅年代については，いくつかの説が出されている。

　ひとつは，調査担当者の高島徹氏〔大阪府教育委員会（当時）〕の見解で，修羅は調査所見から濠掘削後早い時期に埋められた可能性が高いこと，その配置から意図的にこの位置に置かれていることなどが指摘されている。周濠の主要堆積物である修羅の上層の腐植土層との関係から，周濠掘削当初からあまり時間を置かない時期に修羅が格納されたとの考えを示している。そのうえで，腐植土層の下層に北側の埴輪窯の灰原末端部と考えられる灰層が流れ込んでいる。この灰層出土の埴輪が5世紀中葉と考えられることが指摘され，修羅を5世紀の中頃から後半の所産とする見解が示されている（高島1999：図74，図75）。

　このほか7世紀代という意見もある。具体的には，三ツ塚古墳の築造時期

を，助太山古墳墳頂部に露出していた石材を横口式石槨の関連石材と考える見解である（田代1992）。くわえて，3基の古墳が，仲津山古墳の主軸とは関係性がなく，ほぼ東西南北に軸を持つ方墳と考えられることから，古墳時代終末期の古墳ではないかという判断である。この場合，修羅の年代は終末期古墳の造営された7世紀代ということになる。

古市古墳群では，誉田御廟山古墳西側の東山古墳と野中アリ山古墳が周濠を共有して造営されていることが知られている。近年の調査ではアリ山古墳と共有する東山古墳北側の周濠から両古墳をつなぐ陸橋とピット列が検出されている。陸橋斜面には礫が葺かれその下部に破砕した埴輪片が埋められ，陸橋西側は4個の径28cmのピット列が並ぶ。三ツ塚古墳周濠を共有する状況については，この東山古墳とアリ山古墳のあり方との関わりが指摘されてきた。しかし，3古墳のこうした例は知られていないほか，助太山古墳は他の2古墳と比べて墳丘規模の小さく，やや違和感がある。また，周濠の共有についても他の2古墳間とは違い調査が行われていない。考古学的な事実関係が十分とは言えない状況である。

このほか，修羅を覆う腐植土層からは，埴輪片や8世紀の土師器坏などが出土している。しかし，濠埋土の腐植土層中からの遺物ということで，修羅とともに埋められたものではないようである。

5世紀説，7世紀説ともに確たる十分な証拠を提示するには至らないことが分かっていただけたのではないだろうか（森本2015，廣瀬2019等）。

2. 修羅出土事例

考古学では，ひとつの発見を契機として同様な遺物や遺構が広く認識され続々と見つかることが知られている。しかしながら，こと修羅については現在までほとんど確認されていないのが実情である。今回，7例を図示した。

1は，福島県須賀川市の長沼南古館遺跡出土の修羅である（図76-1）。遺跡は，江花川北岸の段丘上に築かれた中世城郭である。発掘調査により方形主郭，濠，曲輪などと，木橋，建物跡，井戸跡が確認され，修羅のほか，呪符，木器，陶磁器，刀・鉄鏃・銭貨などが見つかっている。修羅は，長さ1.6m，最大幅0.65mを測るクリ製のものである（長沼町教育委員会1988）。

2は，最近になって見つかった千葉県木更津市松面古墳出土の修羅の一部

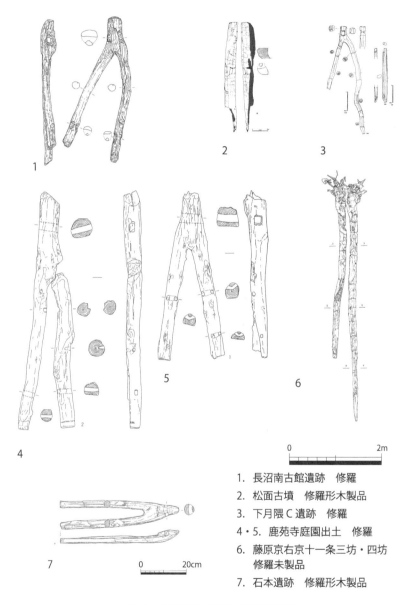

0   2m

1．長沼南古館遺跡　修羅
2．松面古墳　修羅形木製品
3．下月隈Ｃ遺跡　修羅
4・5．鹿苑寺庭園出土　修羅
6．藤原京右京十一条三坊・四坊
　修羅未製品
7．石本遺跡　修羅形木製品

0   20cm

図76　出土修羅実測図と修羅形模造品

と考えられている部材である（図76-2）。残存長1.39 m，横幅0.18 m，厚さ0.14 mの椋木製の木製品である。上下両面が平坦で側面は木の皮を削った程度の加工である。部材の中程に平坦な面から側面に貫通した貫穴が作られている。上下の平坦面のうち貫通穴のない面は器面が荒れていることから，摩擦を受けているとされる。時期的には，古墳時代の遺物と判断され，修羅の可能性が指摘されている（木更津市教育委員会2016）。

3．福岡県福岡市博多区の下月隈C遺跡の第6次調査で出土した修羅で，二又のユズリハの自然木を利用したもので，頭部の上下方向に方形に穿孔されている（図76-3）。現存長2.25 m，現存最大幅2.0 m程度のものである。第2面の古代（8〜9世紀）の河川流路跡から出土したものである（福岡市教育委員会2005）。

4・5は，京都府京都市の特別名勝 鹿苑寺金閣の庭園から出土した大小2つの修羅である（図76-4・5）。4の修羅2は長さ4.7 m・脚部の幅1.3 m・高さが0.2 mから0.35 mを測る。ケヤキ製である。頭部に横方向の方形の15 cm穴を穿っている。また，脚部にも左1箇所，右2箇所上面からU字状に方形の孔を穿っている。5の修羅2は長さ3.5 m・脚部の幅1.4 m・高さは脚部で0.32 m・頭部で0.45 mを測る。クリ製である。4同様に，頭部に横方向の方形の穴を穿ち，脚部には左右両方に1箇所ずつ横方向の方形孔が穿たれている。15世紀の所産と考えられる（財団法人京都市埋蔵文化財研究所1997）。

このほか奈良県橿原市藤原京右京十一条三坊・四坊河川跡から中世の修羅の未製品が出土したことが知られている（図76-6）。長さ4.4 m，幅0.4 m，厚さ0.1 mのアカガシ亜属の木製品である。樹皮を剥がして，表面を削るなどの加工痕跡があるようである（奈良県立橿原考古学研究所1993）。

6は，京都府福知山市の石本遺跡から出土した修羅形木製品で，長さ0.52 mを測るミニチュア製品である（図76-7）。丁寧に作られたもので，頭部に横方向に貫通する穴が穿たれている。非常に丁寧に作られている。古墳時代中期から後期のものと考えられている（財団法人京都府埋蔵文化財調査研究センター1987）。

現状では，修羅自体の検出例も少ない。古墳時代に属するのは，石本遺跡の修羅形木製品を除くと松面古墳出土のものが唯一である。この中では，三

ツ塚古墳出土の修羅が如何に丁寧な加工が施されているかが明らかで，その性格などを考える上でも重要であろう。

3．修羅をめぐる諸問題

（1）修羅の使用方法及び各部の機能について

　修羅の使用方法及び各部の機能については，いくつかの検討が行われている。ひとつは，石棺の復元・運搬実験に伴う木村浩徳・藤本貴仁両氏の製作にあたっての検討である（石棺文化研究会 2007）。これまで，頭部の穴については，穴に綱をかけて前方から牽引するためのもの，脚部の穴については同様に牽引のためと共に運搬物を固定するためのものと推測されてきた。この検討では，製作やその後の修羅曳き実験なども加味して，各部の機能などについても記述されている。こうした中では，頭部の側面に前進用であると共に方向転換用の穴として指摘されている。先述の三ツ塚古墳出土の大修羅の頭部と脚部の境にある段については，脚部の積荷が前方へのずれを防ぐためのストッパーの役割を果たすと共に，半円形に掘り込まれた部分は，運搬物を移動，降ろす時のテコ棒の差し込みではないかと指摘している。また，同様に脚部端の穿孔についても，6箇所と数量的に多いが，これは積荷の固定，牽引，方向転換，ブレーキなどの複数の機能があることが指摘されている。また，頭部と脚部末端が反り上がっていることについては，運搬の際の摩擦を緩和して少なくするためと指摘しているほか，脚部末端が斜めにカットされていることについては，「築城図屏風」にみられるように，テコ棒をその部位に差し込んで前進を補助するためと指摘している。確かに，駿府城の「築城図屏風」では，コロを差し込む様子とともに末端部に棒を差し込んでいる様子が描かれている（図77）。

（2）修羅曳き体験と修羅の操作

　筆者が勤めた大阪府立近つ飛鳥博物館では，小学生の古墳時代体験で長さ3ｍ程度の一木造りの修羅を用いていた。修羅には頭部に横方向に貫通する穴が穿たれており，ここに牽引のためのロープを2本結んでいる。一方で，脚部には，両側にそれぞれ貫通する穴が穿たれているが，これら2つの穴を一つのロープで通して結んでいる。最初に修羅の説明と共に試しに力自慢の

図77　築城図屏風（部分）

子1人で修羅を引いてみるが，なかなか動かない。次に2人で引いてみる場合によっては動くがかなり難しい。最後にコロを用いてみると，1人の児童でも簡単に動かすことができる。その後，体験用修羅に一部の子供達に積荷の代わりに乗ってもらって，クラスのみんなで修羅を引く。しかし，コロを用いるとあまりに転がりがよく危険なため，コロを用いずに修羅曳き体験を行っている。摩擦も多く動きのゆっくりとした体験となっている。実際の修羅曳き体験では，道に沿って曲がる場合，頭部の牽引による方向転換動作以上に脚部先端部における方向転換動作，具体的には左右への横方向の牽引などが方向転換に大きく影響することを実感として持っている。また，当然のことながら，上り坂を牽引する場合に比べて，下り坂などではスピードが早くなる。児童達には，頭部のロープを持つ子供達は牽引の役割，脚部ロープを持つ児童達には，舵取りの役割とともに，スピード調整の役割があることなども話している。積荷の安全性の観点からも，牽引とブレーキ，方向転換などの力加減のバランスが重要であることがわかる。

(3) 地元で行われた復原修羅の人力牽引実験（図78）

　修羅出土の興奮が冷めやらぬ昭和53年に朝日新聞社が中心になって藤井寺市の大和川と石川の合流付近の河原で復原修羅の牽引実験が行われている（朝日新聞社1979）。修羅は、「オキナワウラジロガシ」の巨木2本を使って有名な宮大工西岡常一氏に依頼して復元したものである。この実験に至る過程では、機械による牽引実験も行われ、摩擦についての物理科学的な検討も行われた（図79-1・2）。実験では、復原修羅に14tの生駒石を積載して、中学生を含む多くの市民の方々や自衛隊員などが協力して実験を行っている。実験では、コロ等を用いず、引き手の人数を200人・300人と引き手の人数を変えたり、曳き綱の本数を変えたり、後方からのテコ棒による補助を加えるなどしながら、地面を地曳きしている。地曳きでは、掛け声と共に1分曳いて数mという程度の移動であった。次に、地面に雑木の丸太をレー

図78　昭和53年に行われた修羅引き実験（画像：朝日新聞社提供）

（3）復元「修羅」人力牽引実験結果

実験日時　　昭和53年9月3日
実験場所　　藤井寺市の大和川・石川合流点河原
ま と め　　大阪経済法科大学講師　瀬川芳則

〔地曳き〕

①曳き綱4本，曳き手200人。（14トンの生駒石を積載。以下同じ）

　30秒後，曳き綱1本が切れる。「修羅」動かず。曳き綱交換して約1分間。掛け声「エーシャ」の一声ごとに約5cm動く。

②曳き綱5本，曳き手300人。

　追加した曳き綱1本が切れる。後部よりテコ棒5本（5人）を加える。1分間に約2.20m動く。

③曳き綱12本，曳き手300人（自衛隊員100人と一般200人），テコ棒4本（4人）。

　15回の掛け声（約1分間）で3.32m動く。ホゾ穴の削り角と曳き綱の接触点では曳き綱に損傷あり。

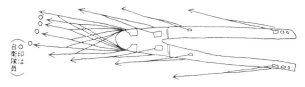

〔木馬道〕

①曳き綱12本と左側方向転換曳き綱1本，曳き手380人＋左側方向転換曳き手20人，後方よりテコ棒4本。

　掛け声2回で2m動く。

②前方曳き手360人，かじ取り用として左側方向曳き手40人とし，「修羅」を木馬道の上にまっすぐ載せる。

　かけ声1回ごとに0.8〜1.4m動く。

（次ページに続く）

図79-1　復元「修羅」人力牽引実験結果のまとめ（1）（朝日新聞社 1979）

（前ページより）

③曳き手400人とする。

　掛け声1回で約1.6mかるく動く。

④木馬道にサラダ油を塗る。

　曳き手300人で35秒間に41.6m一気に動く。

〔コロ使用〕

敷板（道板）の上に直径約10cmの円柱形コロ棒を90cm間隔で置き、「修羅」と巨石を載せる。

①(a)曳き綱1本，曳き手18人。

　　15秒間にコロ1回転弱でほとんど動かず。

　(b)曳き綱2本，曳き手36人。

　　15秒間で10m弱動く。

②曳き綱2本，曳き手36人，後方ブレーキ曳き綱2本，ブレーキ綱曳き手20〜30人（自衛隊員），コロ棒おさえ手約10人（阿知波組，石丑・山中庭園材料），道板，コロ棒移動手10人（自衛隊）。

　40秒間で20m動く。道板，コロ棒移動手が間にあいかねる。

③道板，コロ棒移動手を20人（自衛隊）に増やす。

　道板，コロ棒移動手はやはり忙しい。リーダーが前後の曳き手に牽引力の指示をくり返すと，のぼり勾配で50秒に20m動く。1分間に25m動く（後方で20人が軽くブレーキをかける状況）。ややさがり勾配で道板1枚を4〜6秒で通過してゆく。

④曳き手の人数を約60人に増やし，後方ブレーキ曳き綱に自衛隊員20〜30人が，人数を調節しながら進む。道板，コロ棒移動手も約40人があたる。

　40mを2分15秒で動く。

　5mを15秒で動く。

図79-2　復元「修羅」人力牽引実験結果のまとめ（2）（朝日新聞社 1979）

ルのように敷いた「木馬道」での実験が行われ，動きはだいぶスムーズになった。その上で，木馬道にサラダ油塗ると，一気に数十秒で40mほど一気に動いた。また，そのレールの上にコロを敷くと引き手をかなり減らして60人程度にしても大きく動いたという。一方で，コロやレールの木材を移動する人手の大幅増員が必要となった。実験では，摩擦係数を用いて，平地では地曳きでは重量の半分の力が必要になるが，コロやレールを用いると10分

の 1 程度の力でよく，コロやレールを加工して丁寧に仕上げた部材を用いると 20 分の 1 以下の力で動かすことが可能になるとの結果であった。

　この実験では，こうしたさまざま想定の実験を行ったことにより，さまざまなことが明らかとなった。一つにはコロやレールの敷設といった補助具の有効性である。またサラダ油をレールに塗ったことで非常に摩擦が緩和された事実から，潤滑油の有効性が明らかになった。近世城郭の石材運搬では海藻を敷いたという記録もある。摩擦緩和に大きく作用したと考えられる。また，牽引の人的な問題についても，上記のような補助具によって牽引にかかる人数には大きな差が生じることがわかったが，コロやレールの敷設のための人的な問題などが非常に重要であることも明らかとなった。当然のことながら，牽引人数と周辺環境整備の人数，それらの人的な補給なども含めた人数が重要と考えられる。この実験は，河川敷という広々とした空間を舞台に行われているが，実際の運搬は，こうしたところばかりではないであろう。これについては，古墳時代の道とも関わって言及することとしたい。

4. 修羅とその用途，積載物

（1）修羅の積載物

　この修羅で何を運んだのかという用途論は，出土以来，議論の多いところである。歴史的に見て，前近代の重量物と言えば，近世城郭の石垣，寺院建築の礎石や塔心礎，古墳時代の横穴式石室の石材や石棺及びその構築石材などが挙げられる。世界史的に見れば，エジプトのピラミッドをはじめとする巨石記念物，ヨーロッパにも巨石墓や，ストーンヘンジなどの巨石記念物，イースター島のモアイなど巨石を用いた歴史的記念物が存在している。

　修羅の運搬物については，ひとつには，5 世紀説を取れば，竪穴式石槨の蓋石や石棺及びその部材などが挙げられてきた。また，出土した 7 世紀代の土器との関わりから古代寺院の心礎等の石材を運んだとも言われている。このほかに，やや時期的に外れ 6 世紀以降になるが，横穴式石室の構築石材等の運搬などの意見も知られている。

（2）「喪船」

　近年では，このほかに葬送儀礼に用いられた船「喪船」の台座としての役

割が指摘されている（坪井 2016）。馬見古墳群の巣山古墳において 2008 年の調査でスギ製の長さ 3.7 m，高さ 45 cm，厚さ 5 cm の長大な舷側板，三角形の長さ 1.8 m，高さ 38 cm，厚さ 5 cm の準構造船の部材が出土した。こうした葬送に伴う船は，陸上を修羅のような装置に乗せて牽引したのではははないかという意見である。背景には，V字形で最大幅 1.8 m 程度しかない修羅で，それより幅広い重量物を運搬することへの懐疑がある。

（3）積載物の可能性

　ここでは，重量物の運搬という観点から，修羅の検討を行いたい。まずは，絵画資料の豊富な題材や記録から，近世城郭の石垣の運搬をみてみたい。絵画資料には，名古屋市博物館が所蔵する近世初期の駿府城の『築造図屏風』や豊後高田市若宮八幡宮『石曳き由来図』や蒔絵などいくつかの史料が知られている。駿府城の『築城図屏風』では，扇状に先が窄まった修羅を用い，コロを敷いた上を大勢の人達が曳く，後ろには修羅の末端下端部にテコ棒を挟み込んで補助している。修羅の横にはコロを持った人が控え，次々と前にコロを敷いていく様子が描かれると共に，修羅後方にもテコ棒と思しき棒を持った人が控えている。重量物上部には太鼓を叩く人や法螺を吹く人，纏を持つ人物など，タイミングを合わせて力を入れるための「囃子方」が乗っている。どのような状況下において，重量物の運搬が可能なのかを考える重要なヒントが隠されている可能性が高い。

　絵画から見ると，石材の下に修羅と思しき木材が見えていることから，運搬する重量物は修羅の横幅に近いサイズの物を載せているようである。他の絵画史料やインドネシアの民俗例を見ても同様に修羅の方が幅広もしくは同大程度のようである。積荷のサイズと修羅のサイズには相関関係がありそうである。調査段階でも，担当係長であった田代克巳氏が一木造りの幅の狭い修羅では奈良県石舞台古墳の天井石などの石材の運搬はできないことを指摘している。また，大修羅の規模から考えると，反り上がった頭部を除く平坦部分の寸法から縦は最大でも 6 m 程，横は修羅の最大幅 1.8 m を重量物の安定的な積載範囲として考えている。こうしたことから，荷物の安定性の観点から考えて幅のあまり大きいものは運ぶことはできないことを指摘している（田代 1992）。

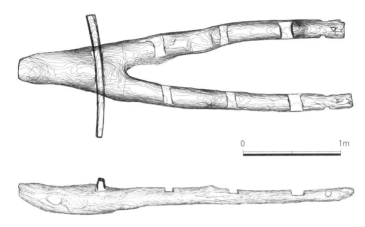

図80 入谷八幡神社「キンマ」測量図（一瀬1999）

（4）入谷八幡神社の「キンマ」（図80）

　これに関して，現存する民俗例を参考に考えてみよう。宮城県本吉郡南三陸町の入谷八幡神社の鐘撞き堂の床下から発見された町指定文化財「入谷の修羅型きんま」は，明治43年に「昭忠碑」の石材運搬のために用意された全国的にも数少ない現存事例である。ケヤキ製で，先端部には蛇のようにスルスル進むようにという意味か，蛇に似せて眼，鼻，口の細工が施してある。現存する「キンマ」と運ばれた石碑のサイズを比較すると，キンマの長さが3.4 m，幅0.94 m，碑が全長2.45 m，直径0.79 mの砲弾形であることから，頭部の牽引に関わる穿孔部分や脚部末端の穿孔部分には載らないで設置できると考えられている（一瀬1999）。この入谷八幡神社には，このほかにもこのキンマでその後に運ばれたとされる「三山碑」という長さ2.51 m，幅1.45 mの尖形の碑がある。こちらは，キンマよりも幅が広い。ただし，前後の穿孔部分間の距離が2.4 m程度であることから，これには掛からず設置できることは確かである。当初の運搬対象である「昭忠碑」のサイズに対応して作られた可能性を考えると，これ位までが対応可能サイズであろうか。

（5）修羅の積載物比較

　一瀬和夫氏は，このキンマの実例を参考に，三ツ塚古墳出土修羅の最大積載長は6 m前後として検討を行っている。まず，大修羅を5世紀の所産と仮

定した上で，古市古墳群及び近隣の古墳時代前期から中期の代表的な石棺を
取り上げ，修羅と石棺材や石室・石槨材の縮尺を合わせて図示した（図81）。
上段左側は，藤井寺市長持山古墳や同市唐櫃山古墳の舟形石棺，同市津堂城
山古墳の長持形石棺である。長持山古墳及び唐櫃山古墳の石棺は，いずれも
九州阿蘇石とされている。長持山古墳からは，このほかにもう1基，熊本県
宇土半島の馬門石製の石棺が出土している。上段右側は，柏原市安福寺の手
水鉢として使われている割竹形石棺，同市松岳山古墳の長持形石棺を運搬す
る想定である。安福寺の石棺は四国讃岐鷺ノ山石，松岳山古墳の側壁石材も
鷺ノ山石製とされている遠距離運搬を伴う石棺である。津堂城山古墳及び松
岳山古墳については組合せ式の長持形石棺であるが，上段の割竹形石棺や舟
形石棺は比較的身が細く，修羅に対してやや小ぶりに感じる。こうした場合，
近世絵画資料などを参考にすれば，転落などを防ぐためや，のちに移動や降
ろす時の支点として，横木等を修羅の脚部平坦面に置くことも想定される。
しかしながら，三ツ塚古墳出土大修羅には，こうした部材の痕跡は確認され
なかった。

　中段は，石舞台古墳及び橿原市見瀬丸山古墳の石室天王石を大修羅の上に
載せた図である。また最下段は，明日香村牽牛子塚古墳の横口式石槨の石材
を載せた状況である。中段・下段については，左右の張り出しが大きく，安
定性に欠けることは確かである。先述の通り，これらの規模になると，大修
羅に比較して長さでは十分積載可能ながら，幅が大修羅の幅を大きく超えて
左右に張り出している。先述のように，絵画史料などでは積載物はおおよそ
修羅の幅程度の抑えられている場合が多い。羽曳野市西林寺の塔心礎につい
ても不定形ながら1辺が約3.2mであることから，ほぼ2倍に等しい。いず
れの場合も，修羅への固定を考えると安定性に欠けることは否めない。また，
これらの重量物は，長さ・幅に加えて高いことが注意される。これについて
は，後述の修羅の移動ルートの確保の問題のところでも取り上げるが，地面
の安定が現代と比較して平坦化が困難な状況下では，積荷の安定を確保する
ことは難しいように思われる。

(6) 津堂城山古墳の復原石棺 （図82）

　棺材の重量については，近年，藤井寺市教育委員会で復原した津堂城山古

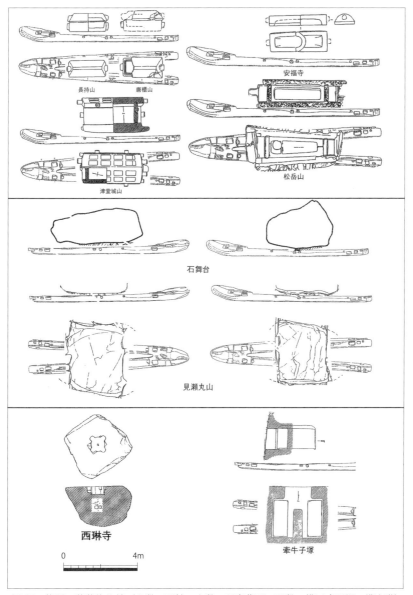

図81 修羅の積載物比較（上段：石棺，中段：石室蓋石，下段：横口式石槨・塔心礎）
（一瀬1999を改変）

墳の石棺が参考になる。これは，古市古墳群最初の大型前方後円墳である津堂城山古墳から明治45年（1912）に見つかった長持形石棺を梅原末治・坪井正五郎氏の作成した報告文，発掘調査時の撮影の写真を参考に復元している。これによれば，棺は長さ3.48 m，幅1.68 m，高さ1.88 mで，蓋石の厚さは0.38 m，推定重量4 t，底石の暑さは0.5 m，推定6 tを測る竜山石製である。藤井寺市津堂城山古墳の竪穴式石室の天井石は大きいもので推定2 tとされている。また，石棺石材全体を見ると，蓋石が約4 t，側石約2 t（2枚で4 t），小口石約1 t（2枚で2 t），底石約6 tの合計16 tを量る。修羅の尾部の最大幅が1.85 mであることから幅的にはジャストサイズということができる。また，先述の石棺文化研究会による，馬門石として知られる熊本県宇土市における家形石棺の製作実験においては，棺蓋は長さ2.4 m，幅1.24 m，高さ0.65 m，重量2.9 tを測り，棺身は長さ2.41 m，幅1.25 m，高さ0.89 m，重量3.8 tを測る，かなりの重量物である。いずれにせよ，底石の状況から

図82　復原された津堂城山古墳の石棺（画像：藤井寺市教育委員会提供）

考えて，数トンを超える石材を運んでいるものと考えられる。先述の復原修羅牽引実験に用いた生駒石がほぼ実験用の修羅と同様な幅を持ち，長さ3 m，幅1.5 m，高さ1 m程度のものながら14 tあったと言う。これに比べて，石舞台古墳の巨大な天井石は，2石で構成され長さ約5 m，幅4 mを超え，重量は77 t程度と推定されている。

(7) 三ツ塚古墳出土修羅の積載物

このように見てくると，三ツ塚古墳出土の大修羅のサイズでは，図81の中段や下段のような石材を運搬することは積荷の安定性という観点から考えて，難しいように思えてくる。重量物の運搬と言う意味では，朝日新聞社が中心となって行ったカシ材を用いた修羅の運搬実験において数十tもの重量物の運搬が可能であったことから，「重たいもの」「大きなもの」と言うイメージが先行した可能性が指摘されている（田代1992）。先述のように名古屋市博物館所蔵の江戸時代の『築城図屏風』などの様子から考えて，運搬される積荷は運搬用具のサイズに収まる程度のものとして描かれている。

日本列島における大型石材の利用という意味ではその嚆矢となる古墳時代の石棺は，その腐食しない性質と堅牢であることなどから，遺体の密封思想と関わって採用されたと考えられている（和田2003）。田代はこれらの理由から修羅を5世紀のものと考えた場合，石棺の運搬に用いられた可能性が高いことを指摘している（田代1992）。

5. 修羅による輸送を考える

(1) 古墳時代の石棺とその輸送

石棺には割竹形石棺・舟形石棺・長持形石棺・家形石棺などがあり，石材産出地，出土地，時期などによりさまざま形態が知られている。これらの石棺は，石材産出地から消費地まで，かなりの遠隔地まで運ばれている。このことについては古くから注目されてきたものの，具体的な状況が明らかとなってきたのは，間壁忠彦（間壁1994等）や高木恭二（高木2010等）などの研究によるところである（高木2010等）。

近年では，石棺自体の形態的，材質的研究の進展とともに石棺移動の実態が比較的把握されている。なかでも近畿地方では西日本各地の石材で作られ

た石棺が知られ，播磨竜山石，讃岐鷲ノ山石，阿蘇石などの移動が知られている。これらの石棺材及び石棺は，阿蘇石製石棺が阿蘇から滋賀県まで運ばれた例など，遠距離移動も目立つ。高木恭二氏は，その運ばれた距離によって近距離輸送〔10 km 以内〕，中距離輸送〔10 ～ 100 km 未満〕，遠距離輸送〔100 km 以上〕を区別している（高木 2010）。

　こうした中で九州・阿蘇の阿蘇石〔馬門石〕製の石棺は，近畿地方において管見の限りにおいて約 48 例が知られている。現代においても一般的重量物や大型品の運搬にあたっては水上交通の利便性が高いことは言を俟たない。しかしながら，運搬は水上交通だけでないと言って良く，前後の段階では陸上交通が用いられたものと推定される。また，海上だけでなく内陸ルートにおいても一定の規模の水深など河川の状況によっては水上運搬も可能と考えられるが，急峻な河川の多い日本列島では不可能な場合も多いと考えられる。

(2)「大王の棺」を運ぶイベント

　これに関して，古墳時代の阿蘇石製石棺，重量物の海上輸送をテーマに，家形石棺〔蓋と身〕，修羅，20 人乗りの古代船，石棺を運ぶ台船を復元して行う輸送実験が行われている（石棺文化研究会 2007）。2005 年 7 月 24 日宇土マリーナを出航して 8 月 26 日大阪南港に到着という約 1008 km，約 1 か月の航海実験が行われている。予備日を除くと 23 日間であった。また，石棺とその蓋を載せた台船を曳航した古代船の場合は総勢 20 名が乗船する体制であるが，交代要員をはじめさまざまな人員を含めて倍以上に人数が必要である。

　大阪まで運ばれた石棺は，8 月 28 日には高槻市今城塚古墳において「千人で運ぶ大王の棺」というイベントが行われている。実際には，約 450 人で総重量 9 t といわれる蓋身を合体させた家形石棺を修羅に乗せて動かす実験が行われている。

(3) 古墳時代の道路

　修羅を用いて運搬するにあたって，当然のことながら「道」が必要である。なかでも，前述のように修羅を用いた運搬においては，修羅のサイズに対応した一定の道幅や重量物の通行に耐えうる構造などさまざまな問題を考える

必要があろう。

　道は，あらゆる社会的関係性を存続させるために必要不可欠であるが，本来的には人々の移動や交流，物資の運搬などの通行によって自然とできたものである。一方で，古代国家形成期には律令国家が中央集権的な諸政策の一つとして中央からの命令や，地方からの報告，租税の徴収，物資の調達，労働力の徴発，徴兵，軍隊を含む人々の移動，流通などに対応して都と地方を結ぶ交通路が整備された。大規模直線官道の整備とその歩みを明らかにする古代道路研究の進展は目覚ましいものがある。こうした検討のなかでは，大和・河内における直線的な大規模道路の敷設が少なくとも6世紀後半，河内においては5世紀代まで遡る可能性が指摘されている（近江2008）。

（4）文献資料に見る道

　こうした中で文献史料には，『日本書紀』に応神天皇3年の「厩坂道」の記事や仁徳天皇14年の「大道」の記事，雄略天皇14年の「磯歯津路」の記事など律令期以前における道の整備の記事が見られる。いずれも，百舌鳥・古市古墳群に眠るとされる大王の治世のことであり，厩坂道以外の2つは大型前方後円墳が造営された大阪平野を舞台としていることが注目される。仁徳天皇14年の「大道」は難波高津宮から南の丹比邑に伸びる直線道路と考えられる。5世紀にこうした大規模な直線道路が作られていたとすれば，興味深い。現状では，考古学的な成果と照合は容易ではないが，大和・河内の地域開発の本格化とも絡んで注目される（市村2019）。その後も，推古天皇21年の「難波より京に至る大道」などの存在も非常に注目されるところである。

　河内における古道の復元は，記紀の記載などを中心に多くの研究者が取り組んできたテーマである。東西の直線道が復元されると共に，斜行道路の存在も注目される（近江2008，高島2016）。

　律令制以降の古代の道路についての研究の進展とは大きく相違して，古墳時代の道路については，実例も乏しくあまり研究の俎上にあがることも多くない。群馬県高崎市黒井峯遺跡では，集落内部の居住域間や耕作地と家々を繋ぐ日常道路が見つかっている。また，古墳時代後期の群集墳においては，密集した古墳間を繋ぐ墓道が見つかっている。しかしながら，地域間交通な

どにかかわる道路の発掘調査事例はごく僅かである。しかしながら，考古学的な知見に基づく限り，大規模直線道路造営以前から長きに渡り日本列島各地を繋ぐ人々の通行と交流が存在したことは疑えない。このことから，自然発生的な地域間を結ぶ道が存在したことは明らかで，こうした道を修羅が通ったことも明らかであろう。ここでは，古墳時代に関わる道とその構造から修羅の活躍した道について探ってみたい。

(5) 発掘された古墳時代の道路

　福岡県の比恵・那珂遺跡で古墳時代初頭と考えられる道路と考えられる遺構が確認されている（福岡市教育委員会 2001）。道と考えられる遺構は，幅約 1.5 m，深さ約 1 m の溝が検出され，比恵・那珂遺跡群を南北約 2 km にわたってつらぬく幅約 8 m 道路の東側側溝と考えられている。見つかった道路は，直線的で規模が大きく，「奴国」集落内での重要施設であったと考えることができる。大規模な土木工事が行われたとともに，集落において何らかの威儀を示すための施設であった可能性が高い。

　大和と紀伊を結ぶメインルートである奈良県御所市にある風ノ森峠は，葛城山東麓の古代豪族葛城氏の拠点南郷遺跡群や渡来系文物などで知られる五条猫塚古墳などの近くを通り，大和と倭王権の外交の窓口であり交流拠点であった古代豪族紀氏の本拠地である紀ノ川河口付近を結ぶ重要ルートの峠である。この峠の北側部分の鴨神遺跡で，丘陵裾部を回り込むように造られた地域の人々が従来から使ってきた「踏み分け道」を整備したと考えられる道路状遺構が検出されている（奈良県立橿原考古学研究所 1993，近江 2008；図 83）。古代の幹道にみられるような両側の溝もなく，地形に沿っていることなどが特徴である。幅約 2.7 m，長さ 130 m にわたって通過地点の土質に応じて構造を選択して道が造成されていた。急勾配の部分では，勾配を和らげるためカットして切り通しを造成している。また，安定した地盤の部分では，基底部にバラスを敷いて砂を入れて路面改良している。また，軟弱地盤では道路周辺部も含めて溝状に掘り込み，その部分に木の幹や枝を混ぜた砂で埋め，その上に砂を盛って路面としていた。地盤に合わせた路面改良と道路周囲の部分の地形にも加工を施して道路の安全を確保するなど，その後の維持管理までを視野に入れた造成が行われたことが知られている。先述のよ

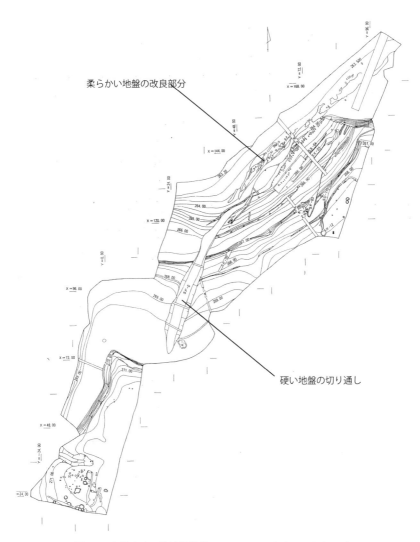

柔らかい地盤の改良部分

硬い地盤の切り通し

図83　鴨神遺跡の道路状遺構（奈良県立橿原考古学研究所 1993）

うに，当時の王権にとって重要ルートにふさわしい丁寧な施工が施されていた。

　このほか，滋賀県野洲市の夕日ヶ丘北遺跡では，幅約 3 m の道路状遺構が100 m 以上にわたって検出されている（滋賀県教育委員会・財団法人滋賀県文化財保護協会 2007）。道路面自体は削平により遺存していなかったため路面等の構造は明らかではないが，両側に平行して溝が検出されたことから道路状遺構と判断されたものである。鴨神遺跡同様に丘陵部の自然地形に沿って回り込むようにカーブしている。古代の幹道以前の道路では両側に溝を持つものは，先述の福岡県比恵・那珂遺跡や長崎県原の辻遺跡集落の中心的な施設としての道路である。こうしたことから夕日ヶ丘北遺跡の道路状遺構についても何らかの公的な存在としての道路であることを物語るものとの指摘もある（近江 2008）。

(6) 古墳時代の道路と修羅

　古墳時代の道路については，現在まで先学の研究でもわずか 2 例を挙げるのみで，具体的な発掘調査例に乏しいのが実情である。こうした中で，共通して見えてくるものは，いずれもが幅 3 m 程度の自然地形に沿ったみちであることが挙げられている。鴨神遺跡においては，その造成技術には地盤状況に対応した安全な道作りが施工されていたものの，自然発生的な道をベースとした構造であったとすることができるであろう（図 83）。

　こうしたなかで，本稿の課題である修羅を通した交通・交易との接点を探るとすると，気がかりはいずれもの道幅が 3 m 程度のものであったことである。三ツ塚古墳出土の修羅を例にとれば，修羅の幅は約 1.8 m，積載物の幅にもよるが，コロを用いてコロの敷設を繰り返すとすると，当然ながら，修羅の脇を後ろから前へ人々の，移動が繰り返されることとなる。コロの敷設を終えた人員が通過を待つ待機スペースも必要なことを考えると，3 m という幅はやや狭すぎると考えられる。このように考えると，積載物がたとえ修羅の寸法程度であったとしても，もう少し幅広の道を造成する必要があったものと考えられよう。路面の構造については，修羅曳き実験や絵画資料などからもわかるように，路面にコロレールを敷設することによって大いに省力化を図ることができる。修羅を曳くためにはそれに見合った道の整備が必要

不可欠であるものと考えられる。このことは，如何に修羅を用いて運搬すること自体が大事業であったかを物語るものと考えて良い。こうした壮大な事業とは何なのか改めて考える必要があろう。

6. 修羅と流通

　最後に，修羅を用いた輸送とその意味について考えて行きたい。本稿では，三ツ塚古墳出土の修羅を例として，その積載物について探った。絵画資料や民俗例などを参考にすると，積載物については修羅の規模を大きく上回らない可能性が高い。この意味では，修羅の使用を5世紀代のこととした場合，「王者の棺」とも言われる長持形石棺の部材の運搬には適した規模と考えることが可能である。古墳時代後期も含めて石棺に関わる石材はその規模的にも三ツ塚古墳出土修羅による運搬対象として相応しいのではないだろうか。

　しかし，実際にはそれを上回る巨大な石材が遠距離を輸送されていることも事実である。奈良県牽牛子塚古墳は，明日香村越に所在する二上山凝灰岩製の巨大な凝灰岩をくり抜いて左右2室に造った刳抜式横口式石槨を埋葬施設とする終末期古墳である。近年の発掘調査により墳丘を二上山凝灰岩で外装した対辺長22mを測る八角墳と判明している。被葬者については，昨今では斉明天皇と間人皇女という説が有力である。石槨の構造，夾紵棺片金具などの出土遺物からも，天皇家を含めた最上位の被葬者が推定される。

　この二上山凝灰岩製の巨大な石室構築材は，奈良県と大阪府の境に位置する二上山周辺から切り出されたものである。その総重量は明らかではないものの，約80tともいわれ，少なくとも3〜5mもの規模を有する巨大な石材と考えられる。二上山から牽牛子塚古墳までは，直線距離でも約12kmを測り，現在の道路網を使用した場合，最短でも17kmを超える運搬が行われたことになる。先述の石棺の運搬実験の結果をみれば，その運搬が並大抵の事業でないことは明らかであろう。仮に被葬者を斉明天皇と考えた場合，重祚により2度天皇となり，天智天皇・天武天皇の母という律令国家形成期の中心的人物の葬儀は国家の威信をかけて行われたことであろう。この時期の埋葬施設や宮都の用材としてさまざまに用いられた二上山凝灰岩の運搬が事業自体，それを行う人々にとっても，見る人にとっても国家，社会の紐帯としての重要行事であり，集団の結束を再認識する絶好の機会である。

先述の海上運搬においては，途中の寄港地等においても視覚的な，倭王権及び石材産出地の勢力の絶好の権勢と勢力の誇示となったことは想像に難くない。これは，陸上輸送においても同様で，倭王権とその古墳造営に注力する勢力の威信をかけた運搬事業であったと考えられる。学史的にも，古墳は古代国家形成期の政治的記念物であるとともに，その造営自体が大土木事業であるとともに儀礼であったと考えられている。なかでも，埋葬施設の製作から運搬，設置の諸工程は，古墳の核心部分となる被葬者に深く関わる部分と考えられる。また，このように考えると，修羅の用いられる場面が非常に重要な場面を含んでいる可能性を考えることができる。先述のように三ツ塚古墳周濠から出土した大小2つの修羅のうち大修羅は荷台にあたる脚部上面だけでなく外面等も非常に丁寧に加工が施されていることが指摘されている。こうしたことも加えて想像をたくましくすれば，単なる運搬具という枠を超えて修羅の用途を考えることも必要なのではないだろうか。

〔文献〕

朝日新聞大阪本社社会部編 1979『修羅 ―発掘から復元まで―』朝日新聞社

一瀬和夫 1999『巨石の運搬，修羅 ―その大いなる遺産　古墳・飛鳥を運ぶ―』pp.95-98　大阪府立近つ飛鳥博物館

近江俊秀 2008『道路誕生 ―考古学からみた道づくり―』pp.13-52／pp.111-123　青木書店

市村慎太郎 2019「弥生・古墳時代における大阪・奈良間の交流ルート」『古墳と国家形成期の諸問題』白石太一郎先生傘寿記念論文集　山川出版社

大阪府立近つ飛鳥博物館 1999『修羅 ―その大いなる遺産　古墳・飛鳥を運ぶ―』大阪府立近つ飛鳥博物館

木更津市教育委員会 2016『塚の腰古墳・松面古墳発掘調査報告書』木更津市埋蔵文化財発掘調査報告書 第13集　木更津市教育委員会

北垣聡一郎 2007「古代の重量物運搬と修羅」『大王の棺を運ぶ実験航海 ―研究編―』pp.57-67　石棺文化研究会

木村浩徳・藤本貴仁 2007「修羅の製作」『大王の棺を運ぶ実験航海 ―研究編―』pp.68-76　石棺文化研究会

黒田一允 1999「修羅という名」『修羅 ―その大いなる遺産　古墳・飛鳥を運ぶ―』pp.101-111　大阪府立近つ飛鳥博物館

子持村教育委員会 1998『黒井峯遺跡』

財団法人京都市埋蔵文化財研究所 1997『特別史跡特別名勝鹿苑寺（金閣寺）庭園 ―防災防犯施設工事に伴う発掘調査報告書―』京都市埋蔵文化財研究所調査報告 15

財団法人京都府埋蔵文化財調査研究センター 1987『石本遺跡』京都府遺跡調査報告書 8

滋賀県教育委員会・財団法人滋賀県文化財保護協会 2007『夕日ヶ丘北遺跡・大篠原西遺跡』滋賀県教育委員会

石棺文化研究会 2007『大王の棺を運ぶ実験航海 ―研究編―』

高木恭二 1997「古墳時代の交易と交通」『交易と交通』考古学による日本歴史 9　雄山閣出

版

高木恭二 2010「割竹形石棺・舟形石棺」『研究発日本考古学協会 2010 年度兵庫大会研究発表資料集』pp.327-340　日本考古学協会 2010 年度兵庫大会実行委員会

高島　徹 1999「修羅の発掘」『修羅 —その大いなる遺産　古墳・飛鳥を運ぶ—』pp.101-111　大阪府立近つ飛鳥博物館

高島英之 2016「古墳時代の道路」『日本古代の交通・交流・情報』3　pp.2-12　吉川弘文館

田代克己 1992「修羅の発掘とその意義」『修羅とその周辺』pp.59-76　藤井藤井寺市教育委員会.

坪井恒彦 2016「三ツ塚古墳出土「修羅」と倭国王の葬送儀礼」『日本古代学論叢 —塚口義信博士古希記念—』pp.101-114　和泉書院

長沼町教育委員会 1988『南古舘 I』長沼町文化財調査報告書 13　長沼町教育委員会

奈良県立橿原考古学研究所 1993『鴨神遺跡—第 2 次～第 4 次調査—』奈良県文化財調査報告書第 66 集

奈良県立橿原考古学研究所 2017『藤原京右京十一条三坊・四防』奈良県文化財調査報告書第 172 集

廣瀬時習 2019「古墳時代の修羅と流通」『月刊考古学ジャーナル』731　pp.10-14　ニューサイエンス社

福岡市教育委員会 2001『比恵 29 —比恵遺跡群第 72 次調査概要—』

福岡市教育委員会 2005『下月隈 C 遺跡 —福岡空港周辺整備工事に伴う下月隈 C 遺跡第 6 次発掘調査報告—』福岡市埋蔵文化財発掘調査報告書第 839 集

間壁忠彦 1994『石棺から古墳時代を考える』同朋舎出版

右島和夫 2015「観音塚古墳の構造的特徴と巨石搬入ルートの検討」『改訂版　観音塚古墳の世界 —大刀，馬具，装身具—』pp.97-105　高崎市観音塚考古資料館

森本　徹 2015「修羅が運んだ古墳時代」『改訂版　観音塚古墳の世界 —大刀,馬具,装身具—』pp.106-115　高崎市観音塚考古資料館

和田晴吾 2003「石棺の出現とその意義」『立命館文学』pp.717-735　立命館大学人文学会

（廣瀬時習）

7 馬による交通・流通

1. 馬をもたらした交通・流通

(1) 家畜馬の出現

　古墳時代中期は日本列島における家畜馬の生産と利用が本格的に開始した時代である。現代の日本では，欧米列強から洋種馬を輸入する明治時代以前から日本列島で飼われていた馬を日本在来馬（和種馬）と呼んで愛しんでいるが，日本列島にはもともと馬（現生馬）は棲息していなかった。その歴史は以下にみるように大量の家畜馬が飼育・繁殖・利用などの馬飼の知識・技術とともに，この時期に海を越えて大陸からもたらされたことに始まる。その出現の背景について，かつて江上波夫は大陸からの騎馬民族の侵入・征服を想定した（石田ほか 1949 など）。江上の「騎馬民族日本列島征服王朝説」自体は過去の学説となって久しいが，馬だけでなく馬飼の知識・技術をもった人々の集団的渡来が想定されている状況に変わりはない。近代に動力が機械化されるまでの長い間，日本列島の歴史において，馬は人・モノ・情報を運ぶ陸上最速の交通手段であり続けた。古墳時代はその起点となった日本列島における畜力利用の開始期，導入期にあたる（諫早 2019）。

　この時期に大量にもたらされた家畜馬とそれを飼育し，利用する知識・技術が，点的とはいえ比較的短期間のうちに東北北部以北と琉球列島を除く日本列島中央部（以下，日本列島とする）の広範な地域に広まっていったことは，古墳時代中期前半の初期馬具の分布から推し量ることが可能である（図84）（諫早 2012a）。また，それが面的に普及していったことは，中期後半以降の馬具副葬古墳の急激な増加が示す通りである（図85）（岡安 1986・桃﨑 1993）。家畜馬の用途は後述するように一つではなかっただろうが，主たる用途の一つが騎馬であったことは，記紀などの文献史料はもちろん，古墳時代馬具のほぼすべてが騎乗用馬具であり，馬形埴輪の多くがそれらを装着した騎乗用馬であることからして容易に想像することができる。近代以前の歴史において，騎乗を主たる用途とする家畜馬の出現が，戦争のあり方はもちろん，既存の交通や流通を劇的に変化させたことは，洋の東西を問わない。もちろん日本列島についても例外ではなかっただろう。

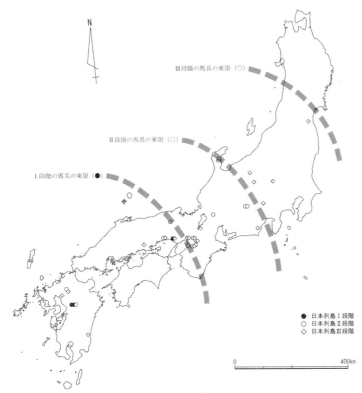

図84 初期馬具の分布（諫早 2012a）

(2) 馬の散発的渡来と本格的渡来

　馬による交通・流通について筆を進める前に，その前提となる家畜馬の出現時期をめぐる議論をおさえておきたい。古墳時代中期に馬が大量に渡来し，急速に普及していったことは，江上波夫による「騎馬民族説」提唱後の考古学が，具体的には小林行雄を嚆矢とする戦後の古墳時代馬具研究や，松井章を中心とする動物考古学が明らかにした大きな成果である（小林 1951，松井 1990 など）。戦前は縄文貝塚から出土するウマ遺存体をもとに，「縄文馬」の存在を認める意見が有力であった。「騎馬民族説」後も縄文時代にまず琉球列島経由で中国南方から小型馬がもたらされ，古墳時代にそれとは別に朝鮮半島経由での中型馬の渡来を想定する，いわゆる「日本在来馬 2 波渡来

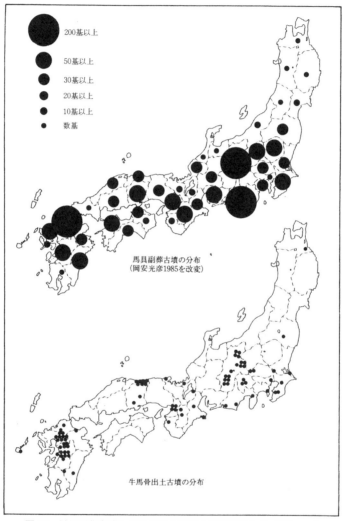

図85　馬具副葬古墳と牛馬骨出土古墳の都道府県別分布（桃﨑 1993）

説」が提起されていたが（図86破線）（林田1974など），いくつかの「縄文
馬」に対してフッ素分析による年代測定が行われた結果，後世の混入である
ことが明らかとなり，現在ではその存在を積極的に主張する研究者を目にす
ることはなくなった。そもそもこれまでに出土している縄文時代の丸木舟（単

材剝船）では，馬のような大型動物を載せて外洋を航海すること自体，物理的に不可能だろう。なお，現生馬に対するDNA分析では朝鮮半島を経由して入った蒙古系馬が日本在来馬の唯一の基礎であったこと，すなわち「日本在来馬単一起源説」を支持する結果が出ている（図86実線）（野澤2009）。

これまでの議論の推移からみて，古墳時代中期に馬渡来の画期が求められること，馬を日本列島にもたらした基本ルートが朝鮮半

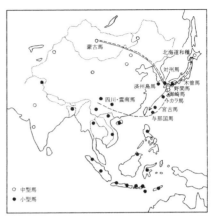

図86 日本在来馬2波渡来説（破線）と単一起源説（実線）（野澤2009）

島南部－九州北部であったことについては異論の余地がなさそうである。ただ，馬の渡来開始時期については，「縄文馬」論争に決着がついたのちに蓄積した出土ウマ遺存体を先入観なくみれば，もう少し遡る可能性が高い。すなわち，日本列島における馬の出現過程については，積山洋の説くように散発的渡来と本格的渡来（大量渡来）という二つのステップがあったとみておくのが実態に即している（積山2010）。

まず散発的渡来は，馬を海上輸送する前提としての準構造船が出現する弥生時代中期（深澤2014）を理論上の上限年代とし，河内平野では大阪府亀井遺跡など弥生時代終末期にまでは確実に遡るようである（積山2010，宮崎2012）。また山梨県塩部遺跡や長野県篠ノ井遺跡など，東日本内陸部でも古墳時代前期後半に遡るウマ遺存体の出土事例が報告されている。朝鮮半島南部で家畜馬利用が本格化する原三国時代（前1～後3世紀）以降であれば，さまざまなレベルで不断に展開していた日朝交渉の中で，馬が何らかの理由で運ばれる可能性は十分にあり，今後も資料に即した検討を続けていく必要がある。

ただし，これまでの散発的渡来の報告事例は出土層位（共伴土器）などの間接的証拠から年代を推定したもので，個々の事例の時期比定や共伴関係の認定をめぐっては異論も存在する。「縄文馬」論争を繰り返さないためにも，

大阪府日下貝塚や長野県篠ノ井遺跡から出土したウマ遺存体に対して近年試みられたように，骨コラーゲンからの放射性炭素年代測定などによって既知のウマ遺存体自体から年代を導出し，確実な散発的渡来の事例を一つ一つ積み上げていくことが何よりも重要であろう。これは，布留1式の土師器と共伴し，土器の年代観にもとづけば4世紀前半代にまで遡る奈良県箸墓古墳周濠出土木製輪鐙についても同様である（諫早2023b）。いずれにせよ古墳時代前期以前の散発的渡来については，ウマ遺存体こそ散見されるものの，馬具と共伴する事例はなく，海を越えてもたらされた家畜馬の利用目的は定かでない。

　これに対し本格的渡来が達成された古墳時代中期は，ウマ遺存体の報告事例が急増するだけでなく，轡や鞍，鐙などの騎乗用馬具，馬形埴輪などウマ遺存体以外の馬関連考古資料も安定して出土するようになる。これを契機として日本列島中央部における騎馬を主たる目的とする家畜馬利用が軌道に乗った点で，中期に起こった馬の本格的渡来は，現代にまで続く日本列島における家畜馬利用の起点といえるだろう。

　ところで，馬の本格的渡来の上限年代は，現時点では古墳時代中期初，すなわち古市古墳群の嚆矢である大阪府津堂城山古墳の築造時期にまでは遡らない。すなわち，百舌鳥・古市古墳群の築造開始やそれに先行する前期後葉の「佐紀陵山型」前方後円墳の分布から推測される（下垣2005）王権の「内部領域」の形成自体に馬が何らかの役割を担った形跡は，少なくとも現状ではうかがえない。一方で馬の本格的渡来が百舌鳥・古市古墳群の築造後に起こっていることから，両古墳群の造営主体である当時の倭王権中枢が馬の導入を積極的に推し進めたとみることは可能である（諫早2020）。その開始時期は兵庫県行者塚古墳出土馬具や，大阪府野中宮山古墳出土馬形埴輪などから，現状では中期前葉とみておくのが妥当であろう。

　継続的，かつ安定的な家畜馬利用のために組織的な家畜馬生産を開始した点も散発的渡来との大きな違いである。これは単に馬という動物が輸入されただけでなく，飼育・繁殖・利用の知識・技術をもった馬飼集団が一緒に渡来したことを意味する。馬の本格的渡来の開始に続く中期中葉以降，後述するように倭王権中枢のあった大阪府の河内湖沿岸だけでなく，長野県の伊那谷南部など日本列島各地で，その規模はさておき組織的な家畜馬生産，すな

わち牧の経営が始まった形跡が認められる。とりわけ河内湖沿岸における家畜馬の本格的渡来から生産開始への動きは極めてスムーズであり，後述するように百舌鳥・古市古墳群を造営した倭王権中枢が当初より日本列島内での持続的な生産を企図して，その大量輸入を主導したものとみられる。

(3) 役畜としての馬

　それでは大量の家畜馬を海路輸入し，日本列島内での自給自足を目指した目的はどこにあったのであろうか。家畜馬の用途は多様であるが，中村潤子の整理するように基本的な利用法は，①騎馬（騎乗用），②駄馬（駄載用），③輓馬（車や橇の輓曳用，犂耕などの農耕用）の三つに大別される（中村2005）。古墳時代中期にわざわざ大陸から海路輸送した家畜馬の主たる利用法が①騎馬であったことは，『日本書紀』などの文献史料から垣間見える初期の馬利用はもちろん，古墳や集落遺跡から出土する各種騎乗用馬具や，馬の本格的渡来と軌を一にして古墳に立て並べられるようになった馬形埴輪の馬装表現などからみて疑いの余地がない。一方でほかの用途がまったくなかったわけではなく，むしろ馬と一緒に海を渡ってきた馬飼集団によって当初より多角的な利用方法がもたらされていたとみられる。

　まず②駄馬については金属製の馬具がなくても事足りるため，なかなか証明することは難しいが，馬輸入当初から主たる利用法の一つであった可能性が高い。馬具の伴わない馬の散発的渡来に何か積極的な目的があったならば，それは集落やその周辺における駄馬としての利用があったのだろう。桃﨑祐輔は古墳時代の集落から出土するウマ遺存体に体高 120 cm ほどの小型馬とみられるものが散見され，古墳の周辺にしばしば馬具を伴って埋葬された馬よりも小さいことを指摘し，体格によって騎乗用の馬と駄馬・農耕馬が使い分けられていた可能性を指摘している（桃﨑1993）。田中裕も「5世紀になってヤマト王権が主導した馬の導入と，それに付随する乗馬の普及は，荷駄の機能を伴って，4世紀までの物資輸送の制限要因となっていた陸上交通に，消極的要素から積極的要素への転換をもたらす契機となった」と馬の本格的渡来に伴う駄馬の役割を高く評価している（田中2023：p.322）。

　しかしながら馬の輸送にかかる莫大なコストを鑑みれば，駄馬としての利用が馬の本格的渡来の主たる目的であったとは考えにくい。騎乗用の鞍は古

墳副葬品や集落遺跡出土品からみて古墳時代中期中葉には出現し，ほどなくして日本列島での製作が始まったとみられるのに対し，駄載専用の荷鞍は佐賀県吉野ヶ里遺跡の古墳時代中期頃の土坑から未成品とおぼしきものの出土が指摘されてはいるものの（中村2005），古墳時代に普及していた形跡は認められない。

　馬の本格的渡来に後続する家畜馬生産の開始と，初期馬具の輸入開始に後続する各種騎乗用馬具の国産化は，パラレルな現象として捉えることが可能であり，それらから騎馬利用の速やかな普及を読み取ることができる。これに対し，駄馬の利用はあくまで騎乗用馬の一時的な転用や，体格や性格，年齢などさまざまな理由から騎馬に適さない馬の副次的な利用から始まり，その本格的な普及は家畜馬，騎馬利用の本格的導入よりも遅れたと考えるのが妥当であろう。

　なお『日本書紀』天武元年（672年）条には，壬申の乱の際に大海人皇子が，美濃国の湯沐から米を運ぶ伊勢国の駄馬五十匹と大和国菟田郡家あたりで遭遇し，徒歩の者をその馬に乗せたという記事がみえる。少なくともこの頃には駄馬の組織的な運用が確実におこなわれていたこと，騎馬としても用いることのできる馬が駄馬として用いられていたことがわかる。奈良県藤原宮下層運河では宮都の造営で使役され，斃死したとみられる大量のウマ遺存体（と少量のウシ遺存体）が出土しており，安定同位体比分析によって東日本内陸部などの遠隔地で出生したとみられる個体も確認されている（図87）（山崎編2016）。駄馬の動きはなかなか文献史料には残りづらいが，遅くとも飛鳥時代後半には国家による駄馬の効率的な運用が達成されていたものとみられる。

　最後の③輓馬については農耕における利用が古い。中国で西晋代以降に発明された代掻き用の農具（河野1994）である馬鍬は，馬の本格的渡来が始まる古墳時代中期前半にU字形鉄製鍬・鋤先とともにもたらされ，後期には一定の普及をみていたとされる（松井2004）。発掘調査所見にもとづいて馬鍬の出現を古墳時代前期（4世紀）にまで遡らせる意見もあるが（樋上2012），散発的渡来の段階で，騎馬利用に先立って農耕馬利用が始まったかどうかについては，慎重な判断が必要であろう。馬鍬を牽いた家畜については，同じく古墳時代に大陸からもたらされた牛の可能性もあるが，牛は馬

よりも本格的な出現や普及が遅れたとみられ（丸山 2022 など），少なくとも初期の馬鍬に関しては，文字通り馬が牽引したのであろう（河野 1994）。なお荒起こし用の農具である 犂 が普及し始めるのは飛鳥時代後半からで，こちらは牛に牽かせるのが一般的であったようである（河野 2004）。

このほかに，一般的な利用方法であったかは定かでないが，大阪府瓜生堂遺跡からは，橇または修羅を曳く馬を線刻した須恵器壺が出土しており（図 88），古墳時代にも確かに運搬用の輓馬がいたことを知ることができる。ユーラシア西方に起源する車（車輪）は，

図 87 藤原宮出土馬集団の推定産地
（山崎編 2016）

東アジアでは中国で殷代後期（前 1 千年紀後半）には確実に出現しているが，日本列島では奈良県小立古墳周溝堆積土から飛鳥時代後半（7 世紀後半）に位置づけられる土器とともに出土した資料が最も古い（橋本 2003）。朝鮮三国時代の象形土器の中には車両（二輪車）や輻式車輪を表現したものがあり，『日本書紀』には早くも履中紀 5 年条に車持君・車持部の名がみえ，雄略紀には葛城山での狩猟に際して天皇・皇后が車に上りて帰ったという記事（5 年条）や，進軍に際して「輻車」を使用した記事（8 年条）もある。高橋美久二も古代の文献史料にみえる人と駄と車と 桴 の運送量の差を単純化すると，約 1:3:10:30 になることを指摘した上で，「古墳時代でも運送の場合には人担よりも駄送，駄送よりも車載，さらに車載よりも舟運を志向したに違いない」とする（高橋 1991：p.178）。愛知県味美二子山古墳出土馬形埴輪の検討から古墳時代に馬車が存在した可能性も指摘されているが（中村 2007），確実な出土資料に恵まれない状況が長らく続いている。車（車輪）の出現時期については今後も資料に即した検討を続けていく必要があるけれども，古

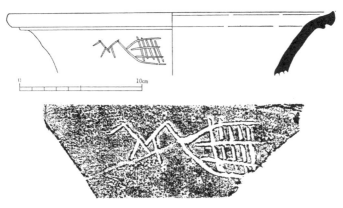

図88 修羅を曳く馬の線刻
（大阪府瓜生堂遺跡出土須恵器壺）（S=1/3）

墳時代には河川をまたぐ橋が整備された形跡が認められない以上，車を一般的な移動手段，輸送手段として過度に評価することは控えておきたい。

　寿命やケガ，病気で死んだのか，儀礼などにおいて意図的に殺されたのかは個々に判断する必要があるけれども，古墳時代には人を葬るのと同じように丁寧に埋葬された馬が一定数いた（桃﨑1993など）。その一方で集落遺跡では解体痕をもつ馬骨が早くから確認され，食用に供されたものや，皮革や骨・髄・腱などが利用されるものがそれ以上にいたことも疑いの余地がない（丸山2019など）。具体的な故地を絞り込むことは難しいが，いずれの風習もユーラシア大陸で広く認められるものであり，家畜馬とともに海を渡ってきた馬飼集団によってもたらされたのであろう。『養老律令』厩牧令官馬牛死条には「凡官馬牛死者。各収皮脳角膽」と，官馬が死んだ場合には皮と脳を取る規定があり，奈良時代においては皮鞣（かわなめ）しに脳を用いたと考えられている。松井章は『日本書紀』仁賢紀6年条にみえる「熟皮高麗（カハヲシノコマ）」記事から，脳を用いた皮鞣し技術が5世紀末に朝鮮半島からもたらされたと推測しているが（松井1987），脳が確実に取り出された形跡が認められるウマ頭蓋骨は，大阪府森ノ宮遺跡や奈良県藤原宮下層運河など，今のところ飛鳥時代後半以降にならないとみられない。牛馬の本格的渡来に伴ってもたらされた皮鞣し技術がいかなるものであったのかについては，

今後に残された課題である。毛の利用については出土資料から議論することは難しいが，馬形埴輪の鬣（たてがみ）や尻尾表現から騎乗用の馬の毛が定期的に手入れされていたことは確かであり，毛だけであれば生時に繰り返し利用することも可能であろう。ただし，これらはあくまで副次的な利用方法であり，家畜としての馬に求められた第一義的な役割であったとは考えにくい。

　以上を整理すると，馬は人間の生活を劇的に向上させる役畜としての役割を期待されて，古墳時代中期に計画的に導入されたといってよいだろう。また，馬よりも牛の出現・普及が遅れることからみても，馬に最も期待された役割は，②駄馬や③輓馬といった牛によって代替可能な用途ではなく，①騎馬による高速移動であった可能性が高い。

(4) 馬をもたらした交通・流通

　日本列島は，東アジアで最も早く家畜馬の利用・生産が定着した島嶼部である。たとえ対馬の北端であっても朝鮮半島南端の釜山と約 50 km 離れており，その間には対馬海峡が存在する。船以外の手段を用いて馬が日本列島に辿り着くことは到底不可能である。現在の基準ではポニーに該当する日本在来馬でも，成馬ともなれば体重 300 kg はある。大量の馬を，帆をもたない準構造船で運ぶにあたってさまざまな困難があったことは想像に難くない。それだけではない。体重 400 kg の馬は，一日あたり 8 kg の乾物飼料とその 5 倍の水を必要とするという（近藤 2001）。もちろん体格や体調，温湿度や与える飼料によっていかようにも変化する数字ではあろうが，馬を海上輸送するにあたっては大量に必要となる水や飼料の確保も重要な課題である。それらの現地調達も含めた綿密な航海計画とその円滑な遂行によって，初めて馬の本格的渡来は達成されたのである。

　もちろん馬には人よりも遥かに立派な肢がある。温暖湿潤な日本列島では餌となる草葉や水も至る所で得ることができるので，移動の安全さえ確保されていれば，馬自ら歩いてもらうのが一番コストもリスクもかからない。だが，実際のところは何らかの事情（おそらくは遠距離交通路としての陸路の未整備）で，対馬から壱岐を経て北部九州へ到着し，関門海峡を通過した後も，倭王権中枢の外港があった大阪湾岸付近まで，基本的には準構造船の地乗り航法（有視界航法）によって輸送していた可能性が高い。

　そのように想定する理由は二つある。一つは冒頭に示した初期馬具の分布
である（図84）。日本列島独自の装飾馬具生産が開始する中期後葉以前の初
期馬具の分布をみると，朝鮮半島に近いほど濃密に分布するといった同心
円状の分布をとっておらず，分布の核は近畿地方，それも倭王権中枢の位置
する河内平野と奈良盆地に集中していることがよくわかる。また中国・四国
地方をみると，日本海側や太平洋側には初期馬具が分布せず，岡山県随庵古
墳や，兵庫県の宮山古墳，行者塚古墳など瀬戸内海沿岸の比較的臨海性の高
い地域に点的に分布している。このような初期馬具の分布の偏在は，古山陽
道ルートとでも呼ぶべき陸路によっては説明できず，倭王権中枢へ馬を大量
輸送する主たるルートが海路，それも瀬戸内海ルートであったことを強く示
唆する。また，その航路の円滑な運用に重要な役割を果たした地域集団の
中には，何らかの方法で稀少な初期馬具や馬を入手したり，その飼養に長け
た渡来系集団を招致する機会があったこともうかがえる。文献史の松原弘
宣（2004）が比定する古代瀬戸内海の港（図89）のほとんどで中期後葉を
遡る馬の痕跡を見出せないのは，もちろん発掘の多寡による部分もあるだろ
うが，それらの地域が馬の輸送ルート上に位置していたとしても，基本的に
は最終目的地ではなく，通過点であったことを意味しているのだろう（諫早

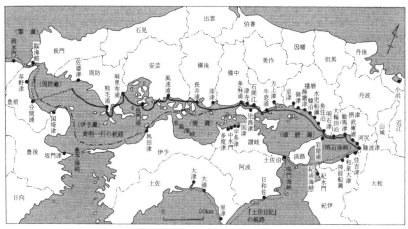

図89　古代瀬戸内の港と航路（松原2004をもとに作成）
※実線のルートは天平8年（736年）の遣新羅使一行の航路

2022）。

　もう一つは，中・後期のウマ遺存体が大量に出土し，周辺に初期の牧が展開したとみられる大阪府蔀屋北遺跡の立地である。生駒山地西麓に位置する蔀屋北遺跡周辺は現在こそ大阪湾から遠く離れているが，古墳時代にはそれと直接つながる河内湖が遺跡の眼前にまで広がっていた。蔀屋北遺跡周辺では準構造船の部材を転用した井戸が多数みつかっており，朝鮮半島南部各地からの搬入品を含む朝鮮半島系土器が大量に出土するなど，朝鮮半島との直接的かつ活発な交渉を想定することが可能であり，周辺には未知の港湾施設の存在も想定される。外洋船を直接接岸できたであろう蔀屋北遺跡周辺は，馬の本格的渡来に関わる海上輸送のゴールの一つであった可能性が極めて高い（諫早編 2023）。

　なお準構造船による馬の輸送方法についてはまったく推測の域を出ないが，装飾古墳に描かれた馬を載せた船表現などからみて（甲元 1998，阿南 2007），準構造船自体に馬を載せて運んだとみるのが妥当であろう。ただしその場合でも，福岡県原古墳や熊本県弁慶ヶ穴古墳などに描かれているように馬を船の中央に載せた状態で外洋を渡ることは不可能である（図90）。一瀬和夫（2012）は蔀屋北遺跡井戸B131000 の準構造船転用材（船2）を一体成形船唯一の実物資料とみた上で，古墳時代中期に出現する一体成形船が，それ以前から用いられていた二体成形船に比して，前後の両小口を開放し，荷受け出しをするフェリー的な利便さがあることを指摘し，馬・甕といった大型物資の運搬船や軍船としての機能を想定している。一瀬の想定するように小口から馬

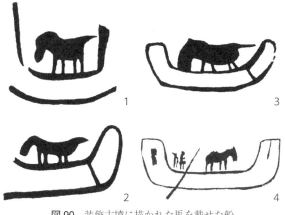

図90　装飾古墳に描かれた馬を載せた船
（1 〜 3：熊本県弁慶ヶ穴古墳　4：福岡県原古墳）

を乗り降りさせたかどうかはさておき，幅の狭い準構造船では左右一対の漕ぎ手が座る船体中央に馬を載せる空間はなく，馬の居場所は両小口のわずかなスペースしかなかったことは確かであろう。

　阿南亨は倭が百済の要請を受けて兵1000人，馬100頭，船40艘を援軍として送ったという『日本書紀』欽明紀15年（554年）条の記事から，1艘につき兵25人，馬2〜3頭が搭乗したとみた上で，古墳時代に用いられていた大型準構造船（幅1.3〜1.5 m，船長12 m程度）の搭乗人数について，30人弱と考えた（阿南2007）。片舷10人程度の漕ぎ手と，船長や舵取り，交代要員や水先案内人，さらには水や食料を乗せれば，1艘の準構造船に乗せることのできる馬は，阿南の想定する通り2頭前後が限界であったとみられる。

　なお，2005年に行われた「大王のひつぎ実験航海」では，熊本県の宇土マリーナから大阪南港まで阿蘇ピンク石製の石棺を輸送するにあたり，さまざまな検討をふまえた上で，2.9 tの蓋と3.7 tの身をそれぞれ丸木台船に載せて，それぞれを準構造船で曳航するという方法を採用している（読売新聞西部本社ほか編2006）。馬は石棺よりもずっと軽量だが立った姿勢のまま載せる必要があるため，波の立った外洋で馬を載せた筏を曳航することはまず不可能だったに違いない。台船の曳航については史・資料の裏付けがない点がネックではあるが，石棺がそれ以外の方法では運びえないということであれば，馬の輸送を考える上でも有力な選択肢となるだろう。

　朝鮮半島からもたらされたさまざまな文物のなかでも，人より大きな動物である馬を海上輸送するにあたって，莫大なコストとリスクがかかったことは容易に想像がつくが，大量輸送の実態はほとんど明らかとなっていない。ここでは帆をもたない準構造船の地乗り航法による輸送では一艘あたり2頭前後が限界であったであろうこと，一体成形船の出現時期と馬の本格的渡来の開始時期がほぼ同時であり，両者には密接な関連が想定されていることを確認するに留めておきたい（ちなみに原古墳や弁慶ヶ穴古墳に描かれた馬を載せた船も一体成形船である）。無数の準構造船の往来なくして馬の本格的渡来という現象を説明することができない以上，馬関連考古資料をはじめとするさまざまな考古学的証拠をもとに，その具体的な輸送ルートや輸送方法などを復元する作業は喫緊の課題である。

2. 馬の本格的渡来以後の交通・流通

(1) 馬の本格的渡来以前の交通・流通

　それでは馬の本格的渡来によって日本列島の交通・流通はいかに変化したのであろうか。そもそも日本列島に人が住みはじめてから古墳時代中期に馬が本格的に出現するまでの長い間，交通手段はもっぱら人力によるものであった。出土資料にこそ恵まれないものの，旧石器時代から徒歩だけでなく，何らかの移動手段（道具）を用いて人力で水面上を移動していたことは，海で四周を囲まれた日本列島に3万8千年前には確実に人類が到達していることからみて明らかである。黒曜石の産地分析などから，後期旧石器時代には単なる移動ではなく，海をまたいだ広域流通が既に始まっていたことも確かめられている（安蒜1997）。初めはリスクもコストも高い直接採取であったかもしれないが，偏在する資源にアクセスするネットワークは早くから存在し，次第に形成されたであろう互恵的交易による広域流通網は，縄文時代にはピークを迎えたと考えられている（宇野1998）。この縄文時代の広域流通網を丸木舟による水運と共に支えたのが，人担による陸運である。この頃になると木道などの人為的な道路遺構もいくつかの遺跡で確認されてはいるが，あくまで集落内やその付近を結ぶ程度に留まっていたようで，基本的には人の往来によって形成された踏み分け道のような自然発生的道路であったとみられる（近江2008）。

　弥生時代はどうであろか。弥生時代に入って登場する背負子や天秤棒といった人担用運搬具が中国に淵源を辿ることのできる外来の文物であることをふまえるまでもなく（宇野2009），弥生時代の，とりわけ漢に遣使する機会もあった北部九州の人々の中には，秦直道をはじめとする中国の大規模な計画的直線道路の存在を見聞きしたものがいたに違いない。酒井龍一は拠点集落間を線で結ぶことで列島中央部を網目状に走る「弥生街道」を復元している（酒井1997）。しかしながら，長崎県原ノ辻遺跡や福岡県比恵・那珂遺跡群など玄界灘周辺の大規模集落遺跡で両側溝をもつ道路遺構の存在が指摘されてはいるものの（久住1999など），遠く離れた地域間を結ぶ古代の官道の祖型となりうる道路遺構はまだみつかっていない。『魏志倭人伝』に「土地は山険しく深林多く，道路は禽鹿の径の如し」とあるように，そのほとん

どが前代からの自然発生的道路であったようだ（近江 2008 など）。

　古墳時代前期に入っても明確な道路遺構の報告事例はほとんどなく，基本的には弥生時代の延長線上に位置づけてよさそうである。清水真一は箸墓古墳周濠出土の木製輪鐙から馬による移動を想定しつつ，正方位直線道路としての「山の辺古道」や「上ツ道」が古墳時代前期には成立したとみているが（清水 2003），そのことを直接的に示す道路遺構はまだみつかっていない。

（2）馬の本格的渡来と道路遺構の出現

　古墳時代中期以降になると，明確な道路遺構の検出事例が散見されるようになる。馬との関わりで注目されるのは先述の蔀屋北遺跡に隣接し，やはり大量のウマ遺存体が出土している大阪府讃良郡条里遺跡で両側溝をもつ道路遺構（路面幅 1.7〜1.9 m）が検出されていることである（図 91 ▲印部分）。溝は中期前半の間に廃絶していたようであり，本道路遺構が機能していたのは短期間であったとみられるが，鹿野塁はこれを「集落内幹線道路」とみた上で，道路付近で韓式系土器の平底鉢が数点出土するなど，讃良郡条里遺跡周辺が渡来人との関わりが色濃く想定されることから，「両側に側溝を有する道路は，渡来人によってもたらされた土木技術の一端であった可能性」を指摘している（鹿野 2012：p.222）。隣接する蔀屋北遺跡でも最も規模の大きい北東居住域でも居住域を二分するように中期後葉〜末の 2 条の南北溝が断続的に確認されている。その南側延長線上で居住域を取り囲む区画溝が途切れ，出入り口とみられること，同時期の建物との重複がみられないことから，同じく路面幅 1.5 m ほどの両側溝をもつ集落内幹線道路として復元できる可能性が高い。

　直接的なつながりはなかったのであろうが，両側溝をもつ道路自体は弥生時代後期以降の玄界灘周辺で先行して出現している可能性が高いことは先にみた通りである。5 世紀以前の朝鮮半島の道路遺構は漢城期百済の王城であるソウル市風納土城の砂利敷き舗装された道路遺構など数えるばかりで（山本 2011），両側溝をもつ道路の故地を明らかにすることは現状では難しい。両側溝をもつのみで路面や路床を補強した形跡が認められない（後世に削平されてしまった可能性もある）これらの道路遺構をこの時期に新たにもたらされた渡来系の「土木技術」と評価することも躊躇されるが，渡来系集団も

図91 大阪府讃良郡条里遺跡の道路遺構（鹿野 2012）

居住していた初期の牧経営を担う集落の中心部において，両側溝をもつ道路が「再出現」すること自体は，注意しておきたい。

　これらに対して奈良県鴨神遺跡の古墳時代中期後半頃に敷設され，後期後半前後まで機能したとみられる道路遺構（路面幅 2.5〜3.3 m）は，軟弱地盤を一度掘削して木の幹や枝を大量に含む粗砂で埋める地盤改良方法が確認されている（図92）（近江 2008 など）。調査から 30 年が経った今も確実に古墳時代中期にまで遡る唯一の作道事例であり，敷粗朶工法にも通じる渡来系の土木技術が用いられている点も興味深い。

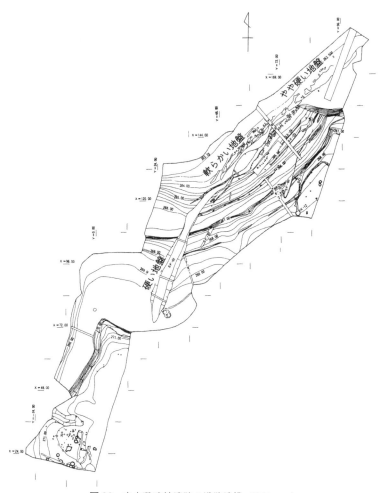

図92 奈良県鴨神遺跡の道路遺構（近江 2008）

　鴨神遺跡の道路遺構が直線距離で約 70 km 離れている大和盆地南東部の
「海石榴市衢」と紀ノ川河口の「紀水門」を結ぶ幹線道路の一部と考えられて
いる点も重要である（図 93）。もともとは風の森峠を行き交う人々によって
形成された自然発生的道路をベースとするこのルートが倭王権中枢と外港の
一つを結ぶ幹線道路として整備されたのは，中期前葉に築かれた墳長 238 m

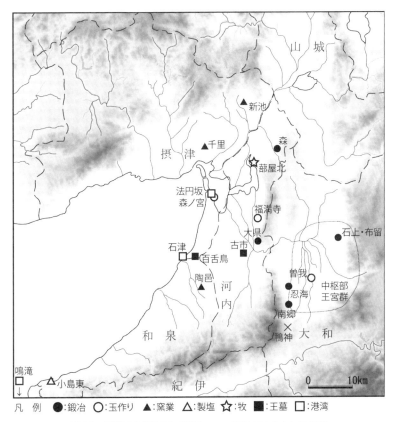

凡　例　●：鍛冶　○：玉作り　▲：窯業　△：製塩　☆：牧　■：王墓　□：港湾

図 93　王権の内部領域（菱田 2013, 古市 2011 をもとに作成）

の大型前方後円墳である奈良県室宮山古墳や金剛山東麓に展開する奈良県南郷遺跡群など周辺の遺跡の展開状況からみてもう少し遡る可能性が高いが，いずれにせよ馬の本格的渡来からほどなくして人為的な作道が行われていたことは変わらない。なお，鴨神遺跡の道路遺構については，近年，千賀久によって路面幅や路面舗装から牛馬が木橇などを曳いて運ぶためのものであった可能性が指摘されており，その作道目的が改めて注目される（千賀 2021）。

(3) 王権の内部領域の形成と馬による交通・流通

　このように馬の本格的渡来からほどなくして，倭王権中枢に出現した牧を構成する集落内において両側溝をもつ道路がみられることと，倭王権中枢から延びる幹線道路に人為的な作道の痕跡が認められるようになることは，無関係であったとは思えない。もし仮に，『魏志倭人伝』が「道路は禽鹿の径の如し」と伝える先史以来の自然発生的道路から，後の七道駅路へとつながる人為的に開削した道路への転換の起点が古墳時代中期にあり，かつ渡来系土木技術の受容と関わっているのであれば，馬の本格的渡来から家畜馬利用の普及までの動きと，作道（陸上交通路の整備）は一連の現象として理解することも可能であろう（諫早 2012b）。個々の記事の信ぴょう性はさておき，『日本書紀』応神紀において百済からの貢馬記事（15 年条）に先立って，「蝦夷」による「厩坂道」の作道記事（3 年条）がみえることの意味を改めて考える必要があるのかもしれない。

　この時期の倭王権中枢では，当時の陸上交通を考える上で，もう一つ興味深い現象が認められる。王宮と王陵の位置の乖離である。王宮の所在地に関しては後代の文献史料に依存せざるをえず，不確実さは否めないものの，基本的には古墳時代を通じて大和盆地南東部を中心に展開しつづけたとみられているのに対し（古市 2011），王陵の位置は古墳時代中期に入り大和盆地から河内平野の百舌鳥・古市の地へと大きく移動する。またこの頃から，大和盆地と河内平野にまたがる広大なエリアに，窯業生産，鍛冶生産，玉作り，馬匹生産，塩生産などの大規模生産地が分散的ながらも計画的に配置される状況も認められるようになる（菱田 2007・2013 など）。河内湖北岸に出現した大規模な家畜馬生産地，「河内の牧」もその一つである。王陵移動の背景については諸説あるが，古墳時代中期に入り，複数の王宮と王陵，各種生産地，さらには大阪府法円坂遺跡でみつかった倉庫群のような港湾的機能を兼ね備えた臨海性の高い各種管理施設が，王権の「内部領域」と呼ぶべき一定の空間の中で広域に展開したことは確かである。菱田哲郎が「一定の強制力をもって土地利用をデザインする力が王権に備わるようになった」と評価するように（菱田 2007：p.55），そこには前代までのあり方からの大きな飛躍が認められるが，そのような「内部領域」のネットワーク化に陸上最速の交通手段である馬が一役買ったであろうことは想像に難くない（図93）。

　蔀屋北遺跡周辺についても，河内湖からのアクセスばかりが注目されがちだが，清滝川沿いを走る清滝街道（現在の国道163号線）を東に向かい清滝峠（標高247 m）を越えれば田原盆地（大阪府と奈良県の県境）であり，そこからは大和盆地や南山城地域（木津川中流域）へ容易にアクセスすることができる。生駒山地西麓を南北に走り、淀川と大和川を最短で結ぶ陸上交通路（のちの東高野街道）とも交差する交通の要衝である。大和盆地と河内平野間の交通を考えた時，大量の物資の運搬については馬出現以前も以後も水上交通に明らかに分があることは先にみた通りだが，人の移動や情報の伝達速度において騎馬に勝るものはないだろう。例えば淀川－木津川ルートは，難波津からおよそ50 kmの距離をかけて30 m程の高さをゆっくりと溯上し，大和盆地に最も近い外港ともいうべきのちの泉津（木津川市中心部）に至るルートであるが，河内湖北岸に位置する蔀屋北遺跡周辺から清滝峠を越えればアップダウンこそあれ，わずか18 kmでそこまで到達することができる。大和川ルートについては水路でも陸路（龍田越え）でも距離はさほど変わらなかっただろうが，大和川は近世になっても大和と河内の境にある亀の瀬で荷の積み替えが行われるなど，決して遠隔地間の水運に利用しやすい河川ではなかったことを考慮した議論が必要であろう（近江2023b）。まだ仮説の域を出ないが，初期の大規模な家畜馬生産が河内湖北岸を中心とする生駒山地西麓でまず始まった大きな要因の一つに，河内湖沿岸と大和盆地の間を結ぶ陸上交通における馬の需要があった可能性は，極めて高い（諫早2021）。

3. 馬利用の拡大と交通網の再編

(1) 大規模家畜馬生産地の出現・展開と古東山道ルートの成立

　河内湖北岸で家畜馬生産が本格的に開始した古墳時代中期中葉の日本列島を俯瞰すると，北は東北南部，南は九州南部にまで馬具が散在しており（諫早2012a），前方後円墳や古墳時代のウマ遺存体の南限と北限もこれとほぼ重なる。倭人の住む日本列島中央部の広範な地域に，点的とはいえ騎馬の風習が急速に拡散していった様子をうかがい知るに十分なデータが蓄積されつつある。各地のウマ遺存体や馬具の出土から推測される各地における家畜馬利用の開始は，規模の大小こそあれ，それぞれの地域におけるその後の家畜馬生産の起点となったであろう。興味深いのは河内湖北岸とほぼ同時に，遠

く離れた東日本内陸部の伊那谷南部，長野県飯田古墳群周辺でも大規模家畜馬生産地が出現したとみられることである。

　長野県飯田古墳群は，天竜川西岸の河岸段丘上，南北約 10 km，東西約 2.5 km の範囲に築造された，長野県を代表する古墳群の一つである。木曽山脈から天竜川に注ぎこむ自然河川によって五つの地区に分かれており，北から座光寺地区 3 基，上郷地区 3 基，松尾地区 8 基，竜丘地区 12 基，川路地区 1 基，計 27 基の前方後円墳（帆立貝形古墳を含む）を含む，約 370 基の古墳で構成されている。座光寺地区の恒川遺跡群をはじめとする集落遺跡では，まだ馬飼育と直接関わる遺構はみつかっていないが，古墳の周溝や墳裾，周辺に設けられた土坑からウマ遺存体が出土する事例が座光寺地区 7 例，上郷地区 6 例，松尾地区 15 例，計 28 例もみつかっている。これらは土坑の規模やウマ遺存体の出土状況などから，そのほとんどが馬一頭をそのまま埋葬した馬埋葬土坑とみられる。古墳時代中期の馬埋葬土坑がこれほど濃密に確認されている地域は，日本列島全体を見渡してもほかにない。伊那谷南部については放牧地はもちろん，家畜馬生産を行った集落の様相が明らかとなっておらず，蔀屋北遺跡周辺と同じように評価してよいか議論の余地はあるが，さまざまな状況証拠からみて，この地に河内湖北岸に比肩する大規模な家畜馬生産地が設けられたことは確かであろう（小林 2011，千賀 2012 など）。

　少なくとも馬具やウマ遺存体をみる限り，河内湖北岸と伊那谷南部における家畜馬生産開始の上限年代はいずれも中期中葉におさまり，前者が若干先行するとみられるものの，明確なタイムラグは存在しない。九州をはじめとする西日本各地に河内湖北岸に比肩する同時期の大規模家畜馬生産地が確認できていない中，東日本の，それも内陸部に突如として出現する大規模家畜馬生産地についてはどのように理解すべきであろうか。「下伊那型埴輪」と呼ばれる北信地域から影響を受けた地域色の強い埴輪に代表されるように，飯田古墳群の出現や展開を倭王権中枢との一元的な関係のみで説明することは難しい。その一方で，同時期の日本列島全体をみわたしても大規模な家畜馬生産が想定される地域が河内湖北岸以外にみあたらない現状においては，倭王権中枢との密接な関係を想定することによって初めて，東日本の，それも海をもたない内陸部に位置し，朝鮮半島系土器もほとんど出土していない伊那谷南部が，外来動物である馬やその飼育・繁殖のノウハウを安定的に確

保しえた理由を合理的に説明することができる。

　伊那谷南部が大規模家畜馬生産地として選ばれた最も大きな理由は、『延喜式』に記載された御牧の多くが東日本内陸部（甲斐，武蔵，信濃，上野）に置かれていることからもうかがえるように，大量の馬を繁殖させるのに十分な放牧地が確保できたことにまずは求められる。くわえて，倭王権中枢から遠く離れた伊那谷南部に大規模家畜馬生産地が出現した背景には，右島和夫が説くようにその出現とほぼ同時に「馬を基本に据えた新しい畿内－東国の恒常的な交流ルート」，「古東山道ルート」の成立があったとみるべきだろう（右島 2008）。東日本内陸部を東西に貫く古東山道ルートにおいて，伊那谷南部はまさに西方からの入口部分に立地する。肝心の道路遺構がみつかっておらず，「古東山道路」を具体的に復元できる状況には依然としてないが，従前より指摘されてきた神坂峠（標高 1570 m），雨境峠（標高 1580 m），入山峠（標高 1130 m）における滑石製模造品を用いた峠の祭祀の開始にくわえて（大場 1970，櫻井 2020 など），東日本における初期馬具やウマ遺存体の広がりからみても，のちの東山道駅路の祖型となる恒久的な内陸幹線路が，馬の本格的渡来を契機に出現した可能性は高い。

　伊那谷南部からさらに東へ進んだ榛名山東麓の群馬県金井遺跡群周辺において，遅くとも Hr-FA 降灰以前，すなわち後期初以前には大規模な家畜馬生産が開始していたとみられることも，このルートの延長線上で理解することが可能である。一帯における家畜馬生産の開始は，初期馬具やウマ遺存体をみる限り，やはり中期中葉にまで遡るとみられる（右島 2019・2023）。

　河内湖北岸，伊那谷南部，榛名山東麓と，現在までにみつかっている初期の大規模家畜馬生産地が東日本内陸部に偏在していることは，第一に放牧に適した広大な空閑地が偏在していたことを意味するとして，そこで生産された馬がその周辺における馬需要を満たすためだけに存在したとは到底考えがたい。この問題を考える上で重要な手がかりとなるのが，近年のウマ遺存体に対するストロンチウム同位体比，酸素同位体比分析の知見である。奈良県南郷大東遺跡など古墳時代のウマ遺存体に対する分析の結果，『延喜式』などのちの文献史料からうかがえる東日本内陸部から倭王権中枢への馬の移動は，先に述べた飛鳥時代後半よりも遥かに古く，古墳時代中期後半にまで遡る可能性が示されている（丸山 2016，青柳ほか編 2017）。残念ながら蔀屋北

遺跡出土ウマ遺存体に対して最近実施された安定同位体比分析では，東日本内陸部からの馬の移動は確かめられなかったが，西日本の複数の地点からの馬の移動が推測されている（丸山・覚張 2023）。これまでに得られている断片的な証拠による限り，馬利用を前提とする新たな陸上交通路は，当初から東日本内陸部など遠隔地で生産された馬を倭王権中枢へもたらすルートとしても機能していた可能性が高い。

　岩手県中半入遺跡から出土した中期後半に遡るウマ遺存体や，付近に築かれた最北の前方後円墳である角塚古墳の馬形埴輪からみて，家畜馬利用を基軸とする「古東山道ルート」は古墳時代中期後半の間に東北南部にまで到達したものとみられる（亀田 2003）（図 94）。松本健速は角塚古墳が築かれた頃に倭の領域から東北北部への「集団の移住」があったと想定しているが（松本 2006），それは家畜馬利用を前提とした「古東山道ルート」延伸の帰結として理解すべきであろう。

　馬は，人力と船による従来の遠距離交通網を補完すると同時に，陸路のみ

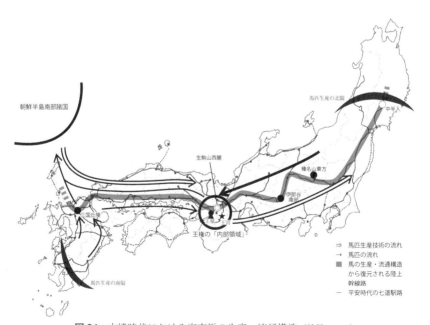

図 94　古墳時代における家畜馬の生産・流通構造（諫早 2012b）

を志向する新たな遠距離交通網の担い手であり，これ以後，日本列島の歴史において主たる陸上交通手段としての役割を果たしていくことになる。群馬県井出二子山古墳（墳長 108 m）や埼玉県埼玉稲荷山古墳（墳長 120 m），栃木県摩利支天塚古墳（墳長 117 m）など東日本内陸部各地で，古墳時代中期後葉にそれまでの首長系譜とは系譜を異にする大型前方後円墳が相次いで築造される。それらの出現背景に家畜馬利用を前提とする陸上交通との関わりを想定する意見があるように（右島 2019），倭王権中枢が主導したであろう上述の政策は，少なくとも当初は東日本内陸部の各地域社会にとってもメリットのある，いわば互恵的な関係の下に展開したものとみられる。

　以上を整理すると，古墳時代中期における馬の本格的渡来（大量輸入）と，それに続く大規模家畜馬生産地の形成，陸上交通網の再編は，当時の倭王権中枢が主導した一連の政策（馬政）として理解することが可能である（諫早 2012b）。この時期の多くの王宮が置かれたとされる大和盆地南東部（奈良県桜井市周辺）と大阪湾沿岸の百舌鳥古墳群は直線距離で約 30 km，伊那谷南部とは約 210 km，岩手県中半入遺跡とは約 700 km 離れている。東日本内陸部で生まれた馬が，大和盆地や河内平野へ向かう途上には，標高 1500 m を超える神坂峠などの急峻な山道もある。それらを結ぶ交通を支えたのは，ほかならぬ馬そのものであったに違いない。

（2）古墳副葬馬具からみた幹線道路網の整備

　古墳時代中期後半から後期にかけて，馬具副葬古墳の数は急激に増加し，その分布範囲も広くかつ面的なものとなっていく。古墳に副葬された馬具の性格については意見のわかれるところであるが，補修痕を有する馬具の存在や，馬埋葬土坑から古墳副葬馬具と何ら遜色ない馬具が馬に着装された状態で出土していることなどからみて，「基本的に「実用的」であれ「装飾的」であれ馬に着装されて使用されていたものであり，被葬者の生前の愛馬に着装していた馬具を副葬していた」（中條 2000：p.132）と考えてよいだろう。であるならば，型式学的手続きにもとづく精緻な相対編年網が構築されている古墳副葬馬具は，ある時期，ある地域における家畜馬利用や馬を用いた交通・流通の実態を論ずる上で，一つのバロメーターとなる。

　実際，松尾昌彦は古墳副葬馬具が実用品であるという理解のもと，初期馬

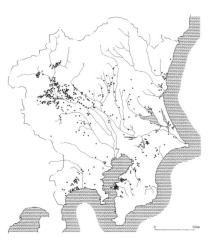

図95　関東地方の馬具副葬古墳の分布
（松尾 2002）

図96　関東地方の飛鳥時代後半の計画道路
（中村太一 1996）

具の分布などから東山道ルートの方が東海道ルートよりも先に整備された
ことを指摘する（松尾 2002）。また，後期を中心とする関東の馬具副葬古墳
の分布がのちの東山道・東海道本路と重なることから，古墳時代に「中央
と地方を結ぶ政治的交通路」が成立し，「馬を用いた交通・通信手段の整備
が東国全体に行われた」可能性を指摘している（図 95，図 96）（松尾 2002：
pp.270-271）。

　草原孝典も岡山県内出土古墳副葬馬具の分布を時期ごとに整理し，後期の
馬具副葬古墳がのちの山陽道や美作道に沿って分布することを明らかにした
上で，後期前半に陸路の整備が行われた可能性を指摘している（図 97）（草
原 2016）。山陽道ルートについては文献史料からも，大化前代の大和 - 筑紫
間に「589 年の隋による中国統一を大きな契機として，東アジアが緊張に包
まれるなか，」「倭王権の影響力の強い屯倉などの拠点に馬を配備し，緊急事
態に備えた」駅制の前身となる早馬制が機能していたとみられているが（市
2017：p.116），少なくとも岡山平野以東においてはそれ以前から倭王権中枢
との間の陸上交通路が整備されていたのであろう。

　遅くとも飛鳥時代後半には存在したとみられる大和盆地 - 河内平野間の正

方位計画道路の形成過程や出現時期をめぐっては，とりわけ発掘調査成果をどのように文献史料と整合させるかをめぐって見解に大きな乖離があり，議論は平行線を辿っている（中村 2020，近江 2023a など）。俄かに解決できる問題ではないが，本論においては飛鳥時代のどこかで計画的直線道路が整備されるより遥か昔，古墳時代中期に起こった馬の本格的渡来が，在来の陸上交通網に大きなインパクトを与え，騎馬を基軸とする交通網の再編をもたらしていたこと，古代の計画的直線道路はその延長線上に位置づけられることこそが重要であろう。

　早いところでは古墳時代中期，遅くとも後期には日本列島各地で従来の自然発生的道路をベースとしつつも倭王権中枢と地方を高速でつなぐ幹線道路網の整備が段階的に進められていったものとみられる。家畜馬の生産適地が広がる古東山道ルートの幹線道路化が他地域に先んじて，おそらくは倭王権中枢の交通網の整備とほぼ同時に着手されたのは，もちろんこの地域においては陸路に代わる主要な遠距離交通手段がなかったこともあるだろうが，大量の家畜馬を生産する牧の確保こそが，この時期に整備された幹線道路網を円滑

図97　岡山県下における古墳副葬馬具の分布（草原 2016）

に機能させる上での前提条件であったことを強く示唆する。

　河内湖北岸であれ，伊那谷南部であれ，古墳時代の初期の大規模家畜馬生産地が単なる空閑地ではなく，交通の要衝に設けられていることは先に述べた通りである。すなわち家畜馬のいなかった古墳時代の日本列島においては，騎馬利用を前提とした陸上交通網の再編と，家畜馬生産の開始が近接した場所で起こっており，しばらくの間は両者が不離一体の関係性を保ちながら展開した。騎馬による交通と家畜馬生産の同所性，同期性は，倭が家畜馬を受容した最大の目的が軍事を含めた騎馬の利用にあったことを端的に示している（諫早 2021）。

　少なくとも『延喜式』の書かれた平安時代前期には，河内湖北岸や伊那谷南部に官牧の置かれた形跡が認められないことからもうかがえるように，「面」すなわち広大な放牧地を必要とする牧（家畜馬の生産地）と，「線」すなわち出発地と目的地を効率よく結ぶことを志向する交通路（家畜馬の消費地）は，発展の方向性を異にする。交通路は，基本的に人の住む場所と人の住む場所をつないでいく。その周辺には当然ながら農耕地を含めた生活の場がある。家畜馬生産の場は大規模になればなるほど家畜馬利用の場から離れていったとみられ，その萌芽が伊那谷南部に牧が設置された当初から認められる。ただ，それは単なる生産地と消費地の分離，分化ではなく，遠く離れた生産地と消費地が政治的にも経済的にも陸上交通路によってしっかりと結ばれていたことを前提とする。先に紹介した出土ウマ遺存体に対する安定同位体比分析の結果に加えて，古墳時代装飾馬具の多くが倭王権中枢で製作され，各地に流通したと考えられることをふまえれば（諫早 2012c），早ければ古墳時代中期後半には，地方で生まれた馬が中央に一度集積，調教された後，中央で製作された装飾馬具を着装した状態で，家畜馬生産地を含む地方に再移動する（再分配される），という飾馬の生産・流通構造を想定することが可能である（図98）（諫早 2023a）。装飾馬具を着装した飾馬に乗った首長やその子弟・子女が中央と地方を行き来した道が，彼ら・彼女らだけを運ぶためのものでなかったことは改めていうまでもない。

（3）馬関連考古資料と古墳時代の交通・流通

　ここまで主として馬具などの馬関連考古資料から，古墳時代の交通・流通

現象1　移動（地方→中央）
根拠：ウマ遺存体に対する安定同位体比分析。伊那谷、榛名山東方の発掘調査成果など
解釈：各地の馬匹生産地で産まれた馬の一部（おそらく牡馬）が倭王権中枢へ移動（貢納？）

現象2　集積（中央）
根拠：ウマ遺存体に対する安定同位体比分析、
　　　部屋北遺跡周辺の発掘調査成果など
解釈：倭王権中枢の牧に集積。飼育、調教

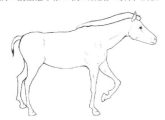

現象3　再移動（中央→地方）
根拠：古墳副葬装飾馬具の型式学的研究、分布論など
解釈：倭王権中枢の工房で製作された装飾馬具を装着
　　　した馬が馬匹生産地を含む消費地へ再移動（下賜？）

図 98　古墳時代の飾馬の生産・流通モデル（諫早 2023a）

の素描を試みてきた。ウマ遺存体の存在からその周辺で家畜馬が飼養されていたこと，馬具の存在からその周辺で騎馬としての利用があったことまではいえるかもしれないが，それらが利用の場である道路や，生産の場である牧の存在を直接的に示すわけではない。また古墳時代中期を起点とする騎馬による交通と幹線道路網の整備が，人・モノ・情報の伝達の高速化を達成したことは確かであったとしても，水上交通をベースとする在来の物流にいかなる変化を与えたのかについては，駄馬や輓馬の実態が不明である現状ではどこまでも推測の域を出ない。まだまだ解決すべき課題は山積しているが，いずれにせよ道路遺構の零細な古墳時代においては，各地の馬関連考古資料が当時の陸上交通・流通を復元する上で重要な手がかりの一つであることは確

かであろう。

　古墳時代の道路や牧といった家畜馬の利用・生産の場は遺構として捉えにくいこともあり，文献史料を援用することのできる古代の交通史研究，牧研究の成果に依拠した議論になりがちである。ただ我々が金科玉条のごとく引用する『延喜式』（10世紀前半）に記載された牧のあり方が奈良時代はもちろん古墳時代にまで遡る保証は一つもない。まずは同時代資料である馬関連考古資料を悉皆的に集成し，それらの時間的・空間的評価をしっかりと定めた上で，出土した遺構・遺跡はもちろん，周辺地形や前後の時期を含めた遺跡群の展開の中で，端的にいえばその地域の景観史の中で馬関連考古資料のもつ意味を捉え直すことこそが，古墳時代の馬による交通・流通を考える上で何よりの捷径であることを最後に強調しておきたい。

〔文献〕

青柳泰介・丸山真史（編）2017『国家形成期の畿内における馬の飼育と利用に関する基礎的研究』奈良県立橿原考古学研究所

阿南　亨 2007「古墳時代の船と航海―考古資料を中心として―」『大王の棺を運ぶ実験航海―研究編―』石棺文化研究会

安蒜正雄 1997「石器時代の物々交換とミチ」『考古学による日本歴史』9　雄山閣

諫早直人 2012a『東北アジアにおける騎馬文化の考古学的研究』雄山閣

諫早直人 2012b「馬匹生産の開始と交通網の再編」『古墳時代の考古学』7　同成社

諫早直人 2012c「生産と流通　Ⅶ馬具」『古墳時代研究の現状と課題　下』同成社

諫早直人 2019「騎馬民族論の行方」『考古学講義』筑摩書房

諫早直人 2020「馬・馬具からみた百舌鳥・古市古墳群」『海を渡った交流の証し―遺物からみた五世紀の倭と朝鮮半島―』堺市文化観光局文化部文化財課

諫早直人 2021「馬匹生産地の形成と交通路」『馬と古代社会』八木書店

諫早直人 2022「馬具の暦年代論と古墳時代中期の対外交渉」『中期古墳研究の現状と課題〜新編年で読み解く地域の画期と社会変動〜　発表要旨集・資料集』中国四国前方後円墳研究会

諫早直人 2023a「古墳時代の牧，三国時代の牧　朝鮮半島からのまなざし，朝鮮半島へのまなざし」『牧の景観考古学　古墳時代初期馬匹生産とその周辺』六一書房

諫早直人 2023b「鐙の出現―騎馬文化東伝の原動力―」『馬・車馬・騎馬の考古学―東方ユーラシアの馬文化―』臨川書店

諫早直人（編）2023『牧の景観考古学　古墳時代初期馬匹生産とその周辺』六一書房

石田英一郎・岡　正雄・八幡一郎・江上波夫 1949「日本民族＝文化の源流と日本国家の形成」『民族学研究』第13巻第3号　日本民族学協会

市　大樹 2017『日本古代都鄙間交通の研究』塙書房

一瀬和夫 2012「船・ソリ」『古墳時代の考古学』5　同成社

宇野隆夫 1998「原始・古代の流通」『古代史の論点』3（都市と工業と流通）小学館

宇野隆夫 2009「交通と運輸の技術」『弥生時代の考古学』6　同成社

近江俊秀 2008『道路誕生　考古学からみた道づくり』青木書店

近江俊秀 2023a「正方位直線道路網の成立時期」『歴史考古学による古代景観の復元』同成社

近江俊秀 2023b「陸路と水路」『歴史考古学による古代景観の復元』同成社

大場磐雄 1970「古東山道の考古学的考察」『國學院大学大学院紀要』第 1 集

岡安光彦 1986「馬具副葬古墳と東国舎人騎兵」『考古学雑誌』第 71 巻第 4 号　日本考古学会

亀田修一 2003「陸奥の渡来人（予察）」『古墳時代東国における渡来系文化の受容と展開』専修大学文学部

河野通明 1994『日本農耕具史の基礎的研究』和泉書院

河野通明 2004「7 世紀出土一木犂へら長床犂についての総合的考察」『商経論叢』40-2　神奈川大学経済学会

草原孝典 2016「塚段古墳出土の馬具」『塚段古墳・坂口古墳―銀層ガラス玉を出土した後期古墳の発掘調査報告―』岡山市教育委員会

久住猛雄 1999「弥生時代終末期「道路」の検出―比恵・那珂遺跡群における並列する二条の溝の性格と意義―」『九州考古学』74 号　九州考古学会

甲元眞之 1998「船に乗る馬―装飾壁画の一考察―」『文学部論叢』第 61 号（歴史学編）　熊本大学文学会

小林正春 2011「中部」『講座　日本の考古学』7　青木書店

小林行雄 1951「上代日本における乗馬の風習」『史林』第 34 巻第 3 号　史学研究会

近藤誠司 2001『ウマの動物学』東京大学出版会

酒井龍一 1997『弥生の世界』（歴史発掘 6）講談社

櫻井秀雄 2020「長野県軽井沢町の入山峠祭祀遺跡と古東山道，そして東山道」『金沢大学考古学紀要』41

鹿野　塁 2012「道路」『古墳時代の考古学』5　同成社

下垣仁志 2005「倭王権と文物・祭式の流通」『国家形成の比較研究』学生社

清水真一 2003「纒向遺跡と馬」『考古学に学ぶ』Ⅱ（同志社大学考古学シリーズⅧ）

積山　洋 2010「日本列島における牛馬の大量渡来前史」『日本古代の王権と社会』塙書房

高橋美久二 1991「交通と運輸」『古墳時代の研究』5　雄山閣

田中　裕 2023『古代国家形成期の社会と流通』同成社

千賀　久 2012「馬と馬具」『講座　日本の考古学』8　青木書店

千賀　久 2021「Ⅱ．葛城の道」『葛城の古道を辿る―葛城の古墳と交通路―』葛城市歴史博物館

中條英樹 2000「馬具副葬行為にみる表象考察のための基礎作業」『表象としての鉄器副葬』（第 7 回鉄器文化研究集会）鉄器文化研究会

中村潤子 2005「馬の使役とその道具についての一試考」『朝鮮古代研究』第 6 号　朝鮮古代研究刊行会

中村潤子 2007「古代日本における馬車使用の可能性―考古資料と民具の間Ⅲ―」『考古学に学ぶ　Ⅲ』（同志社大学考古学シリーズⅨ）

中村太一 1996『日本古代国家と計画道路』吉川弘文館

中村太一 2020「倭王権の道路整備―初期計画道路形成史の再検討―」『日本古代の都城と交通』八木書店

野澤　謙 2009「ウマ―日本在来馬の由来―」『アジアの在来家畜【家畜の起源と系統史】』名古屋大学出版会

橋本輝彦 2003「奈良県桜井市・小立古墳出土の車輪について」『古代交通研究』13　古代交

通研究会

林田重幸 1974「日本在来馬の源流」『日本古代文化の探究　馬』社会思想社

樋上　昇 2012「農具と農業生産」『古墳時代の考古学』5　同成社

菱田哲郎 2007『古代日本　国家形成の考古学』京都大学学術出版会

菱田哲郎 2013「古墳時代の社会と豪族」『岩波講座　日本歴史』第 1 巻　岩波書店

深澤芳樹 2014「日本列島における原始・古代の船舶関係出土資料一覧」『環太平洋海域における伝統的造船技術の比較研究』神奈川大学国際常民文化研究機構

古市　晃 2011「五・六世紀における王宮の存在形態―王名と叛逆伝承―」『日本史研究』587 号　日本史研究会

松井　章 1987「養老厩牧令の考古学的考察―斃れ馬牛の処理をめぐって―」『信濃』第 39巻第 4 号　信濃史学会

松井　章 1990「動物遺存体から見た馬の起源と普及」『日本馬具大鑑』第 1 巻（古代上）日本中央競馬会・吉川弘文館

松井和幸 2004「馬鍬の起源と変遷」『考古学研究』第 51 巻第 1 号　考古学研究会

松尾昌彦 2002『古墳時代東国政治史論』雄山閣

松原弘宣 2004『古代国家と瀬戸内交通』吉川弘文館

松本健速 2006『蝦夷の考古学』同成社

丸山真史 2016「古墳時代の馬の飼育・管理体制について―近畿地方のウマ遺存体を中心に―」『古代学研究』208　古代学研究会

丸山真史 2019「河内・大和の動物供犠と弊馬処理」『馬の考古学』雄山閣

丸山真史 2022「日本列島にきた家畜」『家畜の考古学　古代アジアの東西交流』雄山閣

丸山真史・覚張隆史 2023「蔀屋北遺跡出土ウマ遺存体の新知見」『牧の景観考古学　古墳時代初期馬匹生産とその周辺』六一書房

右島和夫 2008「古墳時代における畿内と東国―5 世紀後半における古東山道ルートの成立とその背景―」『研究紀要』第 13 集　由良大和古代文化研究協会

右島和夫 2019「古墳時代における東山道の成立と馬」『馬の考古学』雄山閣

右島和夫 2023「上毛野地域における馬の登場　富岡市後賀中割遺跡 7 号墳の調査成果から」『牧の景観考古学　古墳時代初期馬匹生産とその周辺』六一書房

宮崎泰輔 2012「家畜と牧場」『古墳時代の考古学』5　同成社

桃崎祐輔 1993「古墳にともなう牛馬供犠の検討―日本列島・朝鮮半島・中国東北地方の事例を比較して―」『古文化談叢』31　九州古文化研究会

山崎　健（編）2016『藤原宮出土馬の研究』（奈良文化財研究所研究報告　第 17 冊）奈良文化財研究所

山本孝文 2011「古代韓半島の道路と国家」『古代東アジアの道路と交通』勉誠出版

読売新聞西部本社・大王のひつぎ実験航海実行委員会（編）2006『大王のひつぎ海をゆく　謎に挑んだ古代船』海鳥社

（諫早直人）

8 木造船の構造と交通

1. 最初に

　周囲を海に囲まれた日本列島は, 旧石器時代に最初のヒトが渡海してより, 縄文, 弥生時代と船による交通が発展し, 古墳時代はさらに安定化, 往来はますます盛んになった。この背景には船[註1]の大型化と性能・耐久性の向上, そして航海術の発達があった。

　船は腐朽しやすい木を素材とし, 水上という過酷な場所で運用され, 航海中に失われることも多い。さらに, 使用後は解体して再利用されることも重なり, 発掘調査で明らかになるのは断片的な部分だけである。その構造・大きさ・動力・航海術についてはいまだ不明な点が多く, 間接的に推定する部分が大きい。船の出土地点は潟湖 (ラグーン) や内水面, 再利用された集落であることが多く, はたしてそれが沖合, 長距離航海で用いたのかは場所から判断できない。

　こうしたいくつもの制約が重なり, 古墳時代の船やその航海に関するイメージは人により大きく異なっているのが現状である。

　本稿では, これまでの出土成果 (集成は辻尾 2017, 深澤 2014 など) と研究に触れる中で, まず古墳時代の船の構造と大きさについて, 出土部材に加えて船形埴輪や土製品, 木製品, 各種絵画も参考に考察する。船には複数のタイプがあり, 沖合・沿岸といった海, 湖・河川といった内水面の使用場所・目的によって使い分けられ, 推進方法も異なっていたことを示す。大型で高性能であったはずの長距離航海の船やその乗組員についても実験航海なども参照して考えたい。その中で, 研究者による意見の相違についてできる限り言及していく。

　日本列島における初現の船は草 (葦) 船, 筏, 皮船, 丸太を刳り抜いた刳船 (丸木船) のいずれかの可能性があるが, 明らかでない。渡海実験では, 草船・筏はスピードや耐波性が刳船と比べて劣っており, 耐久性も弱く外洋航海には困難が大きかった (海部 2020)。

　気候が温暖となり, 海での活動が進んだ縄文時代早期には一本の丸太からなる単材刳船が確認され, 関東地方を中心に出土船がある。縄文時代の船の

ほとんどは，長さ4〜7m，幅0.5〜0.7m，深さ0.4mまでと小型である。長さに比して幅が狭く不安定で，乾舷が低い。出土場所からも沿岸や内水面で用いられたものであろう。

　一方で，縄文時代にはすでに伊豆諸島の八丈島や琉球諸島の沖縄本島など日本海流（黒潮）を越える長距離航海が本州・九州から行われていたことも確実である（小田2002など）。外洋航海に用いられた船は，これまで出土しているような単材刳船か，もっと大型で複雑な未知の船が存在したのか（辻尾2017），意見が分かれる。

　単材刳船は材料の木材に大きさが規定され，大型化には限界がある。このため，船体に別の材を上方に接合することによって深く，前後に接合することによって長く，左右に接合することによって幅広くすることで船は発展していった。

　刳船をベースとして舷側板や竪板を接合したものを準構造船と呼ぶが(注2)，日本では弥生時代から確認される。現在最古の事例は，鹿児島南さつま市中津野遺跡で出土した舷側板で，弥生時代前期後半のものである（鹿児島県立埋蔵文化財センター発表）。

　弥生時代には，土器・銅鐸・板に船が描かれる事例も増える。簡略化,デフォルメされているが，船首尾がゴンドラのように大きく反りあがった形態や多数の櫂をもつことから，モデルは部材が付加された準構造船と考えられる。

2．古墳時代の準構造船の形態

　本題となる古墳時代の船は，その特異な形態が古墳から出土する船形埴輪から推測されていた（後藤1935）。それらは刳船に舷側板などの部材を接合した準構造船で，形態に大きく2タイプある。

（1）竪板型準構造船

　船首尾に竪板と呼ばれる波除け板が斜め方向に取り付けられ，側面観が二股に分かれるものである。二体形成船などとも呼ばれる（一瀬1987）。舷側板は船首尾で竪板に接合することにより周囲が閉じ，左右の舷側板は仕切り板（隔壁）で挟んで固定するものもある。代表的な埴輪が古墳時代前期末の大阪府和泉市菩提池西遺跡3号墳（林編2006），中期の大阪市長原高廻り2号墳（永島編1991），大阪府藤井寺市岡古墳（天野編1989）から出土してい

る（図99-1〜3）。

　竪板型準構造船の実船は，1983年に初めて大阪府八尾市久宝寺遺跡で確認された（一瀬編1987）（図100-1）。弥生時代終末期の溝から，約3mの長さに切断され最大幅1.24mの船首尾部分と（図100-3），高さ1.73m，幅0.7mの竪板（図100-2），さらに長さ1.21m，幅0.21m，厚さ0.02mの舷側板が出土したのである。素材はスギであった。

　ここで部材の接合方法も明らかになった。刳船部船べりにあけられた方形孔と舷側板の方形孔とを樹皮で縛り，孔のすき間に木片をくさびとして打ち込んで固定した。刳船部先端には，竪板や船首別材を取り付けるためのホゾ溝が彫り込まれる。組み合わせて，木栓を打ち込んで固定した。

　竪板は盾形で上部がやや広がり，下辺に船体と接合するための2つの突起がある。船内側は刳り込まれ，下半側縁は舷側板をはめ込むホゾ溝が彫り込まれる。船形埴輪も参考に復元された模型が図100-4である。

　その後，竪板の出土例が増加するが，角張ったものなど形態に差異がある。その大小は船の大きさに比例し，取り付け角度も異なっていた（中村2012）。琵琶湖で出土するものは長さ0.6〜0.3m程度と小さい（横田2004）。

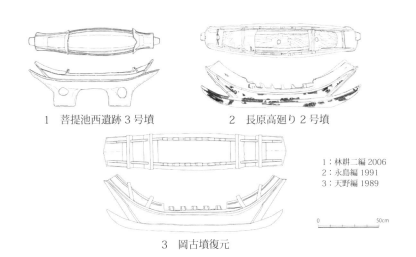

1　菩提池西遺跡3号墳　　　2　長原高廻り2号墳

1：林耕二編2006
2：永島編1991
3：天野編1989

0　　　　　　　　50cm

3　岡古墳復元

図99　竪板型準構造船の船形埴輪

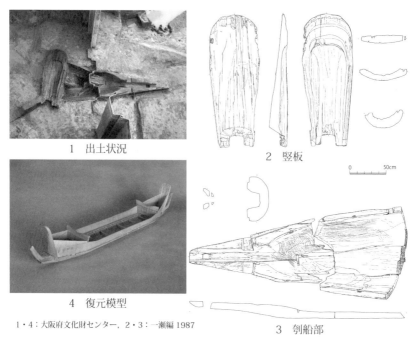

1　出土状況

2　竪板

0　　　　　50cm

4　復元模型

3　剖船部

1・4：大阪府文化財センター，2・3：一瀬編1987

図100　久宝寺遺跡竪板型準構造船

(2) 貫型準構造船

　船首尾が高く反り上がり，両舷側板が船首尾で閉じず開放する。左右の舷側板を固定するために角材（貫）や板を通し，溝を切った仕切り板（隔壁）ではさみこむ。一体成形船とも呼ばれる（一瀬1987）。船首尾が大きく反り上がるのは船首開放部から波が入り込まないようにするためであるが（横田2004），単材ではここまで反り上げることはできないので，別材の船首尾を前後に接合した複材剖船も存在しただろう（後述）。代表的な埴輪は古墳時代中期の宮崎県西都市西都原170（110）号墳（後藤1935），三重県松阪市宝塚1号墳（福田・松葉編2005）などから出土している（図101-1・2）。

　貫型の実船は判断の根拠となる部分が少なく，特定が難しい。大阪市瓜破北遺跡で出土した古墳時代後期の舷側板破片は，方形の孔があり（林編2013），貫型のものだろう（図101-3）。

　また，河内湖北東岸に位置する大阪府四条畷市部屋北遺跡，古墳時代中期の井戸B131000の枠に転用された船体がある（宮崎ほか2010）。これは船ベ

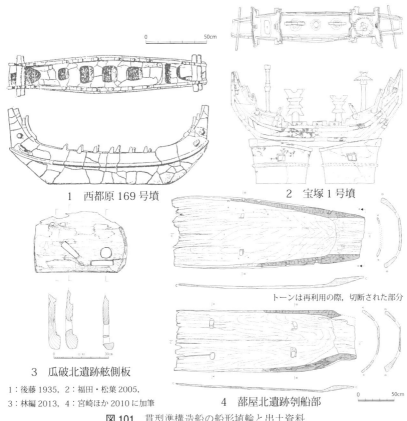

1 西都原169号墳　　　　2 宝塚1号墳

トーンは再利用の際，切断された部分

3 瓜破北遺跡舷側板

1：後藤1935，2：福田・松葉2005，
3：林編2013，4：宮崎ほか2010に加筆　　4 蔀屋北遺跡刳船部

図101 貫型準構造船の船形埴輪と出土資料

りラインが船首尾部に向かって絞り込まず，再加工で切断されるが，竪板を
取り付ける加工がみられないことから貫型の可能性がある（一瀬2008）（図
101-4）(註3)。

　古墳時代にも船の絵画は埴輪や板，さらには古墳石室などに表現される。
竪板型・貫型の両者が，奈良県天理市東殿塚古墳出土鰭付き円筒埴輪に描か
れる（古墳時代前期）（松本編2000）。下段のものは，7本の櫂とより大型の
操舵櫂をもつ貫型である。中段左側は竪板型で，4本の櫂と大型の操舵櫂，
左側は船首部分を欠くが貫型である（図102-1）。

(3) その他

　船形埴輪は船首尾が同じ形態のもののほか(註4)，若干形態が異なるもの

も多い。また，竪板型と貫型が併用される折衷型も存在する。兵庫県豊岡市袴狭遺跡出土の木製板には多数の船が描かれるが（中村ほか 2002）（弥生時代後期から古墳時代前期），多くは船首が竪板型，船尾が貫型となる（図102-2）。

　福岡県糸島市潤地頭給遺跡の井戸枠に再利用された弥生時代終末期の刳船部は（江野・江崎 2005），材がクスノキで，船体内部に溝があり，板をはめ込んで閉塞する（図103-1）。船尾部分である。一瀬氏は北九州型と呼び，船首尾の形態が作り分けられた，古墳時代前期の福岡市樋渡遺跡出土の船形木製品（横山・下村 1985）（図103-2）のモデルとした（一瀬 2008）。

（4）準構造船の変化と周辺地域の船

　準構造船の歴史的変遷はまだ十分に明らかになっていないが，出土事例からは竪板型が弥生時代にまず出現し，古墳時代に貫型が出現することになる。ただし，弥生時代中期の船の絵画に船首尾が大きく反り上がっているものが

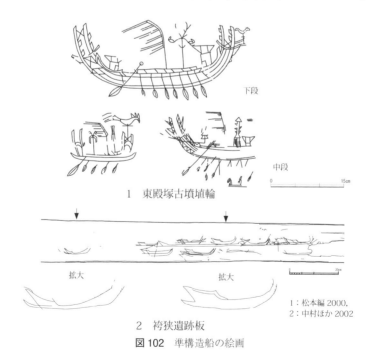

1　東殿塚古墳埴輪

2　袴狭遺跡板

1：松本編 2000,
2：中村ほか 2002

図 102　準構造船の絵画

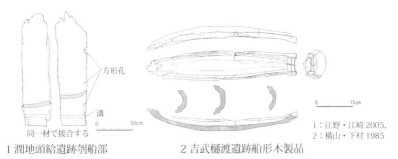

1：江野・江崎 2005,
2：横山・下村 1985

1 潤地頭給遺跡刳船部　　2 吉武樋渡遺跡船形木製品

図 103　北九州型準構造船

あり，すでに貫型準構造船が存在した可能性もある（森田 2014）。

　一瀬和夫氏は貫型準構造船を，構造を単純化し，容積を増やして荷物の出し入れを容易にした発展タイプと位置づけた。頑丈な構造のため軍船としても用いられたと考える。竪板型では，シンプルな菩提池西型が，船体を大型化した法華寺型に発展し，岡古墳出土の船形埴輪をあてる（一瀬 2008，2012）。

　朝鮮半島に目を転じると，準構造船をモデルにした竪板型・貫型の土製品が存在し（一瀬 2008，北野 1972），日本列島との共通性を示す。

　金海鳳凰洞遺跡では，古金海湾の海岸付近から長さ 3.86 m の湾曲した舷側板が出土した。柴田昌児氏は，竪板に取り付く端部で舷側板が垂直に高く反り上がる形態に復元した（図 104）。反り上がる部分には円形孔があり，貫を差して固定した。日本列島で出土する竪板型とは特徴が異なり，朝鮮半島系準構造船の伽耶タイプと位置づけた（柴田 2022）。素材はクスノキであるが，朝鮮半島では大型のクスノキは生育しないため日本からもちこまれたと判断される。日本列島と朝鮮半島は船材も供給す

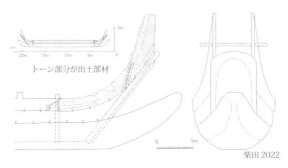

トーン部分が出土部材

柴田 2022

図 104　金海鳳凰洞遺跡舷側板と復元

る深い関係にあったこととなる。

中国も単材刳船から準構造船，さらに構造船へと発展していたが，そのスピードは日本列島よりもはるかに進んでいた。弥生・古墳時代に併行する漢・晋・南北朝の時期には帆・構造船・船釘・甲板・隔壁をもつジャンク船・多層の船室・揚力を利用する推進具である櫓が出現していたとされる（席2015）。竪板型・貫型と考えられる形態の船は確認できない。

一方，東南アジアや太平洋諸島では，アウトリガーを備える帆走カヌーが誕生しており，長距離航海が発達する別の船文化が展開していた（後藤明2003など）。

日本列島では準構造船が中世まで主流となり（石井1974），近代まで使用が続くという独自性をもった（出口1995）。これは頑丈な刳船を船体とすることで寿命が長くなるというメリットがあり，森林資源が豊富で大径木が入手することができるうちは，優先的に選択されたためであろう。

3．準構造船の接合方法と部材

（1）縫合法

準構造船では，接合の強度と水密性が性能を規定する。古墳時代では，部材接合に複数の手法が用いられたが，鉄釘や鉄カスガイを用いないのが最大の特徴である[註5]。部材端部を直線かつ平滑に製材し，小さな孔を精密にあけることが求められ，鉄製工具の出現が発展の契機となった。

主となったのが，刳船部と舷側板はそれぞれ縁付近にあけた方形孔にサクラなどの樹皮を巻いて接合する縫合法である。すきまに木のくさびを打ち込んで固定した。滋賀県守山市下長遺跡では，刳船部と舷側板が樹皮で接合された状態で発見される（古墳時代前期）（岩崎2001）（図105-1）。

方形孔は5×2 cm程度で，孔の間隔は30 cm前後である。孔には樹皮や木製くさびが残っていることがしばしばみられる。舷側板と刳船部はそれぞれの端面同士を接合する平張りで，端面は接合のため平滑，もしくは段が作り出され，下長遺跡では段が船外側にある。

船形埴輪には刳船部と舷側板の間に突帯が表現されるが（図99，図101），フェンダ，モール，舷側厚板と呼ばれる船べりと舷側板を介する部材の表現とする考えがある（一瀬1987，北野1972）。船形埴輪には舷側板がこの突帯

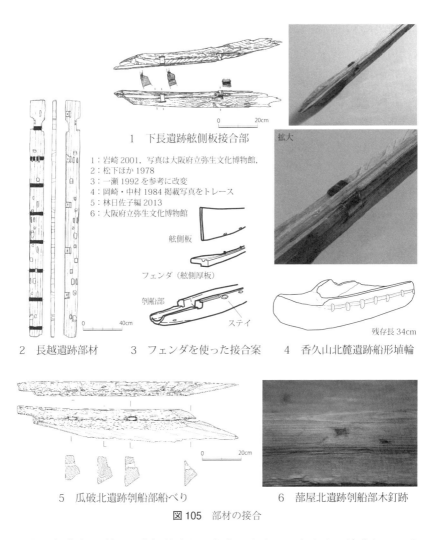

1　下長遺跡舷側板接合部

1：岩崎 2001, 写真は大阪府立弥生文化博物館,
2：松下ほか 1978
3：一瀬 1992 を参考に改変
4：岡崎・中村 1984 掲載写真をトレース
5：林日佐子編 2013
6：大阪府立弥生文化博物館

舷側板

フェンダ（舷側厚板）

刳船部　　　　　　　　　　　ステイ

残存長 34cm

2　長越遺跡部材　　3　フェンダを使った接合案　　4　香久山北麓遺跡船形埴輪

5　瓜破北遺跡刳船部船べり　　6　蔀屋北遺跡刳船部木釘跡

図 105　部材の接合

の上に船体とはずれて取り付けられたものがあることから，湾曲していく
船べりに取り付ける際に調整余地を生み出すための部材と推測された（図
105-3）。

　出土品は特定されていないが，兵庫県姫路市長越遺跡で出土した古墳時代

前期の板がある（松下・渡辺編 1978）。これは長さ 2.5 m，幅 0.16 m で，多数の方形孔があけられる（図 105-2）。ほかにも蔀屋北遺跡で出土した板がその可能性が指摘される（中村 2012，塚本 2014b）。船体の方形孔に差し込んでフェンダを下から支える棒状の補助材，ステイもセットとして想定される（一瀬 1992）^(註6)。

　一方，埴輪の突帯は，縫合に際しての補強材（添え木）とする意見もある（松枝 1994 など）。補強材とは，接合部分に当て一緒に縛り上げることでより強固に接合し，隙間をカバーして水密を高めるものである。奈良県橿原市香久山北麓遺跡（南浦出屋敷）で出土した古墳時代中期の船形埴輪は（岡崎・中村 1984），突帯に一定間隔で上下方向の盛り上がりがあり，縫合の樹皮を表現する。この場合，突帯はフェンダではなく補強材と判断できる。この手法は太平洋諸島のカヌーでも広く確認される（石村 2014）。

（2）木釘法

　部材間を木製の棒を介してつなぐ。瓜破北遺跡や蔀屋北遺跡（図 105-5・6）や出土刳船部の船べりに小径の孔が確認でき，内部に木釘が残っているものもある。方形孔も存在するので木釘のみで接合したのではなく，縫合法などと併用した。

（3）ホゾ法

　木製かすがいを介して接合する方法である。接合する両材にまたがるようにホゾ穴を彫り込み，ホゾ穴と同形のかすがいを埋め込んでつなぐ。和船でいうチキリにあたる（図 107-10）。

　蔀屋北遺跡の E090806 井戸は，枠に準構造船刳船部が転用されていた（古墳時代中期）（図 107-5）。2 点ある刳船部は，両側縁に異なる接合の痕跡がみられる（図 107-1・2）。片側は縫合法の規則的に並ぶ方形孔と木釘孔だが，反対側は段があり，方形や台形のくぼみが彫り込まれていた（図 107-8 右上）。同じ井戸枠に用いられた細長い材にも同じようなくぼみが彫り込まれている（図 107-3・4）。刳部と板をかすがいでホゾ接合したと考えられる。

　この船体は左右（縦）継ぎの船と評価でき，後述する。

　竪板や船首別材は船首尾のホゾ溝にはめ込んで固定し，木栓で固定した。竪板に舷側板の取り付けはホゾ溝にはめ込んだ。

(4) 複材刳船：前後（横）継ぎ

古墳時代は船体が単材刳船から進歩し，前後，左右に別材を接合することで大型化した複材刳船が出現した可能性を考慮すべきと考える。

ただし，これから述べる前後継ぎの関連資料の多くは古い偶然の発見で詳細がわからず年代を決める共伴資料が乏しい上，現物が失われているという課題がある。また，左右継ぎも含め船体の接合として強度不足であるという意見が強いことも事実である。

江戸時代の天保9（1838）年に尾張国海東郡諸桑村でみつかった船は，接合部をソケット状に重ねる印籠継ぎで，さらにその部分に閂を渡し，下部の隙間に材を挿入することで固定していた（閂式嵌接法）。四材を継ぎ，記録により違いはあるが長さは20mを超え，幅は2.1m，もしくは1.6mであった（石井1982）。

共伴遺物から年代は決定できないが，その破片とされる複数の木材が現存しており，放射性炭素年代測定法で分析が行われた。測定値が7〜9世紀の資料もあったが，大部分は紀元前の結果となった（石田1994）。

大阪市鼬川で明治11（1878）年にみつかった船は，同じく印籠継ぎで閂を用いて船体を接合していた（図106-1）。一方の船首尾部を失っていたが長さ11.6m，幅は1.2mであった。接合部の重なりは1.7mもある。付近で須恵器が出土したことから，古墳時代後期の可能性が高い（清水1975，辻尾2018，出口1995）。

この資料はいくつかの復元案があり，二材を継ぎ，接合部が中央にあるという考えのほか，長い本体に短い船首部分を継いだという説，さらに船首尾部分を別材とする三材継ぎという意見もある（出口1995）。

この接合方法は波浪の大きな上下力のかかる沖合での航海に耐える強度はなく，波の穏やかな内水面や内海でしか使用できなかったとする主張がある（佐々木1981）。しかし，船首尾での3材が継がれたとすれば，後世でも広く実施され十分に外洋航海に耐える強度があったとしてよいだろう（出口1995）。

印籠継ぎの痕跡の可能性がある出土例としては，静岡県磐田市元島遺跡で古墳時代前期の井戸枠となった刳船部がある（岩本1999），ソケット状の刳りこみが確認された。ただし，切断により該当部分が大きく失われており判

2　元島遺跡刳船

1　鼬川出土刳船絵画

3　弁慶ガ穴古墳船絵画

1-1・2：『大坂府下難波村鼬川開鑿際所得舩之圖』（東京国立博物館所蔵）　2：岩本 1999
1-3：『大坂府下難波村鼬川発掘古舩圖』（東京国立博物館所蔵）　　　　3：高木編 1984
　　　ともに辻尾 2018

図 106　前後継ぎ関連資料

断が難しい（図 106-2）。

　九州の装飾古墳の壁画に描かれた古墳時代後期の船の絵画に，船体船首尾部にラインがある例が存在し（図 106-3），出口晶子氏は前後継ぎの船であると考える（出口 2001）。

（5）複材刳船：左右（縦）継ぎ

　先の触れた蔀屋北遺跡 E090806 井戸の枠として再利用された船体が，ホゾ接合で左右に材を接合して幅を広くした船とする横田洋三氏の主張が重要である（横田 2014）。

　先に述べた湾曲する刳部には，両側縁に接合のための加工が残っていた。刳部は浅く，ホゾ接合側は分厚く左右対称でないのでこれは船体の中心ではないことがわかる（図 107-1・2）。同じ井戸枠に転用された幅の狭い材にも同様のホゾ穴が残っていた（図 107-3・4）。横田氏は，刳部の間に材をはさみホゾ接合で組み合わせ，復元幅が約 1.5 m となるとした（図 107-6）。和船でいうオモキ造りと共通する。

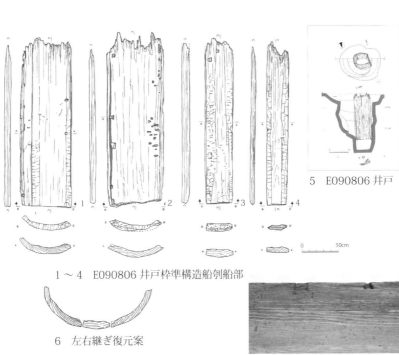

5　E090806 井戸

1～4　E090806 井戸枠準構造船舶船部

6　左右継ぎ復元案

1～5：宮崎ほか 2010
6：横田 2017
7・8：大阪府立
　　　弥生文化博物館
9・10：著者

7　1写真

8　2とホゾ穴拡大写真

10　チキリ模式図

9　3・4と3のホゾ穴拡大写真

図 107　蔀屋北遺跡準構造船（左右継ぎ）

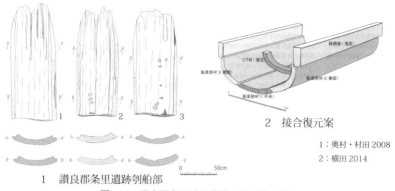

2　接合復元案

1：奥村・村田 2008
2：横田 2014

1　讃良郡条里遺跡刳船部

図108　讃良郡条里遺跡準構造船と接合復元

　隣接する大阪府四条畷市・寝屋川市讃良郡条里遺跡でも，7世紀初頭であるが754井戸の枠が再利用された刳船部であり（奥村・村田2008），左右継ぎの例としてあげられる。3材は側縁に段が作り出され，横田氏は段を組み合わせ，肋材で固定した左右継ぎの船と想定する（図108）。

　蔀屋北遺跡の例は残存するホゾ穴は少なく，間隔も一定ではない。船体の接合として十分な強度があったのか疑問視する意見もある（辻尾2016）。だが，転用の際に接合部は大きく切除されたことによって，一部しか残っていないと解釈したい。

　ホゾ接合は和船やアジアや太平洋諸島などの小型木造船・カヌーで広く確認された手法である（石村2014，後藤2003，出口2001など）。波浪の衝撃や積み荷の重さに耐える最低の強度はあり，接合のすき間にはまきはだのような植物繊維を詰めることで一定程度の水密をたもつことができたはずである。しみ出しは波の打ち込みも含め，アカ取りで頻繁に水をかき出すことで対処したのだろう。

　前後・左右継ぎの複材刳船は，材を有効活用しながら幅を広く，安定性・積載性を増した。古墳時代中期には河内湖という波の穏やかな内水面で先行して登場したと評価したい。

　『日本書紀』や『古事記』には，十丈（＝約30m）の長さの大型船「枯野」や「速鳥」の記述がある。伝説での誇張としてしまうのではなく，複材刳船を船体とする準構造船の存在の反映として，追求していくことが今後必要である。

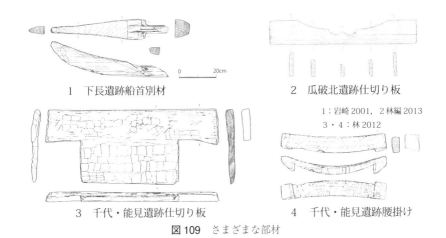

1　下長遺跡船首別材　　　　　　　2　瓜破北遺跡仕切り板

1：岩崎 2001，2 林編 2013
3・4：林 2012

3　千代・能見遺跡仕切り板　　　　4　千代・能見遺跡腰掛け

図 109　さまざまな部材

（6）その他部材

　船首別材は久宝寺遺跡出土の刳船部から想定されていたが，下長遺跡など
で出土している。古墳時代前期のもので先端を保護するための部材である。
ホゾ溝に差し込み，木栓を打ち込むことによって固定した（図 109-1）。

　船形埴輪から両舷側板を固定する仕切り板が想定できる。上辺に装飾的
な加工や文様をもつ瓜破北遺跡などで出土のものが該当するだろう（図
109-2・3）。

　腰掛けは，板を取り付け舷側が高くなった準構造船では漕ぎ手が櫂を操る
ために必要なものとなる。石川県小松市千代・能見遺跡（林 2012）で出土
した古墳時代前期の湾曲する材がその可能性がある（図 109-4）。

　船体を内側から補強する船梁や肋材（リブ材），オールの支点となる櫂座
もあったはずだ。まだ特定されていないが，その取り付けが舷側板の縁の切
り欠きや船体内部のくぼみとして残っているはずである。

　船の停泊のためには碇が必要で，大阪府柏原市高井田古墳群 3-6 号横穴の
13 号船の船絵画には船首より垂れ下がる線と円形表現を，縄に結んだ丸い
碇とする意見があるが（佐原 2001），確実な出土例はない。

　東殿塚古墳出土埴輪下段の船絵画には風をはらむ旗や船室があり（図102-1），
宝塚 1 号古墳出土の船形埴輪には蓋などが樹立される（図 101-2）。権力や
葬送儀礼の象徴的な表現であろうが（辰巳 2011，深澤 2012），権力者が乗る
大型の船にはこうしたものを備えていたのかもしれない。

4．推進法・操船法

　古墳時代は，櫂を使った人力での操船が主で，風力を利用する帆はない，あったとしてもごく限られた状況下でしか使わなかったとする意見が強い。

　人が水をかく道具が櫂で，これも船の存在を示す。使用方法によりパドルとオールに分けられる。水底を突いて進める竿は，水深の浅い内水面で用いられる補助的なもの。揚力を利用する長大な櫓は，日本では古代に登場するとされる（石井 1974）。

（1）パドル

　漕ぎ手が手にもって水をかくのがパドルである。この場合，船は漕ぎ手の前方に進む。次に述べるオールと比べると短く，長さが 1.5 m ほどで，船べりは低くなければ届かない。出土櫂の大部分を占め，水かき部分（ブレード）は楕円形が多い（図 110-1・2）。

（2）オール

　船べりに支点を取り，てこの原理を使って強い力を生み出すのがオールである。船は漕ぎ手の背後に進む。船べりに櫂座の突起が表現された船形埴輪はオール推進と判断できる。

　てこの原理を生み出すためには，オールの握り部から船べりの櫂座まではある程度の長さが必要で，結果として船の幅が広くなる。一列に漕ぎ手が並ぶ一人掛けの船であれば，一人が 2 本のオールを扱うタイプ（ボート競技でのスカル艇）と，一人が 1 本のオールを扱い前後に左右交互にオールを出すタイプ（ボート競技でのスウィープ艇）が想定できる。船の幅が 1 m 程度は必要となる。

　二人が隣り合って並び，それぞれ 1 本のオールを扱う二人掛けの船であれば互いに干渉しないためにさらに広い

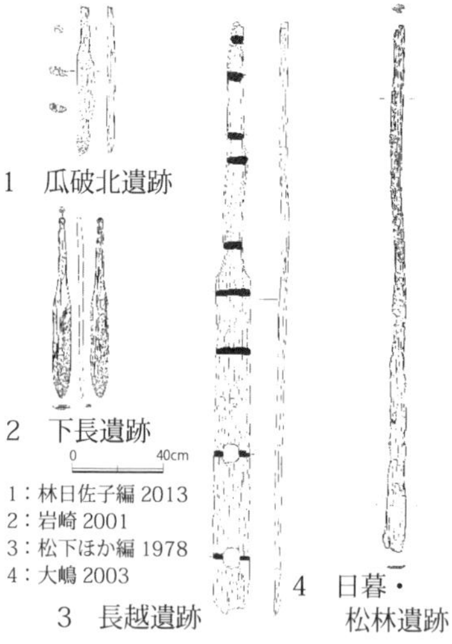

1　瓜破北遺跡

2　下長遺跡

0　　　　　　40cm

1：林日佐子編 2013
2：岩崎 2001
3：松下ほか編 1978
4：大嶋 2003

3　長越遺跡

4　日暮・松林遺跡

図 110　推進具

幅が必要となる。例えば，瀬戸内海の伝馬船は幅がほぼ2mで，オールの長さは2mを超える（清水1980）。一方，台湾タオ族の大型木造船チヌリクランのように，幅1.3m程度のものもある（鹿野1946）。

　古墳時代になると水かき部分が長方形で長さが1.5mを超える大型櫂が増え，オールと考えられる（吉田2005）（図110-3・4）。

(3) 舵

　東殿塚古墳船出土埴輪下段に描かれた船の絵画をみると，ほかの櫂とは一本だけ方向が異なり，大きく表現されたものがある（図102-1）。これは操船のための櫂である。北九州型を除き，準構造船の構造上船尾中央に舵を取り付けることができず，船尾に近い側面に取り付けたのである。

(4) 帆

　帆をもつ船の出現がいつかは，今も論争が続く問題である。

　刳船をベースとする準構造船は長さに比して幅が狭い。喫水も浅く，重心が高いため，安定性が低い。もし帆を取り付けるとさらに不安定となり，強い横風を受ければ転覆するという構造上の問題がある。

　さらに，日本では古代・中世も準構造船の使用が続くが，文献に帆の記載はほとんどなく，平安時代の『土佐日記』でも，土佐から摂津の大阪までの30日の船旅中，帆を使ったのはたった1日だけであった。こうした根拠で，古墳時代の帆の存在は否定されるのである（松木1986，横田2017など）。

　一方で，弥生時代も含め，描かれた船には直立した線があり，これを帆のマストとする考えがある（宇野2005など）。大阪府高槻市新池遺跡には船が描かれるが（古墳時代後期）（森田編1993），森田克行氏は停泊中の帆船と考えた（森田2007）（図111-1）。また，船形埴輪の底にある孔を，帆柱を立てるためのものと捉える意見もある（阿南2007）。

　古墳時代後期以降の九州の装飾古墳にみられる船の絵画には，より明瞭に帆と思われる表現がある。例えば，福岡県うきは市珍敷塚古墳の船の壁画は（小林編1964），二本柱の間に帆を張ったとする意見があり（図111-2），熊本県宇城市桂原2号古墳などの船の線刻画は一本柱の帆にみえる（高木編1984）（図111-3〜5）。こうした九州の船の絵画から古墳時代後期に帆船はあったとする研究者は増える（一瀬2012など）。

　しかし，船の形態から，九州の線刻の船絵画は古墳時代のものではなく，江戸時代になって航海の安全を願って絵馬として描かれたものだとする意見もあり（山崎 2019），検討はまだ必要である。

　横田氏は船の絵画の表現は評価しないが，古墳時代中期に左右継ぎで幅が広がった船，船尾中央に舵を取り付けた船が出現することから帆をもつ船があってもよいとする（横田 2017）。

5. 船の大きさ

　これまで確認された古墳時代の船は大部分が転用された部分となって出土する。全長の推定は非常に困難で，意見の違いが大きい。例えば，久宝寺遺跡の竪板型準構造船は，全長の 3 分の 1 程度が残ったものと推定し長さ約 12 m，最大幅約 1.5 m 程度と考える意見がある一方で，同じ船を長さ 18 m，幅 1.8 m とより大きく解釈する考えもある（横田 2017）。

　大きさを復元する直接の手がかりがない中，比較的写実的でデフォルメの度合いが小さいと判断できる船形埴輪が参考になる[註7]。清水昇氏は，船形埴輪の櫂坐間隔を基準とし，同じくオールで推進するカッターボートや櫂伝馬と比較して全長を復元した。西都原 170 号墳のモデルとなった貫型準構造船を考察し，カッター・櫂伝馬の櫂坐間隔がおよそ 0.9 m であることからスケールアップして全長を約 11 m，幅を 1.925 m，高さ 4.27 m と推測したのである（清水 1980）[註8]。

　塚本は，この方法を参考に櫂座をもつ他の船形埴輪や船形土製品のモデルを推測した（塚本 2019）。大部分の船形埴輪は幅が 2 m を超える二人掛けの全長 10 m 以上の大型船と復元できたが，長野県飯田市殿村遺跡出土の古墳時代中期の埴輪のように（馬場編 2003），幅が 1.03 m となり，一人掛けの小

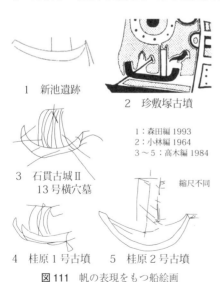

1　新池遺跡

2　珍敷塚古墳

1：森田編 1993
2：小林編 1964
3〜5：高木編 1984

3　石貫古城Ⅱ
　　13 号横穴墓

縮尺不同

4　桂原 1 号古墳　　5　桂原 2 号古墳

図 111　帆の表現をもつ船絵画

型のタイプも存在する（図112-1）。この埴輪は櫂座に加えてオールの表現もあり，一人が2本のオールを扱うタイプであった。また，伝備前出土の装飾付き須恵器壺には漕ぎ手が乗る船形土製品が付くが（真壁1988），一人掛けのオール推進の船であることがわかる（図112-2）。

　船の幅は長さよりも復元の確実性が高く，漕ぎ手の配置や使用推進具を規定する船の性能に深くかかわる要素である。準構造船の出土資料が最も集中する河内湖周辺では不確実なものを除き，すでに取り上げた久宝寺遺跡や左右継ぎの可能性のある蔀屋北遺跡の船などが幅約1.5mとなり最大で[注9]，ほかは1.3〜0.7mである。つまり，一人掛けのオールもしくは二人掛けのパドル・オールで進む船であった[注10]。船形埴輪から推測できる大型の船は，古墳時代の日本列島をみてもいまだ発見されていない（塚本2021）。

　古墳時代には，構造だけでなく大きさや推進方法のことなる多様な船が存在し，用途・使用場所に合わせて使い分けられていた。ここでは幅と構造で以下のタイプに分ける。

小形船1　シンプルな単材刳船のほか，琵琶湖では竪板型準構造船も存在する（横田2004）。幅は0.7m前後で，一人掛けでパドルにより操船する。長さは7mまでであろう。沿岸や内水面で漁撈や短距離の運搬に用いられる。

小型船2　幅1m前後の準構造船で，船首尾にしか部材を付けないものもある。一人掛けのパドル，もしくはオールで操船する。漁撈や短距離の運搬に用いられる。蔀屋北遺跡の井戸B131000の船や殿村遺跡の船形埴輪のモデルである。

中型船　幅1.2〜1.5mの準構造船で，長さ10mを超えるものもあり，単材

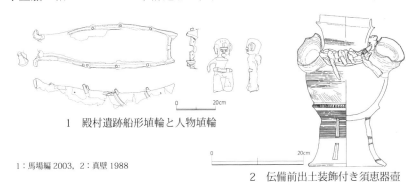

1　殿村遺跡船形埴輪と人物埴輪

1：馬場編2003，2：真壁1988

2　伝備前出土装飾付き須恵器壺

図112　一人掛けの船

刳船だけでなく，複材の船体のものもあった。二人掛けパドルもしくはオール，一人掛けオールで進む。積載量が大幅に増し，ある程度の距離の航海が可能で，河川をさかのぼることもできただろう。久宝寺遺跡の出土船や小型の船形埴輪のモデルとなる。

大型船 幅 1.8 m を超え 2 m に達する準構造船で，長さ 10 m 以上あった。複材刳船のものもあっただろう。二人掛けオールで操船される。外洋をも越える長距離交易を担った。大型船形埴輪のモデルで，絵画にも描かれるが，実船はいまだ確認されていない。

　当時の大型貨物の一つにウマがある。当時の馬は体高が約 1.3 m と小型であるが，体重は 400 kg 近く，船に立ったまま運ばれることを考慮すると，成長した個体の運搬は幅のある船が必要で，大型船があたっただろう。九州の装飾古墳には船に乗る馬が描かれているが，一頭でスペースの大部分を占めている（図 106-3）。

6. 航海術と港津

(1) 地廻り航海

　大陸に沿って，近接して大小の島が並ぶ日本列島は，目的の島を視界に入れながら大部分の島に，さらには朝鮮半島へも日中のみの航海で到達することができる。長距離航海でも海岸に沿って，また島伝いに，山・岬・島などを目印に位置を確認しながら進んだ（地廻り，地乗り航法）。視界のない夜間は危険なため，基本的には岸に停泊した（茂在 1992）。

　海岸から目的の島がみえなくても，高地に登れば遠方まで視界に入り（物見台効果），さらに，母港がみえる距離まで海に漕ぎ出して，視界に入る島も含めれば（山立て効果），さらに範囲が広がる。列島内で山立て効果を超える距離となるのが小笠原諸島と先島諸島である（小山 1998）。ここに到達するためには，天体観測で方向と位置を把握する天文航法が必要になる。伊豆諸島や沖縄本島とは大きく異なる文化をもち，それぞれマリアナ諸島とフィリピンとの関連が深いと考えられ（小田 2002），ほとんど交流はなかった。つまり，天文航法を用いるような長距離航海は発達しなかったことになる。

　地廻り航法とはいえ，海には荒天時の波や風の危険がある。さらに，複雑な潮流の影響を受け，岸付近の暗礁や浅瀬など多くのリスクが存在する。古

墳時代の重要航路であった瀬戸内海も内海ではあるが，潮流が強く複雑で，暗礁が多く現代でも注意が必要な難所が多い（石村 2017）。航海に際しては，天候・海況を予測する知識に加え，ルート上の危険箇所情報が不可欠で，経験のない地域に出向くときは，そのエリアに精通した「水先案内人」の助けが必要になったはずである（茂在 1992）。

(2) 実験航海

過去の船の性能や航海術を推測するために，これまで実験航海の試みが行われてきた（中村 2012）。すべての条件が古墳時代と一致しているわけではないが，重要な知見がもたらされた。

2004 年に実施された「海王」の航海は詳細な記録があり参考になる（読売新聞西部本社・大王のひつぎ実験航海実行委員会編 2006）。これは近畿の大王墓の石棺に熊本県宇土半島で産出する阿蘇ピンク石（馬門石）が使用されることから，その航海の再現を目的とした。熊本から玄界灘を越え，瀬戸内海を経て，大阪湾まで海上で運搬する 1,000 km を超える航海となった。

貫型準構造船の海王は西都原 170 号墳の船形埴輪をモデルとし，全長 12 m，幅 2 m，二人掛けのオール推進の船で漕ぎ手は 18 人であった（図 113）。石棺は身が 4 t，蓋が 2.5 t で，それぞれ台船に載せ曳航した。

安全上の理由から動力船に曳航される場面も多かったが，熊本県宇土マリーナを出発して 22 箇所の港を経て，11 日の停泊日を加え 23 日間の航海で大阪南港に到着した。

測定された海王の走行能力は，海王単独で全員が漕ぐと平均時速 3.75 ノット（漕ぎ手が半数休んだ半舷で 2.5 ノット），石棺を曳航して 1.95 ノットであった。オール 12 本の 9 m カッターと比較して船体抵抗が 2.2 倍となる（下川 2006）。1975 年の貫型である「野生号」や 1989 年の竪板型である「なみはや」も航速はおよそ時速 2 ノットとされる（松木・金田 1989 など）。

他の実験船の成果でも，重量物を運ぶ大型準構造船を人力だけで漕ぎ

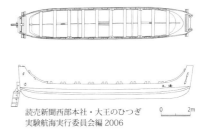

読売新聞西部本社・大王のひつぎ
実験航海実行委員会編 2006

図 113 実験船「海王」

進むのは非常に困難だったことが印象的である。風や潮流に大きく影響され，漕ぎ手の体力が消耗しスピードが遅くなると流されてしまう。漕ぎ手数不足が否めない。実験船は安全のため強度が優先され，重くなってしまったためで，実践はもっと軽い船体であったのではないか。運搬力・曳航力を増すために大型船を用意するだけではなく，船を増やして船団を組むこともよくあったのだろう[註11]。

　海王では帆走の試みもなされた。順風であれば漕ぎ手一人分の力をもたらすが，強風時には安定を崩しかえって危険を招いた結果となった。

(3) 港津

　古墳時代の航海では毎日岸に停泊した。大きさに比して漕ぎ手が多い準構造船は，充分な休息スペースや水・食料を積み込む余地がない。漕ぎ手が体を休め，水・食料を補充するための場所が必要となるからだ。荒天をやり過ごし，潮待ち・風待ちのための停泊地ともなる。

　長距離に及ぶ航海では，ルート上の停泊可能な港津を把握し，その住民と良好な関係が構築されていなければ成功はおぼつかない。

　古墳時代では，荒天時の波の影響を受けにくい内湾や海とつながる潟湖，川の河口やさらにさかのぼった川岸が港津となった。喫水の浅い準構造船は潟湖などの砂浜や河川でも停泊できる（石村2017）。日本海側は特に潟港が発達し，伯耆の淀江潟，因幡の湖山池・東郷湖，丹後の浅茂川湖・竹野湖，北陸の放生津潟などが良港となり，交易拠点として発達した（森1986）。

　港津は船の停泊に安全なだけでなく，海から視認しやすいことが望ましい。高い山や岬などわかりやすい目印のそばにある港津が選択され栄えた。古墳時代には海に臨む古墳もランドマークとなったと考えられ，重要な港津近くに大型古墳が築かれることが多い（かながわ考古学財団編2015，森1986）。

　規模の大きな港津には，船泊りだけでなく，航海者の宿泊所や物資を蓄える倉庫，さらには管理施設や市をともなった（岸本2012）。古墳時代中期には大規模な倉庫が検出された大阪市法円坂遺跡や和歌山市鳴滝遺跡（藤井ほか1984）に大規模な倉庫群が検出され，近くに国家もしくは有力豪族が管轄する港津があった。法円坂遺跡は河内湖と海とがつながる大川（堀江）に面し，『日本書紀』にみられる難波大津と考えられる（千田2001）。

7. 長距離航海の担い手

　大型船によって長距離航海を行ったのはどのような人びとだったのか。船を造船[註12]，メンテナンスしながら保有，屈強な漕ぎ手を多数招集，ルート上の地域と良好なネットワークがもつ経験豊富なリーダーでなければ実施できない。

　歴史学では，海を生業の場とする人びとを海人・海民などと呼ぶ。漁撈・製塩だけでなく，水上運搬・交易も含めた対象の幅広い用語であるが（網野1993など），日常の漁撈や運搬では大型船は必要ない。大型船を操って輸送・交易を行った人びとは海人の中でも限られ，航海者と呼んでいいだろう。

　大型船を使いこなす航海者がいた地域は限定されていただろうが，最も可能性が高い場所が北部九州である。ここは縄文・弥生時代より朝鮮半島とも往来する伝統をもち，対馬・壱岐をルートとして島伝いに交流したことが『魏志倭人伝』にも記載される。半島系遺物の出土量と分布から交易港が，弥生時代終末期から古墳時代前期に博多湾となり，そして福岡市西新町遺跡が中心となった（久住2007）。

　古墳時代前期の終わりには博多湾の重要性は低下する。ヤマト政権が直接的に航海に関与することを反映するが，連動してクローズアップされるのが糟屋・宗像地域である。のちに阿曇氏，宗像氏として知られる海人集団の本貫地であった（黛1987）。北部九州と朝鮮半島間に浮かぶ沖ノ島は，航路上の目印で，宗像氏の信仰の対象であるとともに，古墳時代前期より国家的な航海安全を祈る祭祀が行われる場所となった（弓場2005など）。

　航海に長けた北部九州の航海者は瀬戸内海から近畿に定着し，朝鮮半島に移り住んだ集団もいた（古市2021，山中1995）。

　瀬戸内海沿岸は，朝鮮半島の窓口となる北部九州と政治中心地の近畿とをつなぐ重要ルートで，日本海沿岸も交通が盛んで，それぞれの沿岸には重要な港津があり，航海者がいた。

　近畿周辺にも，淡路・紀伊・阿波などに航海を得意とする海人がいたとの記述が『日本書紀』・『古事記』にある。そして，葛城・吉備・紀などの有力勢力がこうした海人と結びつき，半島とも直接交流を行った。

　古墳時代は，必需品である鉄素材だけでなく，威信材となる中国鏡や南島産貝などが長距離航海で運ばれた。そして，新しい技術をもつ渡来人の受け

入れも重要だった。権力者にとってその入手，分配，差配が存在基盤となった。加えて，中国との外交や朝鮮半島への軍事的関与も独占的に行った。そのためには，大型船を保有し，航海者の統率が不可欠となったのである。大王勢力はかれらを取り込み，直接支配を目指した（古市 2021）。

8．最後に ―特大船の船団

　古墳時代中期には高句麗などとの抗争があり，朝鮮半島へ多くの兵と馬，軍需物資が送られた。また，「倭の五王」による中国へ外交使節の派遣もあった。こうした目的に用いられた船が，これまでみてきたような考古学的資料から導き出せるタイプを大きく超える規模であったと考える意見も強い。

　高倉洋彰氏が例に挙げるのが『日本書紀』の欽明 15 年の半島への遠征で，兵士 1000 人，馬 100 頭が 40 艘の船で送られたとある。単純に平均すると一艘当たり兵士 25 人，馬 2.5 頭となる。それぞれの船には漕ぎ手がおり，武器・食料なども積まなければならない。

　西都原 170 号墳の船形埴輪のモデルになったのが当時最大規模の船とすれば，長さ 11 m，幅 2 m 程度となる。復元した清水昇氏は，30 人の定員としたが，漕ぎ手以外は漕ぎ手の間に座ることとなる。このサイズをやや超える実験船，海王をみても，漕ぎ手 18 人に船長，舵取りの 2 人が乗ると，座席に 3 人が座ることはほぼ不可能で，船首尾部にもスペースはほとんどない。

　そして，オープンである準構造船には波が容赦なく打ち込む。国家の威信を担う使節や貢物が濡れるに任せることもありえず，一定規模の船室があったと想定するのである。

　高倉氏は，『常陸国風土記』にある埋没船「枯野」のような特大の船が存在した可能性を推測する。長さ 15 丈（＝約 45 m），幅一丈余（＝ 3 m 以上）の規模となり，その構造は構造船となろう（高倉 2013）。

　佐原真氏は，東殿塚古墳の埴輪に描かれた貫型準構造船を検討し，絵画表現のルールから船室が寄棟造りの 2 層の建物と解釈し，この建物を設置するにはこれまで想定されなかった規模の船でなくてはならず，構造船であったと述べた（佐原 2001）(註13)。

　そのような船が実際に存在したのか現状では不明だが，特大船としておく。柴田氏は朝鮮半島系の伽耶タイプの船を日本の中世絵画に描かれた準構造船

　の形態比率から，全長 20 m，幅 2 m，高さ 3.55 m，22 人漕ぎの船と推測している
のが注目される（図 104）（柴田 2022）。
　前後継ぎ，左右継ぎの準構造船の存在を追求し，その接合方法を明らかにすることが当面の課題であろう。

謝辞
　資料の実見，図版の掲載にあたり，以下の機関にお世話になりました。末筆ながら感謝申し上げます（五十音順, 敬称略）。紙幅の関係でお世話になった方々のお名前を割愛することお許しください。
　石川県埋蔵文化財センター・伊都国歴史博物館・大阪府教育委員会・大阪府文化財センター・大阪府立泉大津高等学校・大阪府立弥生文化博物館・大阪歴史博物館・天理市教育委員会・東京国立博物館・兵庫県立考古博物館・守山市教育委員会

〔註〕
1) 規模の大小で「舟」,「船」を使い分けることは小論ではしない。
2) 刳船・準構造船の定義は研究者によって異なっているが，ここでは刳船は出口氏に従う（出口 2001）。刳部の間に別材（シキ）をはさんで接合したもの（オモキ造り）も含まれることとなる。
3) この船は刳船部中央側の船べりが丸く収まることから，舷側板は船首尾側のみに取り付けられた（塚本 2014a）。
4) 唯一対称ではないのがオールの支点である櫂坐（ピボット）で, 区別はされていたようだ。
5) 印籠継ぎによる刳船には，閂で補強するものと，大阪市大今里で出土した船のように鉄釘によって補強するものとがある。石井謙治氏は鉄釘を使用するものも古墳時代からあり，強度を必要とする海で用いたと考えた（石井 1974）。
6) 大阪府立弥生文化博物館に展示する久宝寺出土船の復元模型はフェンダが使われているが（一瀬 1992），同じ資料の復元模型でもフェンダを使用せず，平継ぎのものもある。
7) ただし，上部構造は大きく表現されている。長原高廻り 2 号墳出土の竪板型船形埴輪を比較的忠実に復元した実験船「なみはや」は，上部構造が重くなりすぎ安定して航海することができなかったという（松木・金田 1989）。
8) 佐々木孝男氏は同じ西都原 170 号墳の船形埴輪を，スケールアップしながらモデルとなった船を考察したが，復原性を根拠に最終的に甲板を持つ全長 25 m の構造船として復元する（佐々木 1983）。
9) 日高慎氏は蔀屋北遺跡出土船の左右継ぎの考えを受け入れた上で，刳部間にはさむ材がさらに幅広かった可能性を指摘する。そうであれば，船体がさらに幅広かったことになる（日高 2022）。
10) 2019 年の筆者の小文では考慮できていなかったが，幅 1.3 m で二人掛けオールの台湾のチヌリクランが存在する。新たに選択肢を追加する。
11) これまで袴狭遺跡の船絵画は，多様な船から構成される船団を描いたものとして注目さ

れてきたが（図102-2），大きさや性能の異なる船は進むスピードが異なるので長距離の航海では船団を組むことはできない（柴田2021）。

12）蔀屋北遺跡のスギを素材とする船体には節がほとんどみられない。船材となる節の少ないまっすぐな大径木を育てるために枝打ちなどの山林の管理が行っていたのではないだろうか。

13）ただし，この考えに対して松木哲氏が，幅の狭い準構造船に高い屋形を設置することは重心が高くなり，安定上ありえないとコメントし（松木2001），すぐに佐原氏は撤回している（佐原2001付記）。

〔文献〕

阿南　亨 2007「古墳時代の船と航海 ―考古資料を中心として―」『大王の棺を運ぶ実験航海 ―研究編―』石棺文化研究会

天野末喜編 1989『岡古墳』藤井寺市教育委員会

網野善彦 1993「日本社会再考 ―海の視点から」『漂流と漂着・総検索』海と列島文化 別巻 小学館

石井謙治 1974「船と航海の技術」『邪馬臺国の常識』毎日新聞社

石井謙治 1982「複材刳船の考察 ―とくに閂式嵌接法に関連して―」『松本信広先生追悼論集　稲・舟・祭』六興出版

石田泰弘 1994「「諸桑の古船」小考」『名古屋大学加速器質量分析計業績報告書』5　pp.98-120

石村　智 2014「オセアニアのカヌーの船体構造とその特質 ―特に板接ぎ技法について―」『国際常民文化研究叢書5』pp.145-157

石村　智 2017『よみがえる古代の港　古地形を復元する』吉川弘文館

一瀬和夫 1987「倭人船 ―久宝寺遺跡出土船材をめぐって―」『文化史論叢（上）』創元社

一瀬和夫 1992「弥生船の復原」『大阪府立弥生文化博物館研究紀要』1　pp.75-82

一瀬和夫 2008「古墳時代における木造船の諸類型」『古代学研究』180　pp.215-223

一瀬和夫 2012「船・ソリ」『時代を支えた生産と技術』古墳時代の考古学5　同成社

一瀬和夫編 1987『久宝寺南（その2）』大阪府教育委員会・大阪文化財センター

岩崎　茂 2001『下長遺跡発掘調査報告書Ⅲ』守山市教育委員会

岩瀬　透・岡田　賢・横田　明ほか 2012『蔀屋北遺跡Ⅱ』大阪府教育委員会

岩本　貴 1999『元島遺跡Ⅰ　遺物・考察編2 ―古墳時代―』静岡県埋蔵文化財調査研究所

宇野隆夫 2005「船」『人と物の移動』列島の古代史　ひと・もの・こと4　岩波書店

江野道和・江崎靖隆 2005『潤地頭給遺跡』前原市教育委員会

大嶋和則 2003『日暮・松林遺跡（済生会）』高松市教育委員会

岡崎晋明・中村潤子 1984『大和の埴輪』奈良県立橿原考古学研究所附属博物館

奥村重輝・村田昌也 2008『讃良郡条里遺跡Ⅶ』大阪府文化財センター

小田静夫 2002『遥かなる海上の道　日本人の源流を探る黒潮文化圏の考古学』青春出版社

海部陽介 2020『サピエンス日本上陸　3万年前の大航海』講談社

かながわ考古学財団編 2015『海浜型前方後円墳の時代』同成社

鹿野忠雄 1946『東南亜細亜民族学先史学研究1』矢島書房

岸本一宏 2012「湊・駅」『時代を支えた生産と技術』古墳時代の考古学5　同成社

北野耕平 1972「古代の東アジアにおける船舶形態考 ―日本と韓国出土の船形土製品類似の意義―」『神戸商船大学紀要　第一類　文化論集』20　pp.1-25

久住　猛 2007「「博多湾貿易」の成立と解体 ―古墳時代初頭前後の対外交易機構―」『考古

学研究』53-4　pp.20-36

後藤　明 2003『海を渡ったモンゴロイド　太平洋と日本への道』講談社

後藤守一 1935「西都原発掘の埴輪舟（其一）」『考古学雑誌』25-8　pp.475-496

小林行雄編 1964『装飾古墳』平凡社

小山修三 1998「石器時代の海人 —山立て航海と推測航海—」『海人の世界』同文館出版

佐々木孝男 1981「古墳時代初期の船と航海について」『東アジアの古代文化』29　pp.72-93

佐々木孝男 1983「邪馬台国時代の船 —埴輪船についての一考察—」『東アジアの古代文化』
　　34　pp.104-115

佐原　真 2001「弥生・古墳時代の船の絵」『考古学研究』48-1　pp.52-71

柴田昌児 2013「古代瀬戸内海における海上活動に関する一試論」『みずほ別冊　弥生研究の
　　群像 —七田忠昭・森岡秀人・松本岩雄・深澤芳樹さん還暦記念—』pp.463-476

柴田昌児 2021「準構造船と描かれた弥生船団」『青谷上寺地遺跡発掘調査研究年報 2020』
　　pp.19-25

柴田昌児 2022「朝鮮半島系準構造船（伽耶タイプ）の生産と日韓の造船技術」『纏向学研究』
　　10　pp.527-536

清水潤三 1975「日本古代の船」『船』社会思想社

清水　昇 1980「西都原出土舟形埴輪の復原的考察」『海事資料館年報』8　pp.3-11

下川伸也 2006「「海王」船団の航海」『大王のひつぎ海をゆく　謎に挑んだ古代船』読売新
　　聞西部本社

千田　稔 2001『埋もれた港』小学館

高木正文編 1984『熊本県装飾古墳総合調査報告書』熊本県文化財保護協会

高倉洋彰 2013「資料の不在と考古学」『西南学院大学国際文化論集』28-1　pp.35-76

高田貫太 2017『海の向こうから見た倭国』講談社

辰巳和弘 2011『他界へ翔る船 —「黄泉の国」の考古学』新泉社

塚本浩司 2014a「蔀屋北遺跡出土準構造船の接合方法について」『弥生文化博物館研究報告』
　　7　pp.97-112

塚本浩司 2014b「蔀屋北遺跡出土準構造船の舷側板とフェンダについて」『大阪文化財研究』
　　45　pp.41-50

塚本浩司 2019「準構造船の漕ぎ手の配置と推進具について」『郵政考古紀要』71　pp.431-
　　444

塚本浩司 2021「大阪府出土の準構造船剋船部について」『大阪文化財研究』54　pp.11-20

辻尾榮市 2015「大阪府高井田横穴群の舟線刻壁画再考 —第二支群十二号に見る線刻帆舟は
　　あったのか—」『河内古文化研究論集 第二集』和泉書院

辻尾榮市 2016「島根県出雲市猪目洞窟遺跡の舟棺再考」『郵政考古紀要』66　pp.37-51

辻尾榮市 2017「縄紋時代の丸木舟」『科学』87-9　pp.855-858

辻尾榮市 2018『舟船考古学』ニューサイエンス社

出口晶子 1995『日本と周辺アジアの伝統的船舶 —その文化地理学的研究—』文献出版

出口晶子 2001『丸木舟』法政大学出版会

永島暉臣愼編 1991『長原遺跡発掘調査報告Ⅳ』大阪市文化財協会

中村　弘 2012「古墳時代準構造船の復元」『兵庫県立考古博物館研究紀要』5　pp.37-56

中村　弘・鈴木敬二・柏原正民ほか 2002『入佐川遺跡』兵庫県教育委員会

馬場保之編 2003『殿村遺跡・大荒神の塚古墳』飯田市教育委員会

林　耕二編 2006『泉大津高校考古資料室図録』大阪府立泉大津高等学校

林　大智 2012『千代・能見遺跡』石川県埋蔵文化財センター

林日佐子編 2013『瓜破北遺跡Ⅱ』大阪府教育委員会

日高　慎 2022「古墳時代に構造船はあったのか」『人・墓・社会 —日本考古学から東アジア考古学へ—』雄山閣

深澤芳樹 2012「葬送船の記憶」『万葉古代学研究所年報』10　pp.33-41

深澤芳樹 2014「本列島における原始・古代の船舶関係出土資料一覧」『国際常民文化研究叢書』5　pp.185-233

福田哲也・松葉和也編 2005『史跡宝塚古墳』松阪市教育委員会

藤井保夫・武内雅人・土井孝之ほか 1984『鳴滝遺跡発掘調査報告書』和歌山県教育委員会

古市　晃 2021『倭国　古代国家への道』講談社

真壁葭子 1988「大英博物館蔵装飾（舟付）須恵器と文化八年の古陶器図」『倉敷考古館研究集報』20　pp.24-32

松枝正根 1994『古代日本の軍事航海史　中巻』かや書房

松木　哲 1986「船と航海を推定復原する」『海をこえての交流』日本の古代 3　中央公論社

松木　哲 2001「コメント　袴狭と東殿塚の船の絵」『考古学研究』48-1　pp.72-75

松木　哲・金田　隆 1989「古代船を復元する」『よみがえる古代船と 5 世紀の大阪』大阪市教育委員会・大阪市文化財協会

松下　勝・渡辺久雄編 1978『播磨・長越遺跡』兵庫県教育委員会

松本洋明編 2000『西殿塚古墳　東殿塚古墳』天理市教育委員会

黛　弘道 1987「海人族のウヂを探り東漸を追う」『海人の伝統』日本の古代 8　中央公論社

宮崎泰史・山上　弘・藤田道子ほか 2010『蔀屋北遺跡Ⅰ』大阪府教育委員会

茂在寅男 1992『古代日本の航海術』小学館（初出は 1979）

森　浩一 1986「潟と港を発掘する」『海をこえての交流』日本の古代 3　中央公論社

森田克行 2007「今城塚古墳と筑紫津 —古墳時代に構造船はあったか—」『大王の棺を運ぶ実験航海 —研究編—』石棺文化研究会

森田克行 2014「史・資料にみる古代船」『古墳時代の船と水運』今城塚古代歴史館

森田克行編 1993『新池』高槻市教育委員会・高槻市埋蔵文化財調査センター

山崎純男 2019「福岡県宗像市桜京古墳にみられる船の線刻絵画をめぐって」『郵政考古紀要』71　pp.389-406

山中英彦 1995「考古学からみた海人族の東遷」『瀬戸内海地域における交流の展開』古代王権と交流 6　名著出版

弓場紀知 2005『古代祭祀とシルクロードの終着地・沖ノ島』新泉社

横田洋三 2004「準構造船ノート」『滋賀県文化財保護協会紀要』17　pp.21-28

横田洋三 2014「組み合わせ式船体の船 —古墳時代の構造船—」『滋賀県文化財保護協会紀要』27　pp.21-27

横田洋三 2017「古代日本における帆走の可能性について」『科学』87-9　pp.859-864

横山邦継・下村　智 1985「吉武遺跡群出土の模造船について」『考古学ジャーナル』241　pp.26-28

吉田知史 2005「日本原始・古代の櫂の研究」『待兼山論叢　史学篇』39　pp.25-55

読売新聞西部本社・大王のひつぎ実験航海実行委員会編 2006『大王のひつぎ海をゆく　謎に挑んだ古代船』海鳥社

席　龍飛 2015『中国古代造船史』武漢大学出版社

（塚本浩司）

⑨ 東国における船による交通・流通

はじめに

　考古学は遺構や遺物のさまざまな評価をして，遺物のもつ背景やその分布状況などから相互の関係を推定し，古墳時代の地域間交流の実態と，ルートなどを考え，その意義を考察していく。私は，かつて東北及び北海道地域の古墳時代資料を取り上げて，海岸沿いの交流の様相を考えたことがある（日高 2001・2003）。東北から関東に至る太平洋沿岸地域で，内陸の遺跡からはほとんど出土しない特異な遺物の存在や横穴墓などの階層的に下位と思われる墳墓から優秀な副葬品が出土するという事実から，川喜田二郎が提唱した稲作・漁撈・水運のすべてを包括する「水界民」という概念を援用し（川喜田 1980），古墳時代において大小さまざまな港津を統括していた首長像（津長）を想定したのである（日高 2002）。また，東北北部から北海道に至る地域への古墳時代文化受容の在り方（日高 2001），あるいは常陸と東北との海上や陸上の交流という視点で東国の地域像を描いてきた（日高 2014・2015・2019a など）。

　本稿では，古墳時代の交通・流通を担っていた舟・船（以下煩雑になるので小型・大型の意味を内包する船という表記に文献を除いて統一）について，現在の研究状況を述べていき，さらに東国における船による交通・流通を考えていく。なお，古墳時代の船形埴輪・線刻画資料などの集成や研究史等は，松阪市教育委員会（2003），佐原真（2001），深澤芳樹（2014），深澤芳樹ほか（2013），辻尾榮市（2018）による優れた研究があり，本稿でも多く参照したことを冒頭に述べておきたい。

1. 古墳時代の船の構造 —丸木船から準構造船へ—

　縄文時代以来，丸木船は生活を支える主要な道具であった。旧石器時代においては，海を渡って日本列島にやってきたり，船で移動したりしていたことは間違いないが，船の構造についてはよく分からない[注1]。丸木船そのものは，古墳時代あるいはそれ以降にも存在していたと考えられ，特に小型の船は丸木船であった可能性が高い。

　古墳時代の輸送手段としては，徒歩，修羅，馬，船などがあるが，馬は弥生時代には日本列島にはおらず，古墳時代のころ朝鮮半島から船に乗せて連れてこられた。諫早直人は，古墳時代中期に「倭王権中枢や西日本の一部地域の首長層の主導のもとに，長距離海上輸送を前提とする馬の本格的渡来が達成された」と理解したが（諫早 2019：p.15），この時期に多くの馬を乗せて渡航するための船の構造が大きく変化したことは間違いなかろう。海上交通・水上交通を担うためには，当然ながら船が必要であり，モノ・人を乗せるということを考えたとき，大量に運べる手段は船である。丸木船でも相当量の物品が運べたのであり，徒歩による量とは背負子などの道具があったとしても比べ物にならなかったはずである。

　古代の船に関わる研究については，これまで多くの先学によって考察されてきた。例えば『月刊考古学ジャーナル』では近年に限ってみても No.343（渡辺ほか 1992），No.474（八賀ほか 2001），No.536（宇野ほか 2005）などで船の特集が組まれている。一般的理解としては，縄文時代には丸木船があり，それが弥生時代に準構造船へと変化し，古墳時代も同様に準構造船であったというものである（清水 1975，國分 1982，石井 1983，高橋 1992，広瀬 1995，田中 1998，八賀 2001，川尻 2016 など）。このような理解は，現在も多くの研究者が共有していると思われるが，後述のように構造船の理解に対して再考を促す事例が見つかっている。

　古墳時代の船は，一瀬和夫が「刳船（細い舷側板縫合船を含む）から上部の構造化の中途段階に二体成形船，その大型化の限界性からくる機能分化，そして上部と船底部の一体成形船へといった流れを描くことができる」とし（一瀬 2008：p.222），図 114 のような変遷を示した（一瀬 1992）。平安時代以降になると，確実に構造船が登場してくることになるのだが（石井 1957），飛鳥時代以降の遣唐使船には，中国形船建造技術が導入されたものの，遣唐使の廃止とともにその技術は断絶すると考えられた（須藤編 1968，石井監修 2002）。

　佐原真は，埴輪にみられる船はいずれも準構造船であるが，古墳時代の土器や埴輪に描かれた屋形の絵画からみると，構造船があったのではないかと推察した（佐原 2001：p.58）。桜田勝徳は，現存する漁船の資料をもとにして，オモキと呼ばれる「くの字」の部材を左右に置き，その間にチョウと呼ばれ

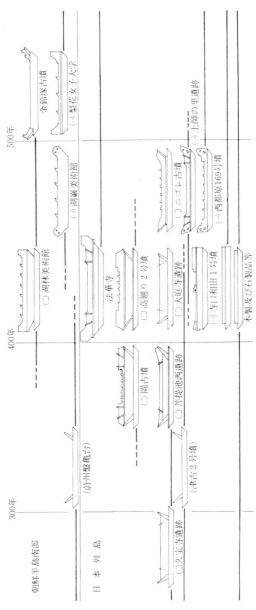

図114 一瀬和夫による大型船の変遷

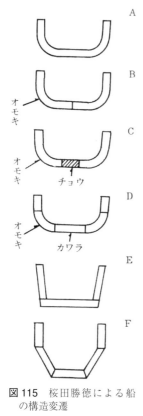

A

B

オモキ

C

オモキ

オモキ

チョウ

D

オモキ

カワラ

E

F

図 115 桜田勝徳による船
の構造変遷

る補助材を挿入して船の幅を広げたものがある
ことを紹介している（図 115：桜田 1980）。松木
哲は，桜田の示した変遷をもとに，丸木船を左
右に分けて船底に板を追加することにより船の
幅を広くしたものがあった可能性を指摘してい
るが（松木 1986），佐原の述べるような高い屋
形をもった船が実際に存在したとは考えにくい
と述べている（松木 2001）。阿南亨も，オモキ
造りの方法があった可能性を指摘している（阿
南 2007）。

　森田克行は，帆船模型「くずは」をもとにして，
「左右両サイドに面木，中央に丁板を挟み，それ
らを貫でつないで幅を広げている。両サイドに
は舷側板を立て，下部は鉄釘付け，上部はちき
り締め」にした構造船としての大型船を想定し
ている（森田 2011：p.9）。また，「準構造船の製
作にあたって獲得されていたチキリ結合の技術
を駆使した船底部の「面木造り」への進化」を
想定する（森田 2014：p.11）。さらに，註 18 に
おいて蔀屋北遺跡 E090806 の井戸枠に転用され
た木造船を，オモキ造りの部材であると推察し
ている（森田前掲：p.12）。森田は，『日本書紀』
欽明 15 年の条の百済救援軍船団の規模や応神 5 年の条にみる長さ 10 丈（約
30 m）の船の記述などから，それらが構造船であったという可能性を提示し
た（森田 2014）。

　一瀬和夫が示した，4 世紀末から 5 世紀前葉にかけての大型化した一体成
形船の顕在化という事実は（一瀬 2008），古墳時代中期を考える上で極めて
重要であり，このころに，造船技術が進展したことを示しているのかもしれ
ない。『日本書紀』応神 31 年 (註2) の条には，諸国から献上された 500 隻の
船を武庫の港に集めていたときに，新羅の使いの宿舎が失火し，それが延焼
して多くの船が燃えてしまったことが語られ，さらに，新羅の使者を責めた

が，新羅王が恐れ驚いて，「能き匠者を貢る」ということが述べられている。これは，延焼した船の代わりに造船技術にたけた技術者が渡来したことを示しているのであり，新羅の技術が移入されたことを述べているのかもしれない。

2. 組み合わせ式船（構造船）について

　上田雄によれば，飛鳥時代から奈良時代の遣唐使船での1隻に乗り込んだ人員は，120〜180人という大人数であり（上田 2006），これだけの規模であれば構造船に違いない。構造船の出現時期は，良好な資料がなく未詳と言わざるを得ないが，後世に描かれた遣唐使船（吉備大臣入唐絵巻・鑑真和上東征絵伝・弘法大師絵伝など）は構造船として描かれたようだ。石井謙治によれば，「後期の遣唐使船は長さ三〇メートル程度，幅八メートル程度の太い船型をもつV型船底の航洋ジャンク」であったと推定されるという（石井 1983：p.29）。

　横田洋三は，大阪府四条畷市蔀屋北遺跡，同寝屋川市讃良条里遺跡で発見された井戸枠に転用されていた木造船について，その構造をオモキ造りの組み合わせ式船体の船とし（図116：横田 2014），中国唐代の出土木造船と共通する構造をもつと理解した。図116-1は蔀屋北遺跡のC2549の井戸枠であるが，1・3の部材の船底付近の方形の窪みをダボツギの痕跡と捉えている。1・3を桜田勝徳の示すオモキと捉えて，2を船底のチョウの部材と捉えている。チョウとオモキを結合するための設備がチョウに相当する部材の方には確認されていないが，削り取られている可能性もある。図116-2は蔀屋北遺跡のE090806の井戸枠であるが，図116-1と同様にオモキとチョウの組み合わせによる船であると考えている。チョウの部材には，チキリ状の台形の窪みが片側の数か所に確認でき，方形の窪みもある。

　岡田賢は，蔀屋北遺跡の井戸枠C2549・E090806のいずれも準構造船の部材と捉えている（岡田 2010）。船底付近の方形や台形の窪みについて注意を払っているものの，E090806の井戸枠の船について「船底部分の内側で非貫通の方形孔が4箇所，またチキリ形の掘り込みが1箇所確認できる。舷側板の固定に用いられたもの」と捉えている（岡田前掲：p.140）。船底部分の方形や台形の窪みであり，舷側板の固定にはならないので，若干の混乱がある。

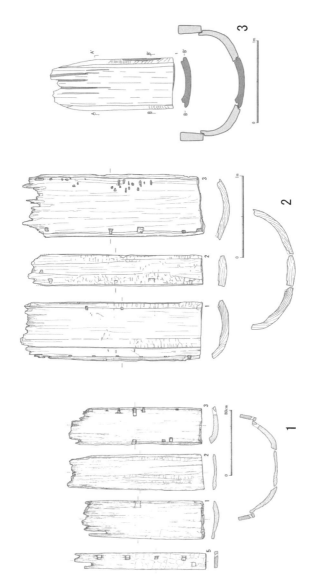

図 116 横田洋三による蔀屋北遺跡と讃良条里遺跡の木造船構造復元案
（1：蔀屋北 C2549 井戸枠，2：蔀屋北 E090806 井戸枠，3：讃良条里 754 井戸枠）

　岩瀬透は，蔀屋北遺跡で出土した木造船を総括する中で，C2549 の井戸枠部材については，「ともに中央部付近の部材を横割りしたものをさらに縦割りしたもの」と捉えている（岩瀬 2012：p.228）。また，E090806 の井戸枠部材についても，「舷側部から船底部までの部材を横に切断した後に中央部付近で縦割りしたもの」と捉えている（岩瀬前掲：p.234）。つまり，横田が組み合わせ式船と捉えたものは準構造船であり，船底の刳船を縦割りした結果として細長い部材が存在していると捉えた。しかし，そうすると船底付近の方形や台形の窪みをどのように理解するのかが問題となる。

　塚本浩司は，E090806 の井戸枠部材の方形・台形の窪みについて，「木造船でチキリと呼ばれる，板を接合するかすがいをはめ込むためのもの」と捉え（塚本 2014a：p.101），「船底側にはチキリ孔が見られ，同様のチキリ孔を持つ E090806-3 といった材と接合していた可能性がある」とした（塚本前掲：p.110）。つまり，横田が考えたオモキ造りの船と同様の構造と理解しているのである。

　大阪府寝屋川市讃良条里遺跡 754 井戸枠部材について，横田洋三は蔀屋北遺跡のものと同様にオモキ造りの組み合わせ式船（構造船）とし（図116-3：横田 2014），オモキ造りのチョウの部分と理解した。同様の破片が 3点出土しているが，いずれも両側面に「段つき加工」がある（横田前掲：p.21）。「蔀屋北構造船および讃良条里構造船は日本の造船史を考えるに欠くことのできない資料となるのであろう。—中略— 準構造船の時代，次の船が展開して行く中，当然の技術進歩として登場してくる構造船の初見となる」と述べた（横田前掲：p.27）。「段つき加工」が当初のものであるとして，残存していた 3 つの部材のすべてにオモキと接合するための設備が確認できないことが疑問としては残る。

　奥村茂輝は，讃良条里遺跡 754 井戸枠部材について，「この 3 枚の板材は，円弧の反りから考えて，一つの船底を縦方向に分割したものと想定される」として（奥村 2008：p.155），横田の見解とは異なり準構造船の部材だと理解した。しかし，そのように考えると木造船を縦方向に分割した後に「段付き加工」が施されたことになるが，井戸枠としての意味があるとは思えない。

　蔀屋北遺跡の C2549 及び E090806 の井戸は，出土土器類により 5 世紀後半に廃絶もしくは機能しているので，木造船は 5 世紀後半以前に使われてい

たものと思われる。讃良条里遺跡の 754 井戸は，出土土器類により 5 世紀後半に機能しているので，木造船は 5 世紀後半以前に使われていたものと思われる。これらの木造船の部材をどのように理解するのかが問題となる。前述したように，準構造船の船底を縦方向に分割したと理解する見解と，横田洋三や塚本浩司，森田克行のようにオモキ造りの船すなわち組み合わせ式船（構造船）と理解する見解とに分かれるわけである。重要なことは，準構造船であっても剌船と舷側板を接合するためにチキリ，ホゾ孔にくさびや樹皮を用いた接合，さらに木釘を使っていたという事実である（塚本 2014a・b）。そのことからすれば，チョウとオモキを接合した組み合わせ式船（構造船）を建造することも可能だったと言えるだろう。

　横田洋三は，中央に船底部材を置きその両側に船底部材（側面）を配置，それらの上に舷側板を置いて，内部にはリブ材を配置した組み合わせ式船（構造船）を想定した（図 117-1：横田 2014）。中尾智行は，讃良条里遺跡の飛鳥時代井戸枠に転用された準構造船の剌船部の上方にみられる複数の窪みについて注目し，窪みは左右で均等に確認されることから，板材を何度も上部から打ち込んだ痕跡であると考えた（図 117-2：中尾 2009）。いずれにしても船に対して横から打ちつける波への補強の意味があったのだろう。蔀屋北遺跡の E090806 の井戸枠に転用された木造船にも，多数の同様な窪みがみられるから同じ機能を持っていたはずである。

　横田が述べるように，オモキとチョウを用いた船が古墳時代にあった可能性は極めて高いと思われる。それは，構造船と呼んでも差し支えないものと言えるだろう。ただし，疑問点としては横田が示した構造船が幅 1.5 m 程度であり，図 116 のようにオモキとチョウを組み合わせたものは準構造船の剌船部と木取りの上でも違いがない。つまり，オモキ造りにしているにも関わらず，剌船よりも船幅が著しく広くなっているようにはみえないのである。強度という面からは，オモキ造りの船よりも剌船の方が優れているのだから，幅が変わらなければオモキ造りにする意義が見出せない。そこで改めて図 116-1・2 の船底材をみると，両方ともにオモキの船底側にはチキリあるいは方形の窪みが存在しているが，チョウの部材には図 116-2 の片側にだけチキリあるいは方形の窪みが確認できるのみである。図 116-1 にはオモキと結合する設備そのものがないことからすると，両者ともチョウは分割されて

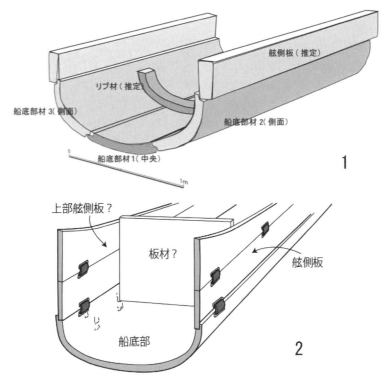

図 117　横田洋三の組み合わせ式船（構造船）復元（1）と中尾智行の準構造船復元（2）

細くなっている可能性が高いと思われる。もともとは，もっと幅広の構造船だったのではなかろうか。船幅を広くできたことで，大量の荷物や人・馬たちを運ぶことが可能になったのではなかろうか（註3）。その時期は，5世紀前半から中葉ということになろう。ただし横田洋三は，オモキ造りの船は強度の不足が原因で大型船にならないと考えているので（横田前掲：p.27），解決すべき課題も多い（註4）。

　横田洋三は，蔀屋北遺跡の E090805 の井戸枠に転用された木造船についても，桜田勝徳の B 類すなわち左右のオモキを真ん中で結合したものになるのではないかと述べた（横田前掲：p.26）。この木造船については（図118：岩瀬ほか 2010），岩瀬透が述べるように，刳船を縦割りしたものと考えるのが素直であると考える（岩瀬 2012：p.234）。E090805 の井戸は出土土器類に

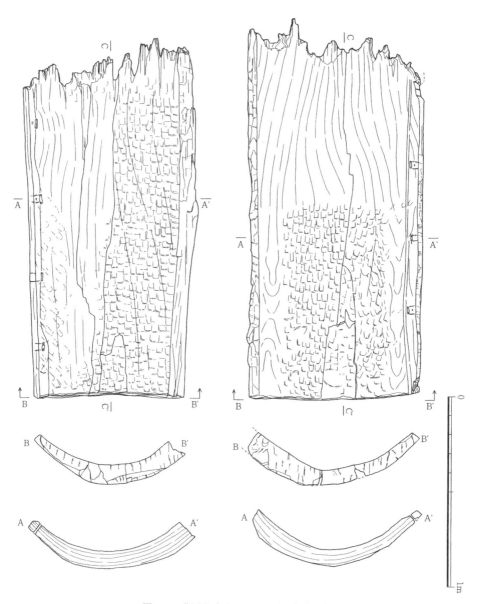

図118 蔀屋北遺跡 E090805 井戸枠木造船

より5世紀中葉に廃絶していることから，木造船はそれ以前に使われていたと考えられるが，岩瀬によればこの木造船の樹種はモミ属であり，モミ属は朝鮮半島に自生していることと，これ以外の木造船はすべてスギであることを考えると，E090805の井戸枠の木造船は朝鮮半島（百済）で造られた可能性があるという（岩瀬前掲：pp.236-238）。

　朝鮮半島において木造船がどれほど出土しているのか把握できていないが，注目されるのは韓国慶州市雁鴨池で出土した木造船である。統一新羅の7世紀後半から9世紀後半のものと推察されるようだが，3つの部材からなり，長さ5.9 m，幅1.5 m，深さ0.38 mであるが，まさにオモキ造りの船で，チョウは平らな板材のようである（図119：金 1997）。出口晶子によれば，樹種はマツで，部材の加工と接合には，刳船と筏船双方の技法が使われているという（出口 1996：p.102）。オモキ造りの組み合わせ式船（構造船）であり，蔀屋北遺跡や讃良条里遺跡のものと共通する技術で造られたものと言えるだろう。前述した『日本書紀』応神31年の条に，船が燃えてしまった責めにより新羅王から「能き匠者を貢る」という記述があることを考えると，新羅の船がオモキ造りであることは注目される。いずれにせよ，百済や新羅など朝鮮半島の技術が日本列島に移入されている可能性は極めて高い。

　船の大きさについては，『常陸国風土記』香島郡に，現在の神栖市奥野谷浜・知手浜付近と目される大海の浜辺に，長さ一十五丈（約45 m），濶さ一丈（約3 m）の朽ちた大船があり，天智天皇のときに陸奥国石城郡の船造に造らせたものであるとの記述がある。横田洋三は，船幅に対する長さが15倍という細長い形状は縦継準構造船ということになると述べている（横田前掲：p.26）。後世の遣唐使船は長さ30 mで幅8 mと推定されるから（上田 2006：p.255），『常陸国風土記』の記述はあまりにも細く長すぎるように思われる。同じ香島郡には，現在の鹿嶋市大船津の津の宮に新たに3艘の長さ二丈（約6 m）の船を奉るとある。『日本書紀』応神天皇5年の条には，伊豆国で長さ十丈（約30 m）の船を造らせたとあるが幅は未詳である。準構造船だとすると構造船ほどの船幅とはならないはずだが，オモキ造りの船であれば，ある程度の船幅に仕上げることも可能となる。

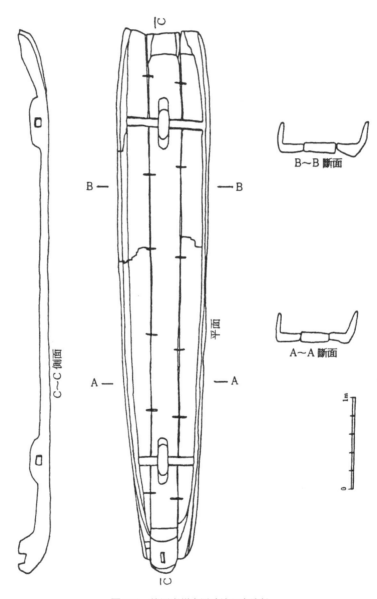

図 119　韓国慶州市雁鴨池の木造船

3. 埼玉の津と埼玉古墳群

『万葉集』には，多くの船にまつわる歌が残されている。多くは，外洋を含む海上を航海する場面や港津に入ってくる船だが，河川での渡し船などもある。船の大きさは，大船や小船の違いも表現されている。そのなかの，埼玉古墳群とも関わりがあると推定される，埼玉の津の歌を取り上げたい。

埼玉の　津に居る船の風を疾み　綱は絶ゆとも　言な絶えそね（第 14 巻 3380）

埼玉の津である船着き場で，綱で繋がれて停泊している船になぞらえた恋愛の歌であるが，残念ながらこの歌からは船の構造は分からない。ただし，川船であるから，外洋船のような大型船ではなかろう。埼玉の津の場所をめぐっては，井上尚明のように元荒川流域の行田市築道下遺跡からその上流域に求めるのか（井上 2007・2011），若松良一のように旧忍川流域の行田市小針遺跡周辺に求めるのか（若松 2017），それとも別の地点を想定した方が良いのか，まだ定見は得られていない。

いずれにしても，物流の結節点として万葉集に歌われた埼玉の津があったことは間違いないし，それは古墳時代も同様だったろう。埴輪や石材などの重量物を運ぶためには，ある程度の水深が必要になると思われるので，元荒川あるいは荒川流域の方が適しているのかもしれない。また，井上尚明・若松良一ともに注目している元荒川と荒川をつなぐように蛇行する流路跡の存在は，近在する鴻巣市三島神社古墳（墳丘長 55 m の前方後円墳）とともに，注目されるところである。築道下遺跡の所在する場所は，埼玉古墳群方面へと北上する流路と，荒川へと蛇行していく流路との交通分岐点に近い位置である。

埼玉古墳群には，鴻巣市生出塚産の埴輪が多量に運ばれた。東松山市桜山産の埴輪も運ばれていると考えられており，熊谷市姥ヶ沢産あるいは吉見町和名産の埴輪も運ばれていた可能性がある。これらの生産遺跡は，荒川・元荒川を通じて相互に繋がっており，埼玉古墳群以外の古墳にも船によって埴輪が運ばれていたはずである。最も遠いところでは，千葉県市原市山倉 1 号墳に生出塚産の埴輪が運ばれており，直線距離で約 80 km である。また，多摩川流域にも生出塚産の埴輪が運ばれていることや，比企系統や角閃石安山岩が胎土に入る埴輪が供給されていることをみても（伝田 2015・2018），船

による運搬を考えざるを得ないのである。

　埼玉将軍山古墳には，いわゆる房州石（磯石）と呼ばれる千葉県富津市金谷周辺の凝灰質砂岩転石と緑泥片石が使われている。逆に，富津市金谷に比較的近い場所にある千葉県木更津市金鈴塚古墳には，長瀞付近の緑泥片岩が石棺材として運ばれている。これらの石材は，船によって運搬されたと考えるべきだろう。上述した埴輪の供給・運搬事例と合わせて，房総と北武蔵地域の物流が，船によってなされていたことがよくわかる。

　松尾昌彦は，埼玉将軍山古墳が築かれた6世紀後半という時期に着目し，石材・埴輪の船による運搬のみならず，土師器の広域流通という点から一般民衆を含めた交流と，さらにはこの時期に地域圏の再編を促したとみて，そこにヤマト王権の存在を見て取った(松尾2004)。6世紀前半の武蔵国造の乱，その後の屯倉設置記事などを考えると，6世紀代に大きな再編があった可能性は大いにあると思われる。さらに，7世紀初頭頃（推古朝）や7世紀中葉頃（孝徳朝），7世紀後半頃（斉明朝・天智朝・天武朝）における政治的変革期を経て，その後の律令国家へと繋がっていったのである。

　古墳時代の川船や海洋船の構造とは，どのようなものだったのだろうか。次に取り上げるのは，河川に渡船があったことを示す『万葉集』の歌である。

風吹きて　河波立ちぬ引船に　渡りも来ませ　夜のふけぬ間に（第10巻2054）

駅路に　引船渡し直乗に　妹は情に　乗りにけるかも（第11巻2749）

　いずれも恋愛にかかる歌であるが，引き船によって川を渡ることと情の往来とをかけている。引き船は，対岸から綱が張られていて，それを伝って行き来をしていたのか，それとも船を上流に引いておいて，川の流れに斜交させて対岸に向かったのか，いずれにしても小型の船と考えられる。若松良一も，元荒川の水運に関して，船を引き上げる「曳き道」の存在を推定している（若松2017：p.26）。埴輪や石材を運搬していた川船は，引き船や櫂・櫓・棹などの動力だったのか，それとも若松良一や松尾昌彦のように，帆船が存在していて動力として使われていたのだろうか。

　帆船に関しては，大型船と小型船に分けて考える必要があり，弥生時代後期の岐阜県大垣市荒尾南遺跡の壺に描かれた絵画（図120：岐阜市歴史博物館2006）からも小型船に帆があったことは間違いない（日高2018）。埴輪や

壁画古墳などに描かれたなかにも帆柱や帆
の表現と思われる船があるが，いずれも小
型船と思われる。『万葉集』にも下記のよ
うな歌があり，小型船に帆が張られている
状況を示している。

**海人小舟　帆かも張れると見るまでに　鞆
　の浦廻に波立てり見ゆ**（第 7 巻　1182）

　さきにみた荒尾南遺跡の土器絵画をみる
と，左右に小型の帆船が描かれており，中
央には 82 本の櫂をもつ大型船が描かれて
いるが帆は存在しない。櫂の数は 44 本と
38 本で左右非対称であるが，この数の人
数がいたということではなく，多数の漕ぎ
手がいる大型船を示したかったのだろう。

　同じく万葉集には下記のような大船の歌
が多数のせられている。

**大船に　真楫しじ貫き海原を　漕ぎ出て渡
る月人壮士**（第 15 巻 3611）

　この歌は柿本人麻呂の作であるが，他の
多くの歌でも大船には「真楫しじ貫き」と
いう常套句がつく。これは，左右に揃った
多数の櫂で外洋へと漕ぎ出す船をよんだも
のだから，弥生時代から古墳時代の土器絵
画や埴輪の船にみられる大型船の姿そのも
のだろう。このことからすれば，大船＝多
数の櫂ということが当時の理解としてあっ
たのだと思われるから，大船に帆はなかっ
たのではないか。もちろん，遣唐使船には
帆があったので，7 世紀代には大型船に帆
が張られていたことは間違いないが，古墳
時代の記憶とともに大船を形容する言葉と

図 120　荒尾南遺跡の壺に描かれ
た船

257

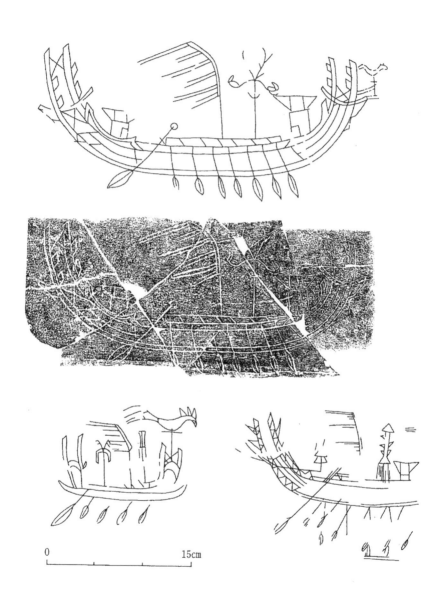

0   15cm

図 121　東殿塚古墳出土埴輪に描かれた船

図122　帆船模型「くずは」のイラスト

しては多数の櫂が相応しいと感じていたのではなかろうか。奈良県天理市東殿塚古墳の埴輪に描かれた船は多数の櫂とともに，中央に吹流し状の幡の表現があり帆は存在しない（図121：天理市教育委員会 2000）。船の上に建物などもあることから，大型船と考えられ，荒尾南遺跡の船画と同様に大型船には帆がないということなのだろう。ただし，森田克行は，大阪府高槻市今城塚古墳の阿蘇ピンク石の石棺輸送にかかり，古墳時代にも大型船としての帆船があったことを想定する（図122：森田 2011）。

4. 東国における船による交通・流通

　『魏志倭人伝』には，帯方郡から邪馬台国までの道のりについて，水行あるいは陸行での日数と進む方位が記されている。西本昌弘によれば，不弥国から投馬国を通り邪馬台国に至る距離1300余里について，魏晋代の1里は約434mであったから，約564kmになるという（西本 2013）。約564kmが水行30日，陸行1月かかるということになる。

　山尾幸久によれば，平安時代の『延喜式』主計式に調庸物運客の所要日数を定めたものがあり，そのなかの山陽道では，播磨や備前，備中などを通る官道の山陽道を行く場合よりも瀬戸内海沿岸の航行のほうが所要日数は少し多い。これを邪馬台国に当てはめるのは飛躍だが，せいぜい徒歩と同じくらいと考え，1日40里，約17km前後とみておきたいと述べている（山尾

図123　中田装飾横穴墓出土の副葬品

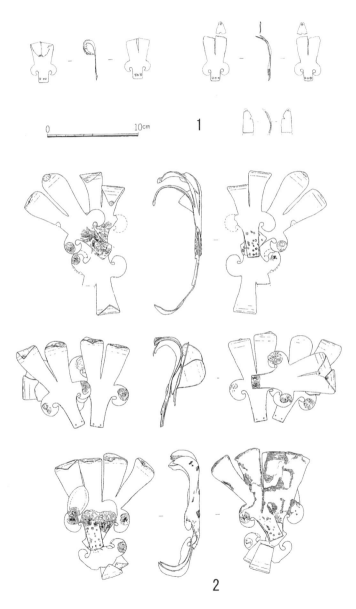

図124　赤羽横穴墓群B支丘横穴墓（1）と藤ノ木古墳の飾り金具（2）

1986：pp.106-107）。

　山尾が，船のスピードを徒歩と同じくらいであるとしていることは，荷物を載せていたことを考えても正直驚きである。平安時代の船でも，それほど速くないということになれば，古墳時代・弥生時代においては言わずもがなということになる。ただし，瀬戸内海航路とそれ以外でスピードが異なっていた可能性もあろう。むしろ，荷物や人員を大量に積載することができるということに，船の役割を見出せるのだろう。ちなみに，投馬国から邪馬台国までは，水行10日，陸行1月となっているが，これを「水陸両路併記」とする説について，山尾は他書の記載方法から退けている。つまり，水行10日＋陸行1月ということになり，残念ながら船のスピードは測れない。

　東日本太平洋沿岸地域の古墳や横穴からは，内陸部では滅多に出土しないものが出土するとともに，それらは小規模の古墳や横穴墓，海蝕洞穴墓に副葬されていることが特徴である（日高2002）。場合によっては，100ｍ級の前方後円墳の被葬者の副葬品でもおかしくないものが確認されることもある。

　中田装飾横穴墓は，赤・白色による三角文を後室全面に施した装飾横穴墓であり，金銅製の馬具や銅鋺，大刀や挂甲小札など豊富な副葬品が出土した（図123：渡辺ほか1971）。古墳時代後期の，地域の中でトップ

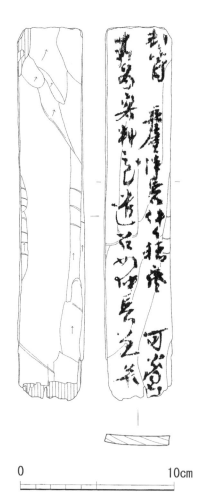

0　　　　　　　　　　10cm

図125　荒田目条里遺跡の津長木簡

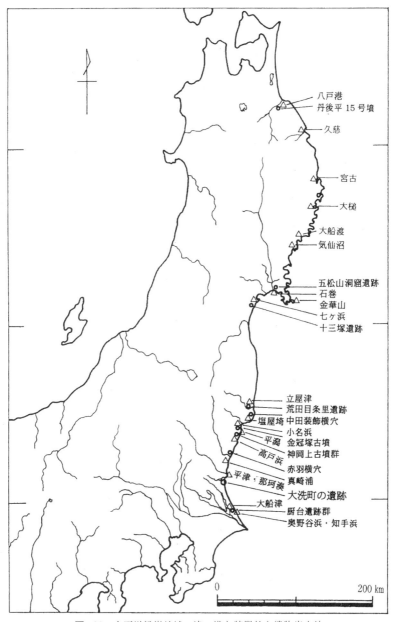

八戸港
丹後平15号墳
久慈
宮古
大槌
大船渡
気仙沼
五松山洞窟遺跡
石巻
金華山
七ヶ浜
十三塚遺跡
立屋津
荒田目条里遺跡
塩屋埼　中田装飾横穴
小名浜
平潟　金冠塚古墳
神岡上古墳群
高戸浜
赤羽横穴
真崎浦
平津・那珂湊
大洗町の遺跡
大船津
厨台遺跡群
奥野谷浜・知手浜

0　　　　　　　　　　200 km

図126　太平洋沿岸地域の津・港と特徴的な遺物出土地

クラス首長墓の副葬品でもおかしくない。

　赤羽横穴墓群B支丘1号横穴墓は，金銅製飾り金具や金銅製馬具，貝輪が出土している（図124-1：鈴木・片平1987）。飾り金具は類例が奈良県斑鳩町藤ノ木古墳（図124-2：奈良県立橿原考古学研究所1995）に求められる。また，貝輪は，その種類は特定されていないものの，太平洋沿岸の古墳時代遺跡で点在するオオツタノハガイ製貝輪との関連が想定される。

　ここまで，古墳時代の船と交通・流通に関する諸問題について言及してきた。最初に述べたように，海上交通による地域間交流は，大小さまざまな港津とそれを統括する首長の存在が不可欠だと考える。磐城郡衙と想定される福島県いわき市根岸遺跡にほど近い同荒田目条里遺跡から，「郡符　立屋津長伴マ福麿　可□召…」と書かれた1号木簡（郡符木簡）が出土している。「津長」という津を統括する職名が木簡に記されていたのである（図125：吉田ほか2001）。

　津長は文献には登場しない役職であるが，奈良時代に通有の職として実際に存在していたから郡符木簡に書かれているのだろう。古墳時代に遡ってみても，津や港を統括する首長すなわち津長の存在を想定することができると考える。東北と関東を結ぶ海路において，いくつもの寄港地を経て相互に行き来をしていたはずである（図126：日高2002）。もちろん，古墳時代に陸上交通（徒歩・馬など）によって物資が運ばれていたことは間違いないし，内陸部では人の移動も徒歩が多かっただろう。上述したように，船のスピードはそれほど速くなかったのかもしれないが，積み荷の多さという点で，古墳時代の他の輸送方法を凌駕することは間違いない。古墳時代において船の役割は非常に大きかったと言えるだろう。

おわりに

　私は，古墳時代の大型船に帆はなかったのではないかと述べたことがある（日高2018）。それは，埴輪の船に帆の表現がなく，絵画土器・埴輪・古墳壁画などにみられる帆船が，いずれも小型船と考えられること，『万葉集』にある船の用例では大型船は多数の櫂としてうたわれていることなどからである。

　従来いわれてきたような，丸木船→準構造船→構造船という変遷ではなく，

古墳時代に組み合わせ式船（構造船）があった可能性を指摘した。古墳時代にオモキ造りの船があったことは疑いない事実といえようが，問題は強度ということになろう。発掘された木造船は井戸枠に転用されたものであり，表面の摩耗は著しいだろうし，削られていて残存する部分もごく一部と思われる。船の大きさも議論となるだろう。船形埴輪の中に船底がオモキ造りなったものがある可能性はないのか，検討が必要である。今後，部材相互の隙間を埋める方法を含めて，良好な木造船が出土することを期待したい。

　本稿は，日高慎（2019b）及び日高慎（2022）をもとにして，新たな知見を盛り込んで起稿したものである。

〔註〕
1) 国立科学博物館の海部陽介（現東京大学）を中心に，3万年前の航海徹底再現プロジェクトが行われている（海部2020など）。船の材質を含めて航海の可否，航海ルートなど，その成果が注目される。
2) 実年代について，倉西裕子の研究を参照すると応神31年は5世紀前半ころに相当することとなるが（倉西2003），岸本直文による二王並列という見解も含めて今後議論する必要がある（岸本2017）。いずれにしても，近年新羅や伽耶地域で船形土器が複数出土しているので，日韓の船構造比較検討が必要であると考えている。
3) 古墳時代の初めに，牛馬の散発的な渡来が遺跡出土骨から判明している。積山洋は「少数とはいえ，三韓系土器，新たな鉄器生産技術など，この時期に渡来人が畿内に来ていたことは明らかであり，彼らが牛馬を連れてきた」とされている（積山2010：p.79）。
4) 塚本浩司も同様に強度に不安があるが，「内湾や近海，内水面では有効で，幅を広げることによって輸送量増強が果たされた」と理解している（塚本2021：p.17）

〔文献〕
阿南　亨 2007「古墳時代の船と航海」『大王の棺を運ぶ実験航海―研究編―』pp.89–103　石棺文化研究会
諫早直人 2019「馬の流通，馬による交通」『月刊考古学ジャーナル』731　pp.15–19
石井謙治 1957『日本の船』創元社
石井謙治 1983『図説和船史話』至誠堂
石井謙治監修 2002『日本の船を復元する　古代から近世まで』学習研究社
一瀬和夫 1992「弥生船の復原」『弥生文化博物館研究報告』1　pp.75–82
一瀬和夫 2008「古墳時代における木造船の諸類型」『古代学研究』180　pp.215–223
井上尚明 2007「さきたまの津を探る」『埼玉県立史跡の博物館紀要』創刊号　pp.31–42
井上尚明 2011「「埼玉の津」と将軍山古墳」『埼玉考古』46　pp.73–84
岩瀬　透 2012「蔀屋北遺跡出土の準構造船」『蔀屋北遺跡Ⅱ』pp.225–238　大阪府教育委員会
岩瀬　透ほか 2010『蔀屋北遺跡Ⅰ』大阪府教育委員会
岡田　賢 2010「船材」『蔀屋北遺跡Ⅰ　総括・分析編』pp.138–141　大阪府教育委員会

奥村茂輝 2008「井戸枠転用準構造船」『讃良郡条里遺跡Ⅶ』pp.151-155　大阪府文化財センター

上田　雄 2006『遣唐使全航海』草思社

宇野隆夫ほか 2005「特集　船にまつわる考古学」『月刊考古学ジャーナル』536

海部陽介 2020『サピエンス日本上陸　3万年前の大航海』講談社

川喜田二郎 1980「生態学的日本史臆説―特に水界民の提唱―」『歴史的文化像』pp.109-145　新泉社

川尻秋生 2016「船を操る技術」『日本古代の交通・交流・情報　3　遺跡と技術』pp.300-321　吉川弘文館

岸本直文 2017「古市・百舌鳥古墳群の王陵の被葬者」『世界遺産と天皇陵古墳を問う』思文閣出版　pp.63-85

岐阜市歴史博物館 2006『美濃の弥生時代』

金　在瑾 1997「韓国の水中発掘古船」『海事史研究』54　pp.40-50

倉西裕子 2003『日本書紀の真実　紀年論を解く』講談社

國分直一 1982「古代東海の航海と船をめぐる問題」『稲・舟・祭』pp.185-217　六興出版

桜田勝徳 1980（1958）「現存漁船資料による日本の船の発達史への接近の試み」『桜田勝徳著作集 3』pp.252-269　名著出版

佐原　真 2001「弥生・古墳時代の船の絵」『考古学研究』48-1　pp.52-71

清水潤三 1975「日本古代の船」『日本古代文化の探求　船』pp.11-83　社会思想社

鈴木裕芳・片平雅俊 1987『赤羽横穴墓群B支丘1号墓の調査』日立市教育委員会

須藤利一編 1968『ものと人間の文化史　1　船』法政大学出版局

積山　洋 2010「日本列島における牛馬の大量渡来前史」『日本古代の王権と社会』　塙書房

高橋　工 1992「古墳時代の大形船舶」『月刊考古学ジャーナル』343　pp.10-14

田中勝弘 1998「古墳時代における水運技術」『紀要』6　pp.1-17　滋賀県立安土城考古博物館

塚本浩司 2014a「蔀屋北遺跡出土準構造船の接合方法について」『弥生文化博物館研究報告』7　pp.97-112

塚本浩司 2014b「蔀屋北遺跡出土準構造船の舷側板とフェンダについて」『大阪文化財研究』45　pp.41-50

塚本浩司 2021「大阪府出土の準構造船刳船部について」『大阪文化財研究』54　pp.11-20

辻尾榮市 2018『舟船考古学』ニューサイエンス社

出口晶子 1996「韓国の在来型構造船」『青丘学術論集』9　pp.98-142　韓国文化研究振興財団

伝田郁夫 2015「古墳時代後期における埴輪生産の変革とその背景」『月刊考古学ジャーナル』667　pp.15-19

伝田郁夫 2018「南武蔵における埴輪生産の一様相」『史観』179　pp.101-125

天理市教育委員会 2000『西殿塚・東殿塚古墳』

中尾智行 2009「飛鳥時代の井戸枠転用船材における復元的検討」『讃良郡条里遺跡Ⅷ』大阪府文化財センター　pp.381-386

奈良県立橿原考古学研究所 1995『斑鳩藤ノ木古墳第二・三次調査報告書』

西本昌弘 2013「ここまで分かった！邪馬台国論争，決着はいつか」『新発見週刊日本の歴史　古墳時代 1』pp.4-6　朝日新聞出版

八賀　晋 2001「古代の船と津」『月刊考古学ジャーナル』474　pp.2-3

八賀　晋ほか 2001「特集　船と港の考古学」『月刊考古学ジャーナル』474

日高　慎 2001「東北北部・北海道地域における古墳時代文化の受容に関する一試考」『海と考古学』4．pp.1–22

日高　慎 2002「水界民と港を統括する首長」『専修考古学』9．pp.31–45

日高　慎 2003「北海道大川遺跡出土資料の再検討」『同志社大学考古学シリーズⅧ　考古学に学ぶⅡ』pp.721–730

日高　慎 2014「常陸の前期大型古墳と北方の地域社会」『古墳と続縄文文化』　pp.211–233　高志書院

日高　慎 2015「内海世界の海浜型前方後円墳　①「香取海」沿岸」『海浜型前方後円墳の時代』pp.76–89　同成社

日高　慎 2018「古墳時代の大型船に帆はあったのか」『同志社大学考古学シリーズⅫ　実証の考古学』pp.275–288　同志社大学考古学研究室

日高　慎 2019a「太平洋沿岸地域における関東と東北との交流」『福島大学考古学研究室第3回公開シンポジウム　古墳分布北縁地域の実体と交流』pp.69–78

日高　慎 2019b「船による交通・流通」『月刊考古学ジャーナル』731　pp.20–24

日高　慎 2022「古墳時代に構造船はあったのか」『人・墓・社会－日本考古学から東アジア考古学へ－』pp.255–260　土生田純之先生退職記念事業会編　雄山閣

広瀬和雄 1995「船－考古資料からみたその変遷－」『日本の美術』347　pp.93–98　至文堂

深澤芳樹ほか 2013『原始・古代の船Ⅰ』立命館大学考古学論集刊行会

深澤芳樹 2014「日本列島における原始・古代の船舶関係出土資料一覧」『国際常民文化研究叢書』5（環太平洋海域における伝統的造船技術の比較研究）pp.185–233

松尾昌彦 2004「古墳時代後期の石材交流と舟運」『専修考古学』10　pp.173–179

松木　哲 1986「船と航海を推定復原する」『日本の古代3　海を越えての交流』pp.105–146　中央公論社

松木　哲 2001「袴狭と東殿塚の船の絵」『考古学研究』48-1　pp.72–75

松阪市教育委員会 2003『全国の船形埴輪』

森田克行 2011「三島と古代淀川水運（Ⅱ）」『三島と古代淀川水運Ⅱ』pp.6–14　高槻市立今城塚古代歴史館

森田克行 2014「史・資料にみる古代船」『古墳時代の船と水運』pp.6–12　高槻市立今城塚古代歴史館

山尾幸久 1986『新版・魏志倭人伝』（講談社現代新書）

横田洋三 2014「組み合わせ式船体の船－古墳時代の構造－」『紀要』27　滋賀県文化財保護協会　pp.21–27

吉田生哉ほか 2001『荒田目条里遺跡』（いわき市埋蔵文化財調査報告 75）いわき市教育委員会

若松良一 2017「歴史地理学的に見た埼玉古墳群と荒川舟運」『文書館紀要』30　pp.19–36　埼玉県立文書館

渡辺一雄ほか 1971『いわき市史・別巻　中田装飾横穴』いわき市

渡辺誠ほか 1992「特集・舟の考古学」『月刊考古学ジャーナル』343

（日高　慎）

おわりに

　私が同志社大学の学生になって考古学の勉強を始めたとき，師匠である森浩一先生がことあるごとに，「地方でなく，地域と呼ぶべきである」と仰っていた。「地方」という言葉には中央と地方といった使い方のように，文化や政治の中心地とその影響下もしくは見下された場所といった意味合いが付きまとうので，使わない方が良いというのである。一方で「地域」という言葉は上記のような意味合いをほとんど含まない。古墳時代の畿内も東国も，それぞれたくさんある地域の一つだというものであった。それを聞いたとき，何気なく使っている言葉や用語の背後について，もっと意識しなければならないということを感じた。以来，できる限り使用する用語を考えながら文章を書いてきた。もちろん無意識に使ってしまったことも多々あり，後日反省しきりとなることもある。

　大学院時代に師事した岩崎卓也先生は，古墳時代という国家形成過程において戦争が大きく機能したこととともに，交換・交易などが果たした役割もまた大きかったという立場をとられていた。私自身が地域を重視するとともに，交流という視点で古墳時代を理解しようとしてきたことには，岩崎先生との対話の時間を過ごしたことがすこぶる大きい。そのような原体験を経て，ここに古墳時代の交通・流通をテーマにした一書を編むことができたことには，非常に感慨深いものがある。

　直接授業で教わるという機会はなかったが，何度かお会いしてご意見を頂戴した佐原眞先生は，『岩波講座日本考古学1』（1985年）の「分布論」で「考古資料の不在には，「本来の不在」と，本来は実在しながら「いま不在」のものとがある。─中略─分布論をかかげるにあたっては，この「空白のこわさ」を考慮にいれておかねばならない」と述べた（p.118）。さらに，「土器を始めとする各種の考古資料は平野・盆地間を結ぶ谷道と峠を介して運ばれたに違いなく，山を描き入れた分布図は，その道の復原を可能にする」とも述べた（p.148）。空白のこわさを認識しつつ，分布の意味するところを積極的に考えていくことで交流のルートを解明していくことができるようになるだろう。

　『考古調査ハンドブック』の依頼を頂いたとき，どのような内容なら読者に手に取ってもらえるかを，しばし考えた。『月刊考古学ジャーナル』の

2019年10月号に「古墳時代の交通と流通」という特集号を公にしていたので，その内容を発展させてみたらどうかと企画提案したのである。幸い月刊考古学ジャーナルでの執筆者の方々からも賛同を得，さらに私が以前よりご教示いただいている方々にもお声掛けしたところ，快くご参加いただけることとなった。このようにして，本書は出来上がったのである。お忙しい中ご執筆いただいた方々に，深く感謝申し上げたい。

　本書は，多くの執筆者に地域での在り方を意識してそれぞれのテーマでの論考を依頼した。古墳時代の地域間交流は，これまで多くの研究会の主要テーマとして議論されてきたし，個別の論文等でも論じられてきた。しかしながら，物質資料を扱う考古学だから，痕跡の残りにくい事柄や内容については積極的に論じられてこなかったきらいがある。古墳時代の交流といいつつも，その具体的な方法（徒歩・道・修羅・馬・船など）が論じられたことは少なかったように思う。その意味で，本書が今後の研究の一道標となることを祈念しつつ，擱筆することとしたい。

2024年3月

日高　慎

考古調査ハンドブック 25

古墳時代の交通と流通

令和 6 年 4 月 20 日　初 版 発 行

〈図版の転載を禁ず〉

編　者　日　高　　　慎

発行者　福　田　久　子

発行所　　株式会社 ニューサイエンス社

〒153-0051　東京都目黒区上目黒3-17-8
電話03(5720)1163　振替00160-9-21977
http://www.hokuryukan-ns.co.jp/
e-mail : hk-ns2@hokuryukan-ns.co.jp

印刷・製本　　倉敷印刷株式会社

© 2024 New Science Co.
ISBN978-4-8216-0537-8　C3021